# THE PLAYS OF
# JEAN BAPTISTE POQUELIN MOLIÈRE

Born January 15th(?), 1622
Died February 17th, 1673
In the age of Louis XIV

GEORGE DANDIN, OR THE OUT-
WITTED HUSBAND
    GEORGE DANDIN, OU LE MARI
    CONFONDU

THE MISER
    L'AVARE

MONSIEUR DE POURCEAUGNAC
    MONSIEUR DE POURCEAUGNAC

❖ ❖ ❖

Champollion d'après Louis Leloir

GEORGE DANDIN
(Acte III Scène VI)

THE

# PLAYS OF MOLIÈRE

IN FRENCH

With an English Translation
and Notes by

A. R. WALLER, M.A.

VOLUME VI

1668-1669

ILLUSTRATED WITH THIRTY-ONE ETCHINGS
AFTER LELOIR

EDINBURGH: JOHN GRANT
31 GEORGE IV BRIDGE
1907

Edinburgh: T. and A. CONSTABLE, Printers to His Majesty

# CONTENTS

# LIST OF ILLUSTRATIONS

# GEORGE DANDIN

## OR

# THE OUTWITTED HUSBAND
## (*Le Mari Confondu*)

A

*George Dandin ou Le Mari Confondu* was played
for the first time, as part of a court entertainment,
at Versailles, July 18, 1668, and in public, at the
Théâtre du Palais-Royal, Paris, November 9, 1668.
Molière took the title rôle, and his wife played
Angélique.

The main features of the plot will be found in one
of the comedies of Molière's early days, *La Jalousie
du Barbouillé.*

The first edition was published in 1669 with the
following title page : GEORGE | DANDIN, | ov
le | MARY CONFONDV. | comedie. | Par I. B. P.
de Moliere. | a paris, | Chez Iean Ribov, au Palais, |
vis-à-vis la Porte de l'Eglise de | la Sainte Chapelle,
à l'Image | Saint Loüis. | m.dc.lxix. *Auec Priuilege
du Roy.*

# GEORGE DANDIN

OR

## THE OUTWITTED HUSBAND

### (*Le Mari Confondu*)

---

#### DRAMATIS PERSONÆ

GEORGE DANDIN, *a rich peasant, Angélique's husband.*
ANGÉLIQUE, *George Dandin's wife and M. de Sotenville's
daughter.*
M. DE SOTENVILLE, *a country gentleman, Angélique's
father.*
MME. DE SOTENVILLE, *his wife.*
CLITANDRE, *Angélique's lover.*
CLAUDINE, *Angélique's maid.*
LUBIN, *a countryman, Clitandre's servant.*
COLIN, *George Dandin's valet.*

*The scene is in front of George Dandin's house.*

# GEORGE DANDIN

## ou

## LE MARI CONFONDU

### ACTE I

#### Scène I

##### George Dandin

Ah ! qu'une femme Demoiselle est une étrange affaire,
et que mon mariage est une leçon bien parlante
à tous les paysans qui veulent s'élever au-dessus
de leur condition, et s'allier, comme j'ai fait, à la
maison d'un gentilhomme ! La noblesse de soi est
bonne, c'est une chose considérable assurément ;
mais elle est accompagnée de tant de mauvaises
circonstances, qu'il est très-bon de ne s'y point
frotter. Je suis devenu là-dessus savant à mes
dépens, et connais le style des nobles lorsqu'ils
nous font, nous autres, entrer dans leur famille.
L'alliance qu'ils font est petite avec nos personnes :
c'est notre bien seul qu'ils épousent, et j'aurais bien
mieux fait, tout riche que je suis, de m'allier en
bonne et franche paysannerie, que de prendre une
femme qui se tient au-dessus de moi, s'offense de
porter mon nom, et pense qu'avec tout mon bien
je n'ai pas acheté la qualité de son mari. George
Dandin, George Dandin, vous avez fait une sottise
la plus grande du monde. Ma maison m'est effroyable maintenant, et je n'y rentre point sans y
trouver quelque chagrin.

# GEORGE DANDIN

OR

# THE HUSBAND OUTWITTED

---

## ACT I

### SCENE I

#### GEORGE DANDIN

AH! what a strange being a lady of high degree is !
What a striking lesson my marriage is to all peasants
who wish to raise themselves above their condition,
and to ally themselves, in the way I have, to a
gentleman's house.  Nobility in itself is good, it is
assuredly to be taken into consideration ; but it is
accompanied by so many objectionable circumstances, that it is best not to come near it.  I have
learnt that to my cost, I know how noblemen act
when we enter into their families.  Alliance with
us has very little to do with the case : it is our goods
only they marry.  I should have done much better,
rich as I am, had I married a good, honest, country
wench, than take a wife who holds herself above
me, is ashamed to bear my name, and thinks that
with all my wealth I have not bought the rank of
her husband.  George Dandin, George Dandin, you
have committed the greatest folly in the world.
My house is now hateful to me : I never enter it
without finding there something that annoys me.

## Scène II

### George Dandin, Lubin

DAN. (voyant sortir Lubin de chez lui) Que diantre ce drôle-là vient-il faire chez moi ?

LUB. Voilà un homme qui me regarde.

DAN. Il ne me connaît pas.

LUB. Il se doute de quelque chose.

DAN. Ouais ! il a grand' peine à saluer.

LUB. J'ai peur qu'il n'aille dire qu'il m'a vu sortir de là dedans.

DAN. Bonjour.

LUB. Serviteur.

DAN. Vous n'êtes pas d'ici, que je crois ?

LUB. Non je n'y suis venu que pour voir la fête de demain.

DAN. Hé ! dites-moi un peu, s'il vous plaît, vous venez de là dedans ?

LUB. Chut !

DAN. Comment ?

LUB. Paix !

DAN. Quoi donc ?

LUB. Motus ! Il ne faut pas dire que vous m'ayez vu sortir de là.

DAN. Pourquoi ?

LUB. Mon Dieu ! parce.

DAN. Mais encore ?

LUB. Doucement. J'ai peur qu'on ne nous écoute.

DAN. Point, point.

LUB. C'est que je viens de parler à la maîtresse du logis, de la part d'un certain Monsieur qui lui fait les doux yeux, et il ne faut pas qu'on sache cela ? Entendez-vous ?

DAN. Oui.

LUB. Voilà la raison. On m'a enchargé de prendre garde que personne ne me vît, et je vous prie au moins de ne pas dire que vous m'ayez vu.

## Scene II

### George Dandin, Lubin

Dan. (seeing Lubin come out of his house) What the deuce does that rascal want in my house?

Lub. That man is looking at me.

Dan. He does not know me.

Lub. He suspects something.

Dan. Ah! He makes a great pother about taking off his hat.

Lub. I am afraid he will say he saw me come out of the house.

Dan. Good day.

Lub. Your servant.

Dan. You do not belong here, I believe?

Lub. No, I only came to see the *fête* to-morrow.

Dan. Come! just tell me, please, did you not come out of that house?

Lub. Hush!

Dan. Why?

Lub. Be quiet!

Dan. What is the matter?

Lub. Mum's the word! You must not say you saw me come out from there.

Dan. Why?

Lub. Good gracious! because.

Dan. Come, now!

Lub. Gently, I am afraid they will hear us.

Dan. Oh no!

Lub. Because I have just been speaking to the mistress of the house on behalf of a certain gentleman who has cast eyes on her, and no one must know about it. You understand?

Dan. Yes.

Lub. That is the reason. I have been warned to take care no one sees me. I must beg you not to say you have seen me.

Dan. Je n'ai garde.

Lub. Je suis bien aise de faire les choses secrètement comme on m'a recommandé.

Dan. C'est bien fait.

Lub. Le mari, à ce qu'ils disent, est un jaloux qui ne veut pas qu'on fasse l'amour à sa femme, et il ferait le diable à quatre, si cela venait à ses oreilles : vous comprenez bien ?

Dan. Fort bien.

Lub. Il ne faut pas qu'il sache rien de tout ceci.

Dan. Sans doute.

Lub. On le veut tromper tout doucement : vous entendez bien ?

Dan. Le mieux du monde.

Lub. Si vous alliez dire que vous m'avez vu sortir de chez lui, vous gâteriez toute l'affaire : vous comprenez bien ?

Dan. Assurément. Hé ! comment nommez-vous celui qui vous a envoyé là dedans ?

Lub. C'est le seigneur de notre pays, Monsieur le vicomte de chose . . . Foin ! je ne me souviens jamais comment diantre ils baragouinent ce nom-là, Monsieur Cli . . . Clitandre.

Dan. Est-ce ce jeune courtisan qui demeure . . .

Lub. Oui : auprès de ces arbres.

Dan. (à part) C'est pour cela que depuis peu ce Damoiseau poli s'est venu loger contre moi ; j'avais bon nez sans doute, et son voisinage déjà m'avait donné quelque soupçon.

Lub. Testigué ! c'est le plus honnête homme que vous ayez jamais vu. Il m'a donné trois pièces d'or pour aller dire seulement à la femme qu'il est amoureux d'elle, et qu'il souhaite fort l'honneur de pouvoir lui parler. Voyez s'il y a là une grande fatigue pour me payer si bien, et ce qu'est au prix de cela une journée de travail où je ne gagne que dix sols.

Dan. Hé bien ! avez-vous fait votre message ?

Lub. Oui, j'ai trouvé là dedans une certaine Claudine, qui tout du premier coup a compris ce que je voulais, et qui m'a fait parler à sa maîtresse.

Dan. I will take care.

Lub. I want to do things secretly, as I have been
ordered.

Dan. You are quite right.

Lub. The husband, from what people say, is jealous,
and will not allow any one to make love to his wife ;
there would be the devil to pay if this came to his
ears ; you quite understand ?

Dan. Perfectly.

Lub. He must not know anything about all this.

Dan. Certainly not.

Lub. They wish to take him in on the sly : you see
what I mean?

Dan. Exactly.

Lub. If you go and say you have seen me come out of
his house, you will spoil the whole affair : you
quite understand?

Dan. Quite, I say.  What is the name of the man
who sent you here?

Lub. He is the lord of our manor, Viscount something . . . Chut !  I never remember how the
deuce they jabber that name, Monsieur Cli . . .
Clitandre.

Dan. Is it that young courtier who lives . . .

Lub. Yes ; near those trees.

Dan. (aside) That is why the smart, young fop has
come to live close to me; I am not blind, I had
already suspected something by his coming to live
so near me.

Lub. I tell you he is the most affable man you ever
saw.  He gave me three gold pieces simply to go
and tell the lady he is in love with her, and longs
for the honour of a few words with her.  That was
good pay for so little trouble: just compare it with
a day's work, for which I only earn ten coppers.

Dan. Well ! have you delivered your message?

Lub. Yes.  I found in there a certain Claudine who
understood at once what I wanted, and let me have
a word with her mistress.

DAN. (à part) Ah ! coquine de servante !
LUB. Morguéne ! cette Claudine-là est tout à fait
jolie, elle a gagné mon amitié, et il ne tiendra qu'à
elle que nous ne soyons mariés ensemble.
DAN. Mais quelle réponse a faite la maîtresse à ce
Monsieur le courtisan ?
LUB. Elle m'a dit de lui dire . . . attendez, je ne sais
si je me souviendrai bien de tout cela . . . qu'elle
lui est tout à fait obligée de l'affection qu'il a pour
elle, et qu'à cause de son mari, qui est fantasque, il
garde d'en rien faire paraître, et qu'il faudra songer
à chercher quelque invention pour se pouvoir entretenir tous deux.
DAN. (à part) Ah ! pendarde de femme !
LUB. Testiguiéne ! cela sera drôle ; car le mari ne se
doutera point de la manigance, voilà ce qui est de
bon ; et il aura un pied de nez avec sa jalousie :
est-ce pas ?
DAN. Cela est vrai.
LUB. Adieu. Bouche cousue au moins. Gardez bien
le secret, afin que le mari ne le sache pas.

DAN. Oui, oui.
LUB. Pour moi, je vais faire semblant de rien : je
suis un fin matois, et l'on ne dirait pas que j'y
touche.


### SCÈNE III

#### GEORGE DANDIN.

Hé bien ! George Dandin, vous voyez de quel air
votre femme vous traite. Voilà ce que c'est d'avoir
voulu épouser une Demoiselle : l'on vous accommode de toutes pièces, sans que vous puissiez vous
venger, et la gentilhommerie vous tient les bras
liés. L'égalité de condition laisse du moins à
l'honneur d'un mari liberté de ressentiment ; et
si c'était une paysanne, vous auriez maintenant

Dan. (aside) Ah ! the jade.

Lub. By gum ! this Claudine is a fine girl : she has won my heart and it will not be my fault if we don't marry.

Dan. But what answer did the mistress make to this fine courtier ?

Lub. She told me to tell him . . . stop; I do not know whether I can remember it all . . . that she is extremely obliged to him for the affection he bears towards her, that he must take care not to let it appear, because her husband is a queer fellow, and that he must try to find some means by which they can hold converse with each another.

Dan. (aside) Ah ! what a slut of a wife !

Lub. Golly ! it will be fun ; the best of it is that the husband will not know anything about it; his jealousy will be made fine game of, won't it ?

Dan. That is true.

Lub. Good-bye. Mind you keep a still tongue in your head. Don't let out the secret and then the husband won't know anything about it.

Dan. Yes, yes.

Lub. I shall pretend not to know anything: I am a sly dog, and no one shall know I have had anything to do with it.

## Scene III

### George Dandin

Well ! George Dandin, you see in what way your wife treats you ! That is what comes of having wished to marry a fine lady : all sorts of tricks are played off on you, without your being able to revenge yourself, for the rank ties your hands. Equality of condition at least gives the husband liberty to resent attacks upon his honour ; and, if she were a country girl, you would now have elbow-room to do

toutes vos coudées franches à vous en faire la justice
à bons coups de bâton. Mais vous avez voulu tâter
de la noblesse, et il vous ennuyait d'être maître chez
vous. Ah ! j'enrage de tout mon cœur, et je me
donnerais volontiers des soufflets. Quoi ? écouter
impudemment l'amour d'un Damoiseau, et y promettre en même temps de la correspondance !
Morbleu ! je ne veux point laisser passer une occasion de la sorte. Il me faut de ce pas aller faire
mes plaintes au père et à la mère, et les rendre
témoins, à telle fin que de raison, des sujets de
chagrin et de ressentiment que leur fille me donne.
Mais les voici l'un et l'autre fort à propos.


Scène IV

Monsieur et Madame de Sotenville,
George Dandin

M. DE S. Qu'est-ce, mon gendre ? Vous me paraissez
tout troublé.
DAN. Aussi en ai-je du sujet, et . . .
MME. DE S. Mon Dieu ! notre gendre, que vous avez
peu de civilité de ne pas saluer les gens quand vous
les approchez !
DAN. Ma foi ! ma belle-mère, c'est que j'ai d'autres
choses en tête, et . . .
MME. DE S. Encore ! Est-il possible, notre gendre,
que vous sachiez si peu votre monde, et qu'il n'y ait
pas moyen de vous instruire de la manière qu'il faut
vivre parmi les personnes de qualité ?
DAN. Comment ?
MME. DE S. Ne vous déferez-vous jamais avec moi de
la familiarité de ce mot de ' ma belle-mère,' et ne
sauriez-vous vous accoutumer à me dire ' Madame ' ?
DAN. Parbleu ! si vous m'appelez votre gendre, il me
semble que je puis vous appeler ma belle-mère.
MME. DE S. Il y a fort à dire, et les choses ne sont

yourself justice by giving her a good thrashing. But you wished to have a taste of nobility, it bored you to be master in your own house. Ah! I am wild with myself: I feel inclined to box my own ears. What? she listens impudently to the love of a fop, and promises him at the same time to respond to it! Great Heavens! I will not stand this. I will go this very instant and complain to her father and mother, they shall witness, at any rate, the grief and misery their daughter gives me. But here they both are at the right moment.

## Scene IV

### Monsieur and Madam de Sotenville, George Dandin

M. DE S. What is it, son-in-law? You seem quite troubled.

DAN. I have sufficient reason to be so, and . . .

MAD. DE S. Good Heavens! son-in-law, it shows little civility not to bow when you come near people!

DAN. Upon my word! mother-in-law, I have other things in my head, and . . .

MAD. DE S. Again! Is it possible, son-in-law, that you know so little what is proper? Is there no way of teaching you how to behave among persons of quality?

DAN. What do you mean?

MAD. DE S. Will you never give up using towards me that word 'mother-in-law,' it is so colloquial: cannot you accustom yourself to call me 'Madam'?

DAN. Well, if you call me son-in-law, it seems to me I can call you mother-in-law.

MAD. DE S. The two things are not the same. Please

pas égales. Apprenez, s'il vous plaît, que ce n'est
pas à vous à vous servir de ce mot-là avec une personne de ma condition ; que tout notre gendre que
vous soyez, il y a grande différence de vous à nous,
et que vous devez vous connaître.
M. DE S. C'en est assez, mamour, laissons cela.

MME. DE S. Mon Dieu ! Monsieur de Sotenville, vous
avez des indulgences qui n'appartiennent qu'à
vous, et vous ne savez pas vous faire rendre par les
gens ce qui vous est dû.
M. DE S. Corbleu ! pardonnez-moi, on ne peut point
me faire de leçons là-dessus, et j'ai su montrer
en ma vie, par vingt actions de vigueur, que je ne
suis point homme à démordre jamais d'une partie
de mes prétentions.    Mais il suffit de lui avoir
donné un petit avertissement.    Sachons un peu,
mon gendre, ce que vous avez dans l'esprit.
DAN. Puisqu'il faut donc parler catégoriquement,
je vous dirai, Monsieur de Sotenville, que j'ai lieu
de . . .
M. DE S. Doucement, mon gendre.    Apprenez qu'il
n'est pas respectueux d'appeler les gens par leur
nom, et qu'à ceux qui sont au-dessus de nous il faut
dire 'Monsieur' tout court.
DAN. Hé bien ! Monsieur tout court, et non plus
Monsieur de Sotenville, j'ai à vous dire que ma
femme me donne . . .
M. DE S. Tout beau !  Apprenez aussi que vous ne
devez pas dire 'ma femme,' quand vous parlez de
notre fille.
DAN. J'enrage.    Comment? ma femme n'est pas ma
femme?
MME. DE S. Oui, notre gendre, elle est votre femme ;
mais il ne vous est pas permis de l'appeler ainsi, et
c'est tout ce que vous pourriez faire, si vous aviez
épousé une de vos pareilles.
DAN. Ah ! George Dandin, où t'es-tu fourré? Eh !
de grâce, mettez, pour un moment, votre gentilhommerie à côté, et souffrez que je vous parle main-

understand it is not for you to use that word to
a person of my rank; although you may be our son-
in-law, there is a great difference between you and
us, and you ought to learn your place.

M. DE S. We have had enough of this, my dear, let
us drop the matter.

MAD. DE S. Really, Monsieur de Sotenville, you are
more indulgent than any one I know: you do not
know how to make people give you what is your
due.

M. DE S. Indeed! I beg your pardon. No one can
give me lessons on that subject. I have shown,
throughout life, by a score of sufficiently clear deeds,
that I am not a man who will ever abate a jot of my
pretentions. But it is sufficient that you have given
him a slight hint. Come, son-in-law, let us hear
what you have on your mind.

DAN. Since I must speak thus categorically, let me
tell you, Monsieur de Sotenville, that I have cause
to . . .

M. DE S. Gently, son-in-law. You must understand
it is not respectful to call people by their names.
You should address those who are above you simply
as 'Monsieur.'

DAN. Well then, simply Monsieur and no longer
Monsieur de Sotenville, I must tell you that my
wife gives me . . .

M. DE S. Come, come. You must also understand
that you ought not to say 'my wife' when you
speak of our daughter.

DAN. I shall lose my temper. What? my wife is not
my wife?

MAD. DE S. Yes, son-in-law, she is your wife; but
you ought not to call her so: you could not do more
if you had married one of your equals.

DAN. Ah! George Dandin, what a mesh you are in?
I beseech you to put your gentility aside for a
moment, and let me speak to you for a while. The

tenant comme je pourrai. Au diantre soit la
tyrannie de toutes ces histoires-là ! Je vous dis
donc que je suis mal satisfait de mon mariage.

M. DE S. Et la raison, mon gendre ?

MME. DE S. Quoi ? parler ainsi d'une chose dont vous
avez tiré de si grands avantages ?

DAN. Et quels avantages, Madame, puisque Madame
y a ? L'aventure n'a pas été mauvaise pour vous, car
sans moi vos affaires, avec votre permission, étaient
fort délabrées, et mon argent a servi à reboucher
d'assez bons trous ; mais moi, de quoi y ai-je profité,
je vous prie, que d'un alongement de nom, et au
lieu de George Dandin, d'avoir reçu par vous le
titre de ' Monsieur de la Dandinière ' ?

M. DE S. Ne comptez-vous rien, mon gendre, l'avantage d'être allié à la maison de Sotenville ?

MME. DE S. Et à celle de la Prudoterie, dont j'ai
l'honneur d'être issue, maison où le ventre anoblit,
et qui, par ce beau privilége, rendra vos enfants
gentilshommes ?

DAN. Oui, voilà qui est bien, mes enfants seront
gentilshommes ; mais je serai cocu, moi, si l'on n'y
met ordre.

M. DE S. Que veut dire cela, mon gendre ?

DAN. Cela veut dire que votre fille ne vit pas comme
il faut qu'une femme vive, et qu'elle fait des choses
qui sont contre l'honneur.

MME. DE S. Tout beau ! prenez garde à ce que vous
dites. Ma fille est d'une race trop pleine de vertu,
pour se porter jamais à faire aucune chose dont
l'honnêteté soit blessée ; et de la maison de la
Prudoterie il y a plus de trois cents ans qu'on n'a
point remarqué qu'il y ait eu de femme, Dieu merci,
qui ait fait parler d'elle.

M. DE S. Corbleu ! dans la maison de Sotenville on
n'a jamais vu de coquette, et la bravoure n'y est pas
plus héréditaire aux mâles, que la chasteté aux
femelles.

deuce take this silly ceremony.  I have to tell you
then that I am not very well pleased with my
marriage.

M. DE S.  And the reason, son-in-law?

MAD. DE S.  What! how can you speak thus of an
arrangement from which you have derived such
great advantages?

DAN.  What advantages, Madam, since Madam it must
be?  The business is not a bad one for you ; for,
by your leave, without me your affairs would have
been in a very sorry plight : my money has served
to fill up many wide gaps.  But, on my side, what
has it profited me, pray, unless it be the lengthen-
ing of a name, so that instead of being called
George Dandin, I have received through you, the
title of ' Monsieur de la Dandinière ' ?

M. DE S.  Do you count as nothing, son-in-law, the advantage of being allied to the house of Sotenville?

MAD. DE S.  And to that of la Prudoterie, from which
I have the honour to be descended, a house in which
the females ennoble, and so, by that estimable
privilege, your boys will be gentlemen.

DAN.  Yes, that is very fine, my boys will be gentlemen ; but I myself shall be a cuckold if matters
are not altered.

M. DE S.  What do you mean by that, son-in-law ?

DAN.  I mean that your daughter does not act as a
wife should, and that she does things contrary
to honour.

MAD. DE S.  Come, come! take care what you say.
My daughter comes of a race too steeped in virtue
to do anything that could cast a slur upon its
honour.  As for the house of la Prudoterie, God
be thanked, it has not produced a woman for more
than three hundred years who has given cause to be
talked about.

M. DE S.  Yes ! and there has never been a coquette
in the house of Sotenville ; bravery is not more
hereditary in the males than chastity in the
females.

B

**Mme. de S.** Nous avons eu une Jacqueline de la
  Prudoterie qui ne voulut jamais être la maîtresse
  d'un duc et pair, gouverneur de notre province.
**M. de S.** Il y a eu une Mathurine de Sotenville qui
  refusa vingt mille écus d'un favori du roi, qui ne lui
  demandait seulement que la faveur de lui parler.

**Dan.** Ho bien! votre fille n'est pas si difficile que
  cela, et elle s'est apprivoisée depuis qu'elle est chez
  moi.
**M. de S.** Expliquez-vous, mon gendre. Nous ne
  sommes point gens à la supporter dans de mauvaises
  actions, et nous serons les premiers, sa mère et
  moi, à vous en faire la justice.
**Mme. de S.** Nous n'entendons point raillerie sur les
  matières de l'honneur, et nous l'avons élevée dans
  toute la sévérité possible.
**Dan.** Tout ce que je vous puis dire c'est qu'il y a ici
  un certain courtisan que vous avez vu, qui est a-
  moureux d'elle à ma barbe, et qui lui a fait faire des
  protestations d'amour qu'elle a très-humainement
  écoutées.
**Mme. de S.** Jour de Dieu! je l'étranglerais de mes propres mains, s'il fallait qu'elle forlignât de l'honnêteté de sa mère.
**M. de S.** Corbleu! je lui passerais mon épée au
  travers du corps, à elle et au galant, si elle avait
  forfait à son honneur.
**Dan.** Je vous ai dit ce qui se passe pour vous faire
  mes plaintes ; et je vous demande raison de cette
  affaire-là.
**M. de S.** Ne vous tourmentez point, je vous la ferai
  de tous deux ; et je suis homme pour serrer le
  bouton à qui que ce puisse être. Mais êtes-vous
  bien sûr de ce que vous nous dites?
**Dan.** Très-sûr.
**M. de S.** Prenez bien garde au moins ; car, entre
  gentilshommes, ce sont des choses chatouilleuses,
  et il n'est pas question d'aller faire ici un pas de
  clerc.

Mad. de S. We had a Jacqueline de la Prudoterie
who would never consent to be the mistress of a
duke and peer, governor of our province.

M. de S. There was a Mathurine de Sotenville who
refused twenty thousand crowns from one of the
King's favourites, who simply asked for the favour
of speaking to her.

Dan. Well! your daughter is not so hard to please
as that; she has become tractable since she has
been with me.

M. de S. Explain yourself, son-in-law.  We are not
the people to take her part if she has done anything
wrong.   Her mother and I would be the first to do
you justice.

Mad. de S. We do not understand jesting on matters
of honour; we brought her up in the greatest possible strictness.

Dan. All I can tell you is this, that a certain courtier
here, whom you have seen, is in love with her,
under my very nose; he has sent her a declaration
of love, and she has given it a friendly reception.

Mad. de S. Great Heavens!   I would strangle her
with my own hands, were she to turn aside from
her mother's virtuous path.

M. de S. Yes, and I would run my sword through
her body and her lover's were she to forfeit her
honour.

Dan. I have told you what is going on, that you may
see I have reason to complain, and now I demand
satisfaction in this matter.

M. de S. Never fear! I will get it for you from both
of them.   I am not the man to ride with a slack
rein, be the steed what it may.   But are you really
quite sure concerning what you have told us?

Dan. Quite sure.

M. de S. Pray be very careful; for, between gentlemen, these are ticklish things; there must not be
any possibility of mistake in the matter.

DAN. Je ne vous ai rien dit, vous dis-je, qui ne soit véritable.

M. DE S. Mamour, allez-vous-en parler à votre fille, tandis qu'avec mon gendre j'irai parler à l'homme.

MME. DE S. Ce pourrait-il, mon fils, qu'elle s'oubliât de la sorte, après le sage exemple que vous savez vous-même que je lui ai donné ?

M. DE S. Nous allons éclaircir l'affaire. Suivez-moi, mon gendre, et ne vous mettez pas en peine. Vous verrez de quel bois nous nous chauffons, lorsqu'on s'attaque à ceux qui nous peuvent appartenir.

DAN. Le voici qui vient vers nous.


## SCÈNE V

### MONSIEUR DE SOTENVILLE, CLITANDRE, GEORGE DANDIN

M. DE S. Monsieur, suis-je connu de vous ?

CLIT. Non pas, que je sache, Monsieur.

M. DE S. Je m'appelle le baron de Sotenville.

CLIT. Je m'en réjouis fort.

M. DE S. Mon nom est connu à la cour, et j'eus l'honneur dans ma jeunesse, de me signaler des premiers à l'arrière-ban de Nancy.

CLIT. A la bonne heure.

M. DE S. Monsieur, mon père Jean-Gilles de Sotenville eut la gloire d'assister en personne au grand siège de Montauban.

CLIT. J'en suis ravi.

M. DE S. Et j'ai eu un aïeul, Bertrand de Sotenville, qui fut si considéré en son temps, que d'avoir permission de vendre tout son bien pour le voyage d'outre-mer.

CLIT. Je le veux croire.

DAN. I have not said anything, I tell you, that is not true.

M. DE S. Go you and talk to your daughter, my dear, while I and my son-in-law will go and talk to the man.

MAD. DE S. How can it be possible that she has so far forgotten herself, after the prudent example you yourself know I have set her?

M. DE S. We are going to clear up this matter. Follow me, son-in-law, and do not be troubled. You shall see what stuff we are made of, when people attack those who belong to us.

DAN. There he is coming towards us.

## SCENE V

### MONSIEUR DE SOTENVILLE, CLITANDRE, GEORGE DANDIN

M. DE S. Do you know me, Monsieur?

CLIT. No, not that I am aware of, Monsieur.

M. DE S. I am the Baron de Sotenville.

CLIT. I am very glad to hear it.

M. DE S. My name is known at court; and I had the honour, in my youth, to be one of the first in the feudal corps at Nancy.

CLIT. Good.

M. DE S. My father, Jean-Gilles de Sotenville, Monsieur, had the honour to assist in person at the great siege of Montauban.

CLIT. I am delighted to hear it.

M. DE S. And one of my ancestors, Bertrand de Sotenville, was of such importance in his day that he was permitted to sell all his goods and follow the Crusaders over seas.

CLIT. I can quite believe it.

M. DE S. Il m'a été rapporté, Monsieur, que vous
aimez et poursuivez une jeune personne, qui est ma
fille, pour laquelle je m'intéresse, et pour l'homme
que vous voyez, qui a l'honneur d'être mon gendre.

CLIT. Qui, moi ?

M. DE S. Oui ; et je suis bien aise de vous parler,
pour tirer de vous, s'il vous plaît, un éclaircisse-
ment de cette affaire.

CLIT. Voilà une étrange médisance ! Qui vous a dit
cela, Monsieur ?

M. DE S. Quelqu'un qui croit le bien savoir.

CLIT. Ce quelqu'un-là en a menti. Je suis honnête
homme. Me croyez-vous capable, Monsieur, d'une
action aussi lâche que celle-là ? Moi, aimer une
jeune et belle personne, qui a l'honneur d'être la
fille de Monsieur le baron de Sotenville ! je vous
révère trop pour cela, et suis trop votre serviteur.
Quiconque vous l'a dit est un sot.

M. DE S. Allons, mon gendre.

DAN. Quoi ?

CLIT. C'est un coquin et un maraud.

M. DE S. Répondez.

DAN. Répondez vous-même.

CLIT. Si je savais qui ce peut être, je lui donnerais en
votre présence de l'épée dans le ventre.

M. DE S. Soutenez donc la chose.

DAN. Elle est toute soutenue, cela est vrai.

CLIT. Est-ce votre gendre, Monsieur, qui . . .

M. DE S. Oui, c'est lui-même qui s'en est plaint à
moi.

CLIT. Certes, il peut remercier l'avantage qu'il a de
vous appartenir, et sans cela je lui apprendrais bien
à tenir de pareils discours d'une personne comme
moi.

M. DE S. It has been reported to me, Monsieur, that you are in love with and pursue a young person who is my daughter. I have her interests at heart and those of the man you see here, who has the honour to be my son-in-law.

CLIT. Who    I?

M. DE S. Yes; I am very glad to have a word with you, in order to receive from you, by your leave, an explanation of this matter.

CLIT. This is simply slander, Monsieur! Who told it you?

M. DE S. Some one who believes he is well informed.

CLIT. That some one has lied. I am a man of honour. Do you think me capable, Monsieur, of so base an act as that? I, love a young and charming person, who has the honour to be the daughter of Monsieur le Baron de Sotenville! I respect you too much for that, and am too much your humble servant. Whoever said this to you is a fool.

M. DE S. Now, son-in-law.

DAN. Well?

CLIT. He is a rascal and a villain.

M. DE S. Answer him.

DAN. Answer him yourself.

CLIT. If I knew who it was, I would run my sword through his body, here and now.

M. DE S. Support your statement.

DAN. It is fully supported, it is true.

CLIT. Is it your son-in-law, Monsieur, who . . .

M. DE S. Yes, it is he himself who has complained to me about it.

CLIT. Well, he may congratulate himself that he is attached to you; if he were not I would soon teach him to talk like that about a person of my condition.

## Scène VI

Monsieur et Madame de Sotenville, Angélique,
Clitandre, George Dandin, Claudine

Mme. de S. Pour ce qui est de cela, la jalousie est une
étrange chose ! J'amène ici ma fille pour éclaircir
l'affaire en présence de tout le monde.

Clit. Est-ce donc vous, Madame, qui avez dit à votre
mari que je suis amoureux de vous ?

Ang. Moi ? et comment lui aurais-je dit ? est-ce que
cela est ? Je voudrais bien le voir vraiment que
vous fussiez amoureux de moi. Jouez-vous-y, je
vous en prie, vous trouverez à qui parler. C'est une
chose que je vous conseille de faire. Ayez recours,
pour voir, à tous les détours des amants : essayez
un peu, par plaisir, à m'envoyer des ambassades, à
m'écrire secrètement de petits billets doux, à épier
les moments que mon mari n'y sera pas, ou le temps
que je sortirai, pour me parler de votre amour.
Vous n'avez qu'à y venir, je vous promets que vous
serez reçu comme il faut.

Clit. Hé ! la, la, Madame, tout doucement. Il n'est
pas nécessaire de me faire tant de leçons, et de
vous tant scandaliser. Qui vous dit que je songe à
vous aimer ?

Ang. Que sais-je, moi, ce qu'on me vient conter ici ?

Clit. On dira ce que l'on voudra ; mais vous savez
si je vous ai parlé d'amour, lorsque je vous ai
rencontrée.

Ang. Vous n'aviez qu'à le faire, vous auriez été bien
venu.

Clit. Je vous assure qu'avec moi vous n'avez rien à
craindre ; que je ne suis point homme à donner du
chagrin aux belles ; et que je vous respecte trop, et
vous et Messieurs vos parents, pour avoir la pensée
d'être amoureux de vous.

Mme. de S. Hé bien ! vous le voyez.

## Scene VI

Monsieur and Madam de Sotenville, Angélique,
Clitandre, George Dandin, Claudine

Mad. de S. Well, jealousy is a strange thing! I
have brought my daughter here to clear up the
matter in the presence of every one.
Clit. It is then you, Madam, who have told your
husband I am in love with you?
Ang. I? Why should I have said such a thing to
him? Is it so? Really, I should vastly like to see
you make love to me. Try to play that trick, I
beseech you, and you will soon find out with whom
you are talking. I advise you to do it. Make
the experiment, see how it works, practise lovers'
stratagems; try to send me, for the fun of it, some
messages; write secretly to me a few love letters,
spy out the moments when my husband is not here,
or when I go out, to tell me of your love. You
have only to attempt it, I promise you you shall be
received as you should be.
Clit. Now, now, Madam, gently. It is not necessary to lecture me like that and to be so scandalised.
Who told you I dreamed of loving you?

Ang. What am I to say when I hear all these stories?
Clit. They may say what they like; but you know
whether I have spoken of love to you when I have
met you.
Ang. You had but to do so, you would have been
very welcome.
Clit. I assure you you have nothing to fear from me;
I am not the man to harm any fair lady; I respect
you and your parents too much to have thought of
falling in love with you.

Mad. de S. There now, you see!

M. DE S. Vous voilà satisfait, mon gendre.  Que dites-
vous à cela?

DAN.  Je dis que ce sont là des contes à dormir debout;
que je sais bien ce que je sais, et que tantôt, puisqu'il faut parler, elle a reçu une ambassade de sa
part.

ANG.  Moi, j'ai reçu une ambassade?

CLIT.  J'ai envoyé une ambassade?

ANG.  Claudine.

CLIT.  Est-il vrai?

CLAU.  Par ma foi, voilà une étrange fausseté!

DAN.  Taisez-vous, carogne que vous êtes.  Je sais de
vos nouvelles, et c'est vous qui tantôt avez introduit
le courrier.

CLAU.  Qui, moi?

DAN.  Oui, vous.  Ne faites point tant la sucrée.

CLAU.  Hélas! que le monde aujourd'hui est rempli
de méchanceté, de m'aller soupçonner ainsi, moi
qui suis l'innocence même!

DAN.  Taisez-vous, bonne pièce.  Vous faites la sour-
noise; mais je vous connais il y a longtemps, et
vous êtes une dessalée.

CLAU.  Madame, est-ce que . . .?

DAN.  Taisez-vous, vous dis-je, vous pourriez bien
porter la folle enchère de tous les autres; et vous
n'avez point de père gentilhomme.

ANG.  C'est une imposture si grande, et qui me touche
si fort au cœur, que je ne puis pas même avoir
la force d'y répondre.  Cela est bien horrible d'être
accusée par un mari lorsqu'on ne lui fait rien qui ne
soit à faire.  Hélas! si je suis blâmable de quelque
chose, c'est d'en user trop bien avec lui.

CLAU.  Assurément.

ANG.  Tout mon malheur est de le trop considérer; et
plût au Ciel que je fusse capable de souffrir, comme
il dit, les galanteries de quelqu'un! je ne serais pas
tant à plaindre.  Adieu: je me retire, et je ne puis
plus endurer qu'on m'outrage de cette sorte.

M. DE S. That must satisfy you, son-in-law. What have you to say?

DAN. I say they are throwing dust in your eyes; I know what I know, and, since I must speak, let me tell you that she has received a message from him.

ANG. I? I have received a message?

CLIT. I have sent a message?

ANG. Claudine.

CLIT. Is it true?

CLAU. Upon my word, this is a fine falsehood!

DAN. Hold your tongue, you slut. I know all about your goings on, it is you who just now let the messenger in.

CLAU. Who, I?

DAN. Yes, you. Do not look as though butter would not melt in your mouth.

CLAU. Alas! what a wicked world it is, to suspect me like this, when I am innocence itself!

DAN. Hold your tongue, you baggage. You smirk like a prude, but I have known you for a long time to be a jade.

CLAU. Madam, have . . . ?

DAN. Hold your tongue, I tell you, or you may have to stand the racket instead of all the others: you have not a gentleman for a father.

ANG. It is such a gross imputation, and wounds me so keenly, that I have not even the strength to answer it. It is sheer cruelty to be accused by a husband, when one has not done anything to him but what one should. Alas! if I am to blame for anything, it is for having been too kind to him.

CLAU. Indeed you have.

ANG. All my misery arises from my having considered him too much. Would to Heaven I could endure the attentions of some one else, even as he accuses me! I should not be so much to be pitied. Adieu: I must leave you, I cannot bear any longer to be insulted in this manner.

Mme. de S. Allez, vous ne méritez pas l'honnête femme
qu'on vous a donnée.
Clau. Par ma foi ! il mériterait qu'elle lui fît dire
vrai ; et si j'étais en sa place, je n'y marchanderais
pas. Oui, Monsieur, vous devez, pour le punir,
faire l'amour a ma maîtresse. Poussez, c'est moi
qui vous le dis, ce sera fort bien employé ; et je
m'offre à vous y servir, puisqu'il m'en a déjà taxée.

M. de S. Vous méritez, mon gendre, qu'on vous dise
ces choses-là ; et votre procédé met tout le monde
contre vous.
Mme. de S. Allez, songez à mieux traiter une Demoiselle bien née, et prenez garde désormais à ne plus
faire de pareilles bévues.
Dan. (à part) J'enrage de bon cœur d'avoir tort,
lorsque j'ai raison.
Clit. Monsieur, vous voyez comme j'ai été faussement
accusé : vous êtes homme qui savez les maximes du
point d'honneur, et je vous demande raison de
l'affront qui m'a été fait.
M. de S. Cela est juste, et c'est l'ordre des procédés.
Allons, mon gendre, faites satisfaction à Monsieur.
Dan. Comment satisfaction ?
M. de S. Oui, cela se doit dans les règles pour l'avoir
à tort accusé.
Dan. C'est une chose, moi, dont je ne demeure pas
d'accord, de l'avoir à tort accusé, et je sais bien ce
que j'en pense.
M. de S. Il n'importe. Quelque pensée qui vous
puisse rester, il a nié : c'est satisfaire les personnes,
et l'on n'a nul droit de se plaindre de tout homme
qui se dédit.
Dan. Si bien donc que si je le trouvais couché avec ma
femme, il en serait quitte pour se dédire ?
M. de S. Point de raisonnement. Faites-lui les excuses que je vous dis.
Dan. Moi, je lui ferai encore des excuses après . . . ?
M. de S. Allons, vous dis-je. Il n'y a rien à balancer,
et vous n'avez que faire d'avoir peur d'en trop faire,
puisque c'est moi qui vous conduis.

MAD. DE S. Go, you do not deserve the good wife that
has been given you.

CLAU. Upon my word, he deserves that she should
make his words come true : if I were in her place, I
should not hesitate. Yes, Monsieur, you ought to
make love to my mistress in order to punish him.
Do so, I tell you, it will be time well employed, and,
since he has already taxed me with helping you,
you can have my services.

M. DE S. You deserve to have these things said to
you, son-in-law ; your conduct sets all the world
against you.

MAD. DE S. Go, and try to treat a lady of good breed-
ing differently. Take care you do not henceforth
make such blunders.

DAN. I am wild at being put in the wrong when I am
right.

CLIT. You see, Monsieur, that I have been falsely
accused ; being a gentleman, you know the laws of
honour, and I demand satisfaction for the affront
which has been done me.

MME. DE S. That is right, and just as it should be.
Come, son-in-law, give this gentleman satisfaction.

DAN. What do you mean by satisfaction ?

M. DE S. According to the laws of honour it must be
so, for you have wrongly accused him.

DAN. I do not in the least admit that I have wrongly
accused him ; I know perfectly well what I think.

M. DE S. That is of no consequence. Whatever
thought may remain in your mind, he denies it ;
that is enough to satisfy any one : no one has any
right to complain of any man who denies a thing.

DAN. So, if I had found him in bed with my wife, he
could acquit himself by denying it ?

M. DE S. No more arguments. Make the apologies
to him which I tell you.

DAN. I ? I am to apologise to him, after . . . ?

M. DE S. Come, I tell you. There is nothing to
hesitate about. You need not be afraid of having
to say too much, since you are under my guidance.

DAN. Je ne saurais . . .

M. DE S. Corbleu ! mon gendre, ne m'échauffez pas la bile : je me mettrais avec lui contre vous. Allons, laissez-vous gouverner par moi.

DAN. Ah ! George Dandin !

M. DE S. Votre bonnet à la main, le premier : Monsieur est gentilhomme, et vous ne l'êtes pas.

DAN. J'enrage.

M. DE S. Répétez avec moi : ' Monsieur '.

DAN. ' Monsieur.'

M. DE S. (Il voit que son gendre fait difficulté de lui obéir.) ' Je vous demande pardon.' Ah !

DAN. ' Je vous demande pardon.'

M. DE S. ' Des mauvaises pensées que j'ai eues de vous.'

DAN. ' Des mauvaises pensées que j'ai eues de vous.'

M. DE S. ' C'est que je n'avais pas l'honneur de vous connaître.'

DAN. ' C'est que je n'avais pas l'honneur de vous connaître.'

M. DE S. ' Et je vous prie de croire.'

DAN. ' Et je vous prie de croire.'

M. DE S. ' Que je suis votre serviteur.'

DAN. Voulez-vous que je sois serviteur d'un homme qui me veut faire cocu ?

M. DE S. (Il le menace encore.) Ah !

CLIT. Il suffit, Monsieur.

M. DE S. Non : le veux qu'il achève, et que tout aille dans les formes. ' Que je suis votre serviteur.'

DAN. ' Que je suis votre serviteur.'

CLIT. Monsieur, je suis le vôtre de tout mon cœur, et je ne songe plus à ce qui s'est passé. Pour vous, Monsieur, je vous donne le bonjour, et suis fâché du petit chagrin que vous avez eu.

M. DE S. Je vous baise les mains ; quand il vous plaira, je vous donnerai le divertissement de courre un lièvre.

CLIT. C'est trop de grâce que vous me faites.

M. DE S. Voilà, mon gendre, comme il faut pousser

Dan. I could not . . .

M. de S. Come, now, son-in-law, do not rouse my bile or I shall take his part against you. Here, let yourself be guided by me.

Dan. Ah ! George Dandin !

M. de S. First, your hat in your hand : this gentleman is a nobleman, and you are not.

Dan. I shall go mad.

M. de S. Repeat after me : 'Monsieur.'

Dan. 'Monsieur.'

M. de S. (He sees that his son-in-law hesitates to obey him.) 'I ask your pardon.' Ah !

Dan. 'I ask your pardon.'

M. de S. 'For the evil thoughts I had of you.'

Dan. 'For the evil thoughts I had of you.'

M. de S. 'It was because I had not the honour of knowing you.'

Dan. 'It was because I had not the honour of knowing you.'

M. de S. 'And I beg you to believe.'

Dan. 'And I beg you to believe.'

M. de S. 'That I am your servant.'

Dan. Would you have me be the servant of a man who wishes to make me a cuckold?

M. de S. (Threatening him again.) Ah !

Clit. That is enough, Monsieur.

M. de S. No, I wish him to finish it in due form : 'That I am your servant.'

Dan. 'That I am your servant.'

Clit. Monsieur, I am yours with all my heart, I shall no longer think of what has happened. As for you, Monsieur, I wish you good-day, I am sorry you have had this trifling annoyance.

M. de S. I kiss your hand ; and, whenever you please, I shall be glad to course a hare with you at my place.

Clit. You do me too much honour.

M. de S. That is how things ought to be done, son-in-

les choses.  Adieu.  Sachez que vous êtes entré
dans une famille qui vous donnera de l'appui, et ne
souffrira point que l'on vous fasse aucun affront.


### Scène VII

#### George Dandin

Ah ! que je . . . Vous l'avez voulu, vous l'avez
voulu, George Dandin, vous l'avez voulu, cela vous
sied fort bien, et vous voilà ajusté comme il faut ;
vous avez justement ce que vous méritez.  Allons, il
s'agit seulement de désabuser le père et la mère, et
je pourrai trouver peut-être quelque moyen d'y
réussir.

FIN DU PREMIER ACTE.


## ACTE II

### Scène I

#### Claudine, Lubin

CLAU.  Oui, j'ai bien deviné qu'il fallait que cela vînt
de toi, et que tu l'eusses dit à quelqu'un qui l'ait
rapporté à notre maître.
LUB.  Par ma foi ! je n'en ai touché qu'un petit mot en
passant à un homme, afin qu'il ne dît point qu'il
m'avait vu sortir, et il faut que les gens en ce pays-
ci soient de grands babillards.
CLAU.  Vraiment, ce Monsieur le Vicomte a bien choisi
son monde, que de te prendre pour son ambassa-
deur, et il s'est allé servir là d'un homme bien
chanceux.
LUB.  Va, une autre fois je serai plus fin, et je prendrai mieux garde à moi.

law. Farewell. Remember you have entered a
family that will support you, and will not suffer you
to put up with any affront.

### Scene VII

#### George Dandin

Ah! that I . . . You would have it, you would have
it, George Dandin, you would have it so ; this suits
you excellently, you are just served right, you have
exactly met your deserts. Come, it only remains to
disabuse the father and mother, and perhaps I shall
be able to find some means of succeeding.

END OF THE FIRST ACT.

## ACT II

### Scene I

#### Claudine, Lubin

Clau. Yes, I guessed right enough it must have
come from you, that you told it to some one, who
repeated it to master.

Lub. Upon my word, I only said a single word to a
man in passing, that he might not say he had seen
me come out. People here must be great babblers.

Clau. Well, Monsieur le Vicomte made a good choice
when he selected you for his messenger ; he has
chanced upon a lucky fellow to serve him.

Lub. Never mind, another time I shall be more artful
and take greater care what I do.

C

CLAU. Oui, oui, il sera temps.

LUB. Ne parlons plus de cela. Écoute.

CLAU. Que veux-tu que j'écoute?

LUB. Tourne un peu ton visage devers moi.

CLAU. Hé bien, qu'est ce?

LUB. Claudine.

CLAU. Quoi?

LUB. Hé ! là, ne sais-tu pas bien ce que je veux dire?

CLAU. Non.

LUB. Morgué ! je t'aime.

CLAU. Tout de bon?

LUB. Oui, le diable m'emporte ! tu me peux croire,
puisque j'en jure.

CLAU. A la bonne heure.

LUB. Je me sens tout tribouiller le cœur quand je te
regarde.

CLAU. Je m'en réjouis.

LUB. Comment est-ce que tu fais pour être si jolie?

CLAU. Je fais comme font les autres.

LUB. Vois-tu? il ne faut point tant de beurre pour
faire un quarteron : si tu veux, tu seras ma femme,
je serai ton mari, et nous serons tous deux mari et
femme.

CLAU. Tu serais peut-être jaloux comme notre maître.

LUB. Point.

CLAU. Pour moi, je hais les maris soupçonneux, et
j'en veux un qui ne s'épouvante de rien, un si plein
de confiance, et si sûr de ma chasteté, qu'il me vît
sans inquiétude au milieu de trente hommes.

LUB. Hé bien ! je serai comme tout cela.

CLAU. C'est la plus sotte chose du monde que de se
défier d'une femme, et de la tourmenter. La vérité
de l'affaire est qu'on n'y gagne rien de bon : cela
nous fait songer à mal, et ce sont souvent les maris
qui, avec leurs vacarmes, se font eux-mêmes ce qu'ils
sont.

LUB. Hé bien ! je te donnerai la liberté de faire tout
ce qu'il te plaira.

CLAU. Voilà comme il faut faire pour n'être point

CLAU. Yes, yes, it will be about time.

LUB. We need not talk any more about it.   Listen.

CLAU. What do you want to say to me?

LUB. Just turn your face towards me.

CLAU. Well, what is it?

LUB. Claudine.

CLAU. Well?

LUB. Oh! my! do you not know well enough what I want to say?

CLAU. No.

LUB. Well! I love you.

CLAU. Really?

LUB. Yes, devil take me! you can believe me, because I swear it.

CLAU. That's all right.

LUB. I feel my heart go thump, thump when I look at you.

CLAU. I am glad to hear it.

LUB. Why do you look so pretty?

CLAU. I am only like others.

LUB. Look here, we need not beat about the bush: if you like you shall be my wife, I will be your husband, and we shall both of us be husband and wife.

CLAU. Perhaps you would be jealous, like master.

LUB. No.

CLAU. I myself hate suspicious husbands. I want one who is not afraid of anything, who has full confidence, and is so sure of my chastity, that he could see me amongst thirty men without being uneasy.

LUB. Very well, I shall be just like that.

CLAU. It is the most foolish thing in the world to mistrust a wife and to torment her. The truth of the matter is that no good is done thereby: it only makes us think evil, and it often happens that it is the husbands' own fault they are what they are, because of their idiotic nonsense.

LUB. Well! I shall give you liberty to do everything you please.

CLAU. That is what should be done to prevent being

trompé. Lorsqu'un mari se met à notre discrétion,
nous ne prenons de liberté que ce qu'il nous en faut,
et il en est comme avec ceux qui nous ouvrent leur
bourse et nous disent : 'Prenez!' Nous en usons
honnêtement, et nous nous contentons de la raison.
Mais ceux qui nous chicanent, nous nous efforçons
de les tondre, et nous ne les épargnons point.

Lub. Va, je serai de ceux qui ouvrent leur bourse, et
tu n'as qu'à te marier avec moi.

Clau. Hé bien, bien, nous verrons.

Lub. Viens donc ici, Claudine.

Clau. Que veux-tu?

Lub. Viens, te dis-je.

Clau. Ah! doucement : je n'aime pas les patineurs.

Lub. Eh! un petit brin d'amitié.

Clau. Laisse-moi là, te dis-je : je n'entends pas raillerie.

Lub. Claudine.

Clau. Ahy!

Lub. Ah! que tu es rude à pauvres gens. Fi, que
cela est malhonnête de refuser les personnes ! N'as-
tu point de honte d'être belle, et de ne vouloir pas
qu'on te caresse? Eh là !

Clau. Je te donnerai sur le nez.

Lub. Oh! la farouche, la sauvage ! Fi, poua! la
vilaine, qui est cruelle !

Clau. Tu t'émancipes trop.

Lub. Qu'est-ce que cela te coûterait de me laisser un
peu faire?

Clau. Il faut que tu te donnes patience.

Lub. Un petit baiser seulement, en rabattant sur notre
mariage.

Clau. Je suis votre servante.

Lub. Claudine, je t'en prie, sur l'et-tant-moins.

Clau. Eh! que nenni : j'y ai déjà été attrapée.
Adieu. Va-t'en, et dis à Monsieur le Vicomte que
j'aurai soin de rendre son billet.

Lub. Adieu, beauté rude ânière.


Clau. Le mot est amoureux.

deceived. When a husband relies on our discretion, we do not take any more liberty than is right. It is with them as with those who open their purses to us and say 'Take.' We make use of them prudently, and content ourselves with what is in reason. But we take in and spare not those who bother us.

LUB. You need not be afraid, I shall be like those who open their purse; you have but to marry me.
CLAU. Very well, very well! we shall see.
LUB. Come here, Claudine.
CLAU. What do you want?
LUB. Come nearer, I say.
CLAU. Ah! gently : I don't like being clawed about.
LUB. What! I only mean a friendly hug.
CLAU. Leave me alone, I tell you; I do not understand such jokes.
LUB. Claudine.
CLAU. Go along!
LUB. Ah! how cross you are with a poor fellow. Fie, how cantankerous of you to refuse folks! Are you not ashamed to be so pretty, and yet not willing people should caress you? Come on!
CLAU. I shall give you one on your nose.
LUB. Oh! what a fierce savage! Fie, fie! you cruel minx.
CLAU. You are too free.
LUB. What would it cost you to let me do what I want for once?
CLAU. You must have patience.
LUB. Only a little kiss, you can deduct it after we are married.
CLAU. I am your servant.
LUB. Claudine, I beseech you, one on account.
CLAU. Oh! nay, nay. I have been taken in before. Good-bye. Go, and tell Monsieur le Vicomte that I will take care to deliver his letter.
LUB. Good-bye, you pretty - faced, cross - grained wench.
CLAU. That sounds loving.

Lub. Adieu, rocher, caillou, pierre de taille, et tout
ce qu'il y a de plus dur au monde.
Clau. Je vais remettre aux mains de ma maîtresse. . . .
Mais la voici avec son mari : éloignons-nous, et at-
tendons qu'elle soit seule.


SCÈNE II

GEORGE DANDIN, ANGÉLIQUE, CLITANDRE

Dan. Non, non, on ne m'abuse pas avec tant de facilité, et je ne suis que trop certain que le rapport que
l'on m'a fait est véritable. J'ai de meilleurs yeux
qu'on ne pense, et votre galimatias ne m'a point
tantôt ébloui.
Clit. Ah ! la voilà ; mais le mari est avec elle.
Dan. Au travers de toutes vos grimaces, j'ai vu la vérité
de ce que l'on m'a dit, et le peu de respect que vous
avez pour le nœud qui nous joint. Mon Dieu !
laissez là votre révérence, ce n'est pas de ces sortes
de respect dont je vous parle, et vous n'avez que
faire de vous moquer.
Ang. Moi, me moquer ! En aucune façon.
Dan. Je sais votre pensée, et connais. . . . Encore ?
Ah ! ne raillons pas davantage ! Je n'ignore pas
qu'à cause de votre noblesse vous me tenez fort au-
dessous de vous, et le respect que je vous veux dire
ne regarde point ma personne : j'entends parler de
celui que vous devez à des nœuds aussi vénérables
que le sont ceux du mariage. Il ne faut point lever
les épaules, et je ne dis point de sottises.
Ang. Qui songe à lever les épaules ?
Dan. Mon Dieu ! nous voyons clair. Je vous dis
encore une fois que le mariage est une chaîne à
laquelle on doit porter toute sorte de respect, et
que c'est fort mal fait à vous d'en user comme vous
faites. Oui, oui, mal fait à vous ; et vous n'avez que
faire de hocher la tête, et de me faire la grimace.
Ang. Moi ! Je ne sais ce que vous voulez dire.

Lub. Good-bye, rock, flint, stone-block, you everything that is hard in the world.

Clau. I must deliver this into my mistress's own hands. . . . But here she is with her husband : I must stand aside and wait until she is by herself.

## Scene II

### George Dandin, Angélique, Clitandre

Dan. No, no ; I am not so easily deceived, I am but too certain that what has been told me is true. I have better eyes than people think and your fine speeches just now have not dazzled me.

Clit. Ah ! there she is ; but her husband is with her.

Dan. In spite of all your show of offended innocence I can see that what has been told me is true, and that you have little respect for the tie which binds us. Good Heavens ! we can do with less ceremony, it is not that kind of respect I am talking about ; you need not play the fool here.

Ang. I, play the fool ! Nothing of the kind.

Dan. I know what you are thinking about, I know . . . Again? Come, no more of this joking ! I know you think me much beneath you, because of your birth, and the respect of which I wish to speak to you does not concern my person : I speak of that which you owe to such sacred ties as those of marriage. You need not shrug your shoulders, I am not talking nonsense.

Ang. Who dreams of shrugging shoulders?

Dan. Good Heavens ! I can see. I tell you once more that marriage is a chain for which we ought to show every respect and it is very wrong of you to act as you do. Yes, yes, it is very wrong of you ; you need not nod your head and make faces at me.

Ang. I? I do not know what you are talking about.

DAN. Je le sais fort bien, moi ; et vos mépris me sont
connus. Si je ne suis pas né noble, au moins suis-
je d'une race où il n'y a point de reproche ; et la
famille des Dandins . . .

CLIT. (derrière Angélique, sans être aperçu de Dandin)
Un moment d'entretien.

DAN. Eh ?

ANG. Quoi ? Je ne dis mot.

DAN. Le voilà qui vient rôder autour de vous.

ANG. Hé bien, est-ce ma faute ? Que voulez-vous que
j'y fasse ?

DAN. Je veux que vous y fassiez ce que fait une femme
qui ne veut plaire qu'à son mari. Quoi qu'on en
puisse dire, les galants n'obsèdent jamais que quand
on le veut bien. Il y a un certain air doucereux
qui les attire, ainsi que le miel fait les mouches ; et
les honnêtes femmes ont des manières qui les savent
chasser d'abord.

ANG. Moi, les chasser ? et par quelle raison ? Je ne
me scandalise point qu'on me trouve bien faite, et
cela me fait du plaisir.

DAN. Oui. Mais quel personnage voulez-vous que
joue un mari pendant cette galanterie ?

ANG. Le personnage d'un honnête homme qui est bien
aise de voir sa femme considérée.

DAN. Je suis votre valet. Ce n'est pas là mon
compte, et les Dandins ne sont point accoutumés à
cette mode-là.

ANG. Oh ! les Dandins s'y accoutumeront s'ils veulent.
Car pour moi, je vous déclare que mon dessein n'est
pas de renoncer au monde, et de m'enterrer toute
vive dans un mari. Comment ? parce qu'un homme
s'avise de nous épouser, il faut d'abord que toutes
choses soient finies pour nous, et que nous rompions
tout commerce avec les vivants ? C'est une chose
merveilleuse que cette tyrannie de Messieurs les
maris, et je les trouve bons de vouloir qu'on soit
morte à tous les divertissements, et qu'on ne vive
que pour eux. Je me moque de cela, et ne veux
point mourir si jeune.

DAN. But I do, well enough ; and I know your contempt for me. Though I was not born a nobleman at least I belong to a race which is without reproach; the family of the Dandins . . .

CLIT. (behind Angélique without being seen by Dandin) One moment's conversation.

DAN. Eh?

ANG. What? I did not say a word.

DAN. There he is, prowling round you.

ANG. Well, is it my fault? What do you want me to do?

DAN. I want you to act as a wife would who wishes to please her husband only. Whatever people may say, gallants are never troublesome unless they are encouraged. It is the languishing look that draws them on, as honey does flies ; and the very bearing of virtuous women drives them away immediately.

ANG. I drive them away? for what reason? It does not shock me that people think me handsome, it pleases me.

DAN. Exactly. But what part would you have a husband act during all this gallantry?

ANG. The part of a sensible man, who is very glad to see his wife admired.

DAN. I am your servant. That does not suit me : the Dandins are not accustomed to that fashion.

ANG. Very well! the Dandins must become accustomed to it whether they like it or not. I tell you I do not intend to renounce the world and to bury myself alive in a husband. Why should I? because a man thinks fit to marry me, must everything immediately be at an end for me, must I break off all commerce with the living? This tyranny of the lord and master is a marvellous thing ; I think it is excellent in them to wish that we should be dead to all pleasures and live only for them. It is laughable. I do not wish to die so young.

DAN. C'est ainsi que vous satisfaites aux engagements
de la foi que vous m'avez donnée publiquement?

ANG. Moi? Je ne vous l'ai point donnée de bon cœur,
et vous me l'avez arrachée. M'avez-vous, avant
le mariage, demandé mon consentement, et si je
voulais bien de vous? Vous n'avez consulté, pour
cela, que mon père et ma mère ; ce sont eux proprement qui vous ont épousé, et c'est pourquoi vous
ferez bien de vous plaindre toujours à eux des torts
que l'on pourra vous faire. Pour moi, qui ne vous
ai point dit de vous marier avec moi, et que vous
avez prise sans consulter mes sentiments, je prétends n'être point obligée à me soumettre en esclave
à vos volontés ; et je veux jouir, s'il vous plaît,
de quelque nombre de beaux jours que m'offre la
jeunesse, prendre les douces libertés que l'âge me
permet, voir un peu le beau monde, et goûter le
plaisir de m'ouïr dire des douceurs. Préparez-vous-y,
pour votre punition, et rendez grâces au Ciel de ce
que je ne suis pas capable de quelque chose de pis.

DAN. Oui ! c'est ainsi que vous le prenez. Je suis
votre mari, et je vous dis que je n'entends pas
cela.

ANG. Moi je suis votre femme, et je vous dis que je
l'entends.

DAN. Il me prend des tentations d'accommoder tout
son visage à la compote, et le mettre en état de ne
plaire de sa vie aux diseurs de fleurettes. Ah !
allons, George Dandin ; je ne pourrais me retenir,
et il vaut mieux quitter la place.

### SCÈNE III

#### CLAUDINE, ANGÉLIQUE

CLAU. J'avais, Madame, impatience qu'il s'en allât,
pour vous rendre ce mot de la part que vous savez.

ANG. Voyons.

Dan. Is it thus you keep the vows of fidelity you publicly made to me?

Ang. I? I did not make them of my own free will, you forced them from me. Did you ask my consent before marriage, and whether I cared for you? On that point you only consulted my father and mother; strictly speaking you married them and therefore you will do well always to complain to them concerning any wrongs you may suffer. I did not tell you to marry me. You took me without consulting my feelings, and I do not pretend to be obliged to submit, like a slave, to your will; I wish to enjoy, by your leave, the few happy days youth has to offer, to take the sweet liberties the age permits me, to see something of the fashionable world, and to taste the pleasure of listening to the pretty things said to me. Prepare yourself for this, as your punishment, and return thanks to Heaven I am not capable of something worse.

Dan. Indeed! that is what you mean to do. I am your husband, and I cannot approve of such goings on.

Ang. And I am your wife, and I tell you that I do approve of them.

Dan. I am tempted to beat her face into a jelly, and so stop her from ever charming these young coxcombs again. Ah! George Dandin; I cannot restrain myself, I had better leave the place.

## Scene III

### Claudine, Angélique

Clau. I have been hoping he would go, Madam, so that I could give you this note from one you know.

Ang. Let us see it.

CLAU. A ce que je puis remarquer, ce qu'on lui dit ne
lui déplaît pas trop.

ANG. Ah ! Claudine, que ce billet s'explique d'une
façon galante ! Que dans tous leurs discours et
dans toutes leurs actions les gens de cour ont un
air agréable ! Et qu'est-ce que c'est auprès d'eux
que nos gens de province ?

CLAU. Je crois qu'après les avoir vus, les Dandins ne
vous plaisent guère.

ANG. Demeure ici : je m'en vais faire la réponse.

CLAU. Je n'ai pas besoin, que je pense, de lui recom-
mander de la faire agréable. Mais voici . . .


SCÈNE IV

CLITANDRE, LUBIN, CLAUDINE

CLAU. Vraiment, Monsieur, vous avez pris là un
habile messager.

CLIT. Je n'ai pas osé envoyer de mes gens. Mais, ma
pauvre Claudine, il faut que je te récompense des
bons offices que je sais que tu m'as rendus.

CLAU. Eh ! Monsieur, il n'est pas nécessaire. Non,
Monsieur, vous n'avez que faire de vous donner
cette peine-là ; et je vous rends service parce que
vous le méritez, et que je me sens au cœur de
l'inclination pour vous.

CLIT. Je te suis obligé.

LUB. Puisque nous serons mariés, donne-moi cela, que
je le mette avec le mien.

CLAU. Je te le garde aussi bien que le baiser.

CLIT. Dis-moi, as-tu rendu mon billet à ta belle
maîtresse ?

CLAU. Oui, elle est allée y répondre.

CLIT. Mais, Claudine, n'y a-t-il pas moyen que je la
puisse entretenir ?

CLAU. Oui : venez avec moi, je vous ferai parler à
elle.

CLIT. Mais le trouvera-t-elle bon ? et n'y a-t-il rien à
risquer ?

Clau. It seems to me she is not greatly displeased by what he says.

Ang. Ah! Claudine, this letter is delightfully flattering! How agreeable courtiers are in all their sayings and doings! What a pretty figure our country people cut by their side!

Clau. I do not believe the Dandins will be acceptable to you, after having seen them.

Ang. Stay here; I am going to answer it.

Clau. I do not think there is any necessity for me to recommend her to make it agreeable. But here . . .

SCENE IV

CLITANDRE, LUBIN, CLAUDINE

Clau. Really, Monsieur, you chose a clever messenger that time.

Clit. I did not dare to send one of my own people. But I must reward you, my good Claudine, for the helpful offices I know you have rendered me.

Clau. Oh! Monsieur, it is not necessary. No, Monsieur, you need not give yourself this trouble; I have served you because it is your due and because I have a liking for you at heart.

Clit. I am obliged to you.

Lub. As we are going to be married, give me that and I will put it with mine.

Clau. I will keep it for you, along with the kiss.

Clit. Tell me, have you given my note to your pretty mistress?

Clau. Yes, she has gone to answer it.

Clit. But, Claudine, is there no means by which I can have speech with her?

Clau. Yes: come with me, I will let you speak to her.

Clit. But will she like it? is there no risk?

CLAU.  Non, non : son mari n'est pas au logis ; et puis,
ce n'est pas lui qu'elle a le plus à ménager, c'est
son père et sa mère ; et pourvu qu'ils soient prévenus, tout le reste n'est point à craindre.

CLIT.  Je m'abandonne à ta conduite.

LUB.  Testiguenne ! que j'aurai là une habile femme !
Elle a de l'esprit comme quatre.


SCÈNE V

GEORGE DANDIN, LUBIN

DAN.  Voici mon homme de tantôt.  Plût au Ciel qu'il
pût se résoudre à vouloir rendre témoignage au père
et à la mère de ce qu'ils ne veulent point croire !

LUB.  Ah ! vous voilà, Monsieur le babillard, à qui
j'avais tant recommandé de ne point parler, et qui
me l'aviez tant promis.  Vous êtes donc un causeur,
et vous allez redire ce que l'on vous dit en secret ?

DAN.  Moi ?

LUB.  Oui.  Vous avez été tout rapporter au mari, et
vous êtes cause qu'il a fait du vacarme.  Je suis
bien aise de savoir que vous avez de la langue, et
cela m'apprendra à ne vous plus rien dire.

DAN.  Écoute, mon ami.

LUB.  Si vous n'aviez point babillé, je vous aurais
conté ce qui se passe à cette heure ; mais pour votre
punition vous ne saurez rien du tout.

DAN.  Comment ? qu'est-ce qui se passe ?

LUB.  Rien, rien.  Voilà ce que c'est d'avoir causé :
vous n'en tâterez plus, et je vous laisse sur la bonne
bouche.

DAN.  Arrête un peu.

LUB.  Point.

DAN.  Je ne te veux dire qu'un mot.

LUB.  Nennin, nennin.  Vous avez envie de me tirer
les vers du nez.

CLAU. No, no : her husband is not at home ; and
    besides, he is not the only stumbling-block, her
    father and mother have to be considered ; provided
    they take her side, there is nothing else to fear.
CLIT. I put myself in your hands.
LUB. Goodness me ! what a clever wife I shall have !
    She has brains enough for a whole family.


## SCENE V

### GEORGE DANDIN, LUBIN

DAN. Here is the man I saw a short time ago.  Would
    to Heaven he would agree to bear witness to the
    father and mother concerning what they will not
    believe !
LUB. Ah, there you are, Monsieur chatterer, you whom
    I advised not to talk so much, and who promised
    me as much.  You must be a chatterbox indeed to
    repeat what is told you in secret.
DAN. I ?
LUB. Yes.  You repeated everything to the husband,
    and you caused him to make a hubbub.  I am
    very happy to know what a tongue you have, it
    will teach me not to tell you anything more.
DAN. Listen, friend.
LUB. If you had not blabbed, I would have told you
    what is going on this very minute, but it will
    punish you not to know anything at all.
DAN. Eh ? what is going on ?
LUB. Nothing, nothing.  This is what comes of being
    a talker : you will hear no more about it and I
    shall leave you with half the story told.
DAN. Stop a bit.
LUB. No.
DAN. I only wish to say a word to you.
LUB. Nay, nay.  You want to pump me.

Dan. Non, ce n'est pas cela.
Lub. Eh! quelque sot.    Je vous vois venir.

Dan. C'est autre chose.    Écoute.
Lub. Point d'affaire.    Vous voudriez que je vous disse
    que Monsieur le Vicomte vient de donner de l'argent
    à Claudine, et qu'elle l'a mené chez sa maîtresse.
    Mais je ne suis pas si bête.
Dan. De grâce.
Lub. Non.
Dan. Je te donnerai . . .
Lub. Tarare!

## Scène VI

### GEORGE DANDIN

Je n'ai pu me servir avec cet innocent de la pensée
que j'avais.  Mais le nouvel avis qui lui est échappé
ferait la même chose, et si le galant est chez moi,
ce serait pour avoir raison aux yeux du père et de
la mère, et les convaincre pleinement de l'effronterie de leur fille.  Le mal de tout ceci, c'est que je
ne sais comment faire pour profiter d'un tel avis.
Si je rentre chez moi, je ferai évader le drôle, et
quelque chose que je puisse voir moi-même de mon
déshonneur, je n'en serai point cru a mon serment,
et l'on me dira que je rêve.  Si, d'autre part, je
vais querir beau-père et belle-mère sans être sûr de
trouver chez moi le galant, ce sera la même chose,
et je retomberai dans l'inconvénient de tantôt.
Pourrais-je point m'éclaircir doucement s'il y est
encore?  Ah Ciel! il n'en faut plus douter, et je
viens de l'apercevoir par le trou de la porte.  Le
sort me donne ici de quoi confondre ma partie; et
pour achever l'aventure, il fait venir à point nommé
les juges dont j'avais besoin.

Dan. No, it is not that.
Lub. Ah! you think me a fool. I see what you are
driving at.
Dan. It is another matter. Listen.
Lub. Not at all. You would like me to tell you that
Monsieur le Vicomte gave some money just now
to Claudine, and that she has taken him to her
mistress. But I am not such a fool.
Dan. Pray.
Lub. No.
Dan. I will give you . . .
Lub. Walker !

## Scene VI

### George Dandin

I have not been able to make use of that idiot as I
thought I could. But this fresh news he has let
out will serve the same purpose. If the gallant is
in my house, that will put me right in the eyes of
the father and mother, and fully convince them of
their daughter's shamelessness. The worst of all
this is that I do not know how to profit by the
news. If I go back into my house the rascal will
escape me, and, however clearly I myself may see
my dishonour, I shall not be believed, though I
swear it; they will tell me I am dreaming. If, on
the other hand, I go and fetch my father-in-law
and mother-in-law, without being sure of finding
the gallant in my house, it will be just the same
thing, I shall be back again in the same humiliation
as before. Can I not find out quietly if he is still
there? Ah, Heavens! there is no longer any doubt
about it, I have just seen him through the key-hole.
Fate has put into my hands the means to confound
my adversary; and here, just in the nick of time,
come the judges I need, so that nothing may be
wanting.

D

## Scène VII

MONSIEUR ET MADAME DE SOTENVILLE, GEORGE
DANDIN.

DAN. Enfin vous ne m'avez pas voulu croire tantôt, et
votre fille l'a emporté sur moi ; mais j'ai en main
de quoi vous faire voir comme elle m'accommode,
et, Dieu merci ! mon déshonneur est si clair maintenant, que vous n'en pourrez plus douter.

M. DE S. Comment, mon gendre, vous en êtes encore
là-dessus ?

DAN. Oui, j'y suis, et jamais je n'eus tant de sujet d'y
être.

MME. DE S. Vous nous venez encore étourdir la tête ?

DAN. Oui, Madame, et l'on fait bien pis à la mienne.

M. DE S. Ne vous lassez-vous point de vous rendre
importun ?

DAN. Non ; mais je me lasse fort d'être pris pour
dupe.

MME. DE S. Ne voulez-vous point vous défaire de vos
pensées extravagantes ?

DAN. Non, Madame ; mais je voudrais bien me défaire
d'une femme qui me déshonore.

MME. DE S. Jour de Dieu ! notre gendre, apprenez à
parler.

M. DE S. Corbleu ! cherchez des termes moins offen-
sants que ceux-là.

DAN. Marchand qui perd ne peut rire.

MME. DE S. Souvenez-vous que vous avez épousé une
Demoiselle.

DAN. Je m'en souviens assez, et ne m'en souviendrai
que trop.

M. DE S. Si vous vous en souvenez, songez donc à
parler d'elle avec plus de respect.

DAN. Mais que ne songe-t-elle plutôt à me traiter
plus honnêtement ? Quoi ? parce qu'elle est Demoiselle, il faut qu'elle ait la liberté de me faire
ce qui lui plaît, sans que j'ose souffler ?

## Scene VII

Monsieur and Madam de Sotenville, George Dandin.

Dan. A short time since you would not believe me, and your daughter won the day, but now I can show you how she treats me. Thank Heaven, my dishonour is so plain now that you can no longer doubt it.

M. de S. So, son-in-law, you are still suspicious?

Dan. Yes I am, and I never had greater cause to be so.

Mad. de S. You are going to bother our heads again?

Dan. Yes, Madam, they trouble mine far worse.

M. de S. Are you not tired of making yourself such a bore?

Dan. No ; but I am very tired of being taken for a dupe.

Mad. de S. Will you never give up your absurd ideas?

Dan. No, Madam ; but I would much like to give up a wife who dishonours me.

Mad. de S. Good Heavens ! son-in-law, take care what you say.

M. de S. Come ! Find some terms less offensive than these.

Dan. A merchant who loses does not laugh.

Mad. de S. Remember that you married a lady.

Dan. I remember it often. I shall remember it only too often.

M. de S. If you do remember it, try to speak of her with more respect.

Dan. Why then does she not try to treat me more faithfully ? What? because she is a lady is she to be at liberty to do what she likes to me, without my daring to utter a word ?

M. DE S. Qu'avez-vous donc, et que pouvez-vous
dire ? N'avez-vous pas vu ce matin qu'elle s'est
défendue de connaître celui dont vous m'étiez venu
parler ?

DAN. Oui. Mais vous, que pourrez-vous dire si je
vous fais voir maintenant que le galant est avec
elle ?

MME. DE S. Avec elle ?

DAN. Oui, avec elle, et dans ma maison.

M. DE S. Dans votre maison ?

DAN. Oui, dans ma propre maison.

MME. DE S. Si cela est, nous serons pour vous contre
elle.

M. DE S. Oui : l'honneur de notre famille nous est
plus cher que toute chose ; et si vous dites vrai,
nous la renoncerons pour notre sang, et l'abandon-
nerons à votre colère.

DAN. Vous n'avez qu'à me suivre.

MME. DE S. Gardez de vous tromper.

M. DE S. N'allez pas faire comme tantôt.

DAN. Mon Dieu ! vous allez voir. Tenez, ai-je
menti ?

## SCÈNE VIII

ANGÉLIQUE, CLITANDRE, CLAUDINE, MONSIEUR ET
MADAME DE SOTENVILLE, GEORGE DANDIN.

ANG. Adieu. J'ai peur qu'on vous surprenne ici, et
j'ai quelques mesures à garder.

CLIT. Promettez-moi donc, Madame, que je pourrai
vous parler cette nuit.

ANG. J'y ferai mes efforts.

DAN. Approchons doucement par derrière, et tâchons
de n'être point vus.

CLAU. Ah ! Madame, tout est perdu : voilà votre père
et votre mère, accompagnés de votre mari.

CLIT. Ah Ciel !

ANG. Ne faites pas semblant de rien, et me laissez
faire tous deux. Quoi ? vous osez en user de la

M. de S. What is the matter with you, what do you
want to say? Did you not hear this morning that
she denied all knowledge of the person you came
to speak to me about?

Dan. Yes. But what would you say were I to show
you the gallant with her, here and now?

Mad. de S. With her?

Dan. Yes, with her, in my house.

M. de S. In your house?

Dan. Yes; in my own house.

Mad. de S. If this is so, we shall take your part
against her.

M. de S. Yes; the honour of our family is dearer
to us than anything else. If you speak the truth
we shall disown her, and abandon her to your
resentment.

Dan. You have but to follow me.

Mad. de S. Take care you do not deceive yourself. .

M. de S. Do not act as you did before.

Dan. Dear me, no! you shall see. There, have I
lied?

## Scene VIII

Angélique, Clitandre, Claudine, Monsieur and
Madam de Sotenville, George Dandin.

Ang. Farewell. I am afraid lest you should be seen
here, and I have to be very careful.

Clit. Promise me then, Madam, that I shall have a
word with you to-night.

Ang. I shall do my best.

Dan. Let us go softly behind, and try not to be seen.

Clau. Ah! Madam, all is lost: here are your father
and mother, and your husband is with them.

Clit. Ah Heavens!

Ang. Do not seem to notice anything, leave it all
to me. How dare you act like this after what

sorte, après l'affaire de tantôt ; et c'est ainsi que
vous dissimulez vos sentiments ? On me vient rapporter que vous avez de l'amour pour moi, et que
vous faites des desseins de me solliciter ; j'en
témoigne mon dépit, et m'explique à vous clairement en présence de tout le monde ; vous niez
hautement la chose, et me donnez parole de n'avoir
aucune pensée de m'offenser ; et cependant, le même
jour, vous prenez la hardiesse de venir chez moi me
rendre visite, de me dire que vous m'aimez, et de
me faire cent sots contes pour me persuader de répondre à vos extravagances : comme si j'étais femme
à violer la foi que j'ai donnée à un mari, et m'éloigner jamais de la vertu que mes parents m'ont en-
seignée. Si mon père savait cela, il vous apprendrait
bien à tenter de ces entreprises. Mais une honnête
femme n'aime point les éclats ; je n'ai garde de lui
en rien dire, et je veux vous montrer que, toute
femme que je suis, j'ai assez de courage pour me
venger moi-même des offenses que l'on me fait.
L'action que vous avez faite n'est pas d'un gentilhomme, et ce n'est pas en gentilhomme aussi que
je veux vous traiter.

(Elle prend un bâton et bat son mari, qui se
met entre-deux.)

CLIT. Ah ! ah ! ah ! ah ! ah ! doucement.

CLAU. Fort, Madame, frappez comme il faut.

ANG. S'il vous demeure quelque chose sur le cœur,
je suis pour vous répondre.

CLAU. Apprenez à qui vous vous jouez.

ANG. Ah mon père, vous êtes là !

M. DE S. Oui, ma fille, et je vois qu'en sagesse et en
courage tu te montres un digne rejeton de la maison
de Sotenville. Viens çà, approche-toi que je t'embrasse.

MME. DE S. Embrasse-moi aussi, ma fille. Las ! je
pleure de joie, et reconnais mon sang aux choses
que tu viens de faire.

M. DE S. Mon gendre, que vous devez être ravi, et
que cette aventure est pour vous pleine de dou-

happened so recently ; is it thus you disguise your
sentiments ?  They tell me you are in love with
me and that you intend to show your affection for
me ; I let you see how it annoys me, and explain
myself clearly to you in the presence of every one ;
you emphatically deny it, and give me your word
that you have no thought of offending me ; and
yet, the same day, you have the temerity to call
upon me in my own house to tell me you love
me, and to say a hundred silly things to me to persuade me to respond to your ridiculous desires : as
though I would violate the pledge I have given my
husband, or ever deviate from the training my
parents gave me.  If my father knew this he would
soon teach you indeed to beware of such attempts.
But a virtuous woman does not like to make a stir ;
I shall not say anything to him about it, I will
show you that, woman though I am, I myself have
sufficient courage to avenge the insults offered me.
You have not acted as a man of honour should,
and therefore I shall not treat you as one.

(She takes the stick, and, as her husband comes between
them, thrashes him.)

CLIT. Ah ! ah ! ah ! ah ! ah ! gently.
CLAUD. Harder, Madam, lay it on well.
ANG. If there is anything more on your mind, I am
ready to answer you.
CLAU. That will teach you with whom you are jesting.
ANG. Ah father, are you there ?
M. DE S. Yes, daughter ; and I am happy to see that
in your prudence and courage you show yourself
a worthy offspring of the house of Sotenville.
Come here, come here, let me embrace you.
MAD. DE S. Embrace me also, daughter.  Ah ! I weep
for joy when I recognise my race in the things
you have just now done.
M. DE S. Son-in-law, how delighted you ought to be !
This incident should fill you with joy.  You had

ceurs ! Vous aviez un juste sujet de vous alarmer ;
mais vos soupçons se trouvent dissipés le plus avantageusement du monde.

MME. DE S. Sans doute, notre gendre, et vous devez
maintenant être le plus content des hommes.

CLAU. Assurément. Voilà une femme, celle-là.
Vous êtes trop heureux de l'avoir, et vous devriez
baiser les pas où elle passe.

DAN. Euh ! traîtresse !

M. DE S. Qu'est-ce, mon gendre ? Que ne remerciez-
vous un peu votre femme de l'amitié que vous voyez
qu'elle montre pour vous ?

ANG. Non, non, mon père, il n'est pas nécessaire. Il
ne m'a aucune obligation de ce qu'il vient de voir,
et tout ce que j'en fais n'est que pour l'amour de
moi-même.

M. DE S. Où allez-vous, ma fille ?

ANG. Je me retire, mon père, pour ne me point voir
obligée de recevoir ses compliments.

CLAU. Elle a raison d'être en colère. C'est une
femme qui mérite d'être adorée, et vous ne la
traitez pas comme vous devriez !

DAN. Scélérate !

M. DE S. C'est un petit ressentiment de l'affaire de
tantôt, et cela se passera avec un peu de caresse que
vous lui ferez. Adieu, mon gendre, vous voilà en
état de ne vous plus inquiéter. Allez-vous-en faire
la paix ensemble, et tâchez de l'apaiser par des
excuses de votre emportement.

MME. DE S. Vous devez considérer que c'est une
jeune fille élevée à la vertu, et qui n'est point accoutumée à se voir soupçonnée d'aucune vilaine
action. Adieu. Je suis ravie de voir vos désordres
finis et des transports de joie que vous doit donner
sa conduite.

DAN. Je ne dis mot, car je ne gagnerais rien à parler,
et jamais il ne s'est rien vu d'égal à ma disgrâce.
Oui, j'admire mon malheur, et la subtile adresse de
ma carogne de femme pour se donner toujours
raison, et me faire avoir tort. Est-il possible que

just cause to be alarmed ; but your suspicions have
melted away in the nappiest manner.

Mad. de S. Indeed they have, son-in-law ; you ought
now to be the most contented of men.

Clau. Yes ; she is a model wife. You are fortunate
in possessing her, and you ought to kiss the ground
she walks on.

Dan. Ugh ! the traitress !

M. de S. What is it, son-in-law? Why do you
not give your wife some thanks for the affection
she shows for you ?

Ang. No, no, father, it is not necessary. He is not
under any obligation to me for what he has just
seen ; all I have done has been but out of respect
for myself.

M. de S. Where are you going, daughter?

Ang. I am going in, father, that I may not be compelled to receive his compliments.

Clau. She is right to be angry. Your wife deserves
to be worshipped, not to be treated as you treat
her.

Dan. Hussy !

M. de S. She is still upset by what happened a little
while ago, it will blow over if you are kind to her.
Farewell, son-in-law, you need no longer be uneasy.
Go, make your peace, and try to appease her by
apologising for your anger.

Mad. de S. You ought to consider that she is young
and was virtuously brought up. She is not accustomed to see herself suspected of any wrong.
Farewell. I am delighted to see your quarrels at
an end ; her conduct must give you great joy.

Dan. I will not say a word, for I should not gain
anything by speaking; surely my disgrace is
unparalleled. Yes, I am amazed at my misfortune,
and the subtle cunning of my jade of a wife, who
always is in the right, and puts me in the wrong.

toujours j'aurai du dessous avec elle, que les
apparences toujours tourneront contre moi, et que
je ne parviendrai point à convaincre mon effrontée ?
O Ciel, seconde mes desseins, et m'accorde la grâce
de faire voir aux gens que l'on me déshonore.

FIN DU SECOND ACTE.

## ACTE TROISIÈME

### Scène Première

### CLITANDRE, LUBIN.

CLIT. La nuit est avancée, et j'ai peur qu'il ne soit
trop tard. Je ne vois point à me conduire. Lubin !
LUB. Monsieur ?
CLIT. Est-ce par ici ?
LUB. Je pense que oui. Morgué ! voilà une sotte
nuit, d'être si noire que cela.
CLIT. Elle a tort assurément ; mais si d'un côté elle
nous empêche de voir, elle empêche de l'autre que
nous ne soyons vus.
LUB. Vous avez raison, elle n'a pas tant de tort.
Je voudrais bien savoir, Monsieur, vous qui êtes
savant, pourquoi il ne fait point jour la nuit.
CLIT. C'est une grande question, et qui est difficile.
Tu es curieux, Lubin.
LUB. Oui. Si j'avais étudié, j'aurais été songer à des
choses où on n'a jamais songé.
CLIT. Je le crois. Tu as la mine d'avoir l'esprit subtil
et pénétrant.
LUB. Cela est vrai. Tenez, j'explique du latin, quoique
jamais je ne l'aie appris, et voyant l'autre jour écrit
sur une grande porte *collegium*, je devinai que cela
voulait dire collége.

Is it possible I shall always be outwitted by her,
that appearances will always be against me and
that I shall never succeed in proving 1 have a
shameless wife? O Heaven! second my efforts,
and grant me the boon of causing it to be seen by
all that I am a dishonoured man.

END OF THE SECOND ACT.


## ACT III

### Scene I

#### Clitandre, Lubin.

Clit. The night is far advanced, and I am afraid it is
too late. I cannot see where I am going. Lubin!
Lub. Monsieur?
Clit. Is it this way?
Lub. I think it is. Good gracious! What a stupid
night, to be so dark.
Clit. It is certainly wrong; but if, on the one hand,
it hinders us from seeing, on the other, it hinders
others from seeing us.
Lub. You are right, it is not so bad a night. You are
so learned, Monsieur, that I should like to ask you
why it is not day at night.
Clit. That is an abstruse and difficult question. You
are inquisitive, Lubin.
Lub. Yes. If I had studied, I should have thought
about things which are never thought about.
Clit. I quite believe it. You seem to have a subtle
and penetrating mind.
Lub. That is true. For instance, I explain Latin,
although I have never learned it, and seeing, the
other day, *collegium* written over a big door, I
guessed that it meant college.

CLIT. Cela est admirable ! Tu sais donc lire, Lubin ?
LUB. Oui, je sais lire la lettre moulée ; mais je n'ai jamais su apprendre à lire l'écriture.
CLIT. Nous voici contre la maison. C'est le signal que m'a donné Claudine.
LUB. Par ma foi ! c'est une fille qui vaut de l'argent, et je l'aime de tout mon cœur.
CLIT. Aussi t'ai-je amené avec moi pour l'entretenir.

LUB. Monsieur, je vous suis . . .
CLIT. Chut ! j'entends quelque bruit.


SCÈNE II

ANGÉLIQUE, CLAUDINE, CLITANDRE, LUBIN.

ANG. Claudine.
CLAU. Hé bien ?
ANG. Laisse la porte entr'ouverte.
CLAU. Voilà qui est fait.
CLIT. Ce sont elles. St.
ANG. St.
LUB. St.
CLAU. St.
CLIT. (à Claudine) Madame.
ANG. (à Lubin) Quoi ?
LUB. (à Angélique) Claudine.
CLAU. (à Clitandre) Qu'est-ce ?
CLIT. (à Claudine) Ah ! Madame, que j'ai de joie !
LUB. (à Angélique) Claudine, ma pauvre Claudine.
CLAU. (à Clitandre) Doucement, Monsieur.
ANG. (à Lubin) Tout beau, Lubin.
CLIT. Est-ce toi, Claudine ?
CLAU. Oui.
LUB. Est-ce vous, Madame ?
ANG. Oui.
CLAU. Vous avez pris l'une pour l'autre.
LUB. Ma foi la nuit, on n'y voit goutte.

Clit. Wonderful! Then you can read, Lubin?
Lub. Yes, I can read print, but I never could learn
to read writing.
Clit. We are close to the house. That is the signal
Claudine gave me.
Lub. Upon my word! that girl is worth her weight
in gold. I love her with all my heart.
Clit. That is why I brought you with me to talk to
her.
Lub. Monsieur, I am your . . .
Clit. Hush! I hear a noise.


SCENE II

Angélique, Claudine, Clitandre, Lubin.

Ang. Claudine.
Clau. Well?
Ang. Leave the door half open.
Clau. I have done so.
Clit. There they are.  Hist.
Ang. Hist.
Lub. Hist.
Clau. Hist.
Clit. (to Claudine)  Madam.
Ang. (to Lubin)  What?
Lub. (to Angélique)  Claudine.
Clau. (to Clitandre)  What is it?
Clit. (to Claudine)  Ah! Madam, how happy I am!
Lub. (to Angélique)  Claudine, my poor Claudine.
Clau. (to Clitandre)  Gently, Monsieur.
Ang. (to Lubin)  Wait a bit, Lubin.
Clit. Is it you, Claudine?
Clau. Yes.
Lub. Is it you, Madam?
Ang. Yes.
Clau. You have taken the one for the other.
Lub. Upon my word, one cannot see a bit at night.

ANG. Est-ce pas vous, Clitandre?

CLIT. Oui, Madame.

ANG. Mon mari ronfle comme il faut, et j'ai pris ce temps pour nous entretenir ici.

CLIT. Cherchons quelque lieu pour nous asseoir.

CLAU. C'est fort bien avisé. (Ils vont s'asseoir au fond du théâtre.)

LUB. Claudine, où est-ce que tu es?


## SCÈNE III

### GEORGE DANDIN, LUBIN.

DAN. J'ai entendu descendre ma femme, et je me suis vite habillé pour descendre après elle. Où peut-elle être allée? Serait-elle sortie?

LUB. (Il prend George Dandin pour Claudine) Où est-tu donc, Claudine? Ah! te voilà. Par ma foi, ton maître est plaisamment attrapé, et je trouve ceci aussi drôle que les coups de bâton de tantôt, dont on m'a fait récit. Ta maîtresse dit qu'il ronfle, à cette heure, comme tous les diantres, et il ne sait pas que Monsieur le Vicomte et elle sont ensemble pendant qu'il dort. Je voudrais bien savoir quel songe il fait maintenant. Cela est tout à fait risible! De quoi s'avise-t-il aussi d'être jaloux de sa femme, et de vouloir qu'elle soit à lui tout seul? C'est un impertinent, et Monsieur le Vicomte lui fait trop d'honneur. Tu ne dis mot, Claudine. Allons, suivons-les, et me donne ta petite menotte que je la baise. Ah! que cela est doux! il me semble que je mange des confitures. (Comme il baise la main de Dandin, Dandin la lui pousse rudement au visage.) Tubleu! comme vous y allez! Voilà une petite menotte qui est un peu bien rude.

DAN. Qui va là?

LUB. Personne.

DAN. Il fuit, et me laisse informé de la nouvelle perfidie de ma coquine. Allons, il faut que sans tarder

ANG. Is it you, Clitandre?

CLIT. Yes, Madam.

ANG. My husband is snoring beautifully, so I have taken the opportunity to meet you again.

CLIT. Let us find some place where we can sit down.

CLAU. That is not half a bad idea. (They seat themselves at the back of the stage.)

LUB. Claudine, where are you?


## SCENE III

### GEORGE DANDIN, LUBIN.

DAN. I heard my wife go downstairs, and I have dressed quickly to go down after her. Where can she have gone? Has she gone out?

LUB. (He takes George Dandin for Claudine) Where are you, Claudine? Ah! here you are. Upon my word, your master is deliciously caught, this is as amusing as the larruping they told me he had a short while since. Your mistress says he is snoring now like the deuce, and he does not know that Monsieur le Vicomte and she are together while he sleeps. I should much like to know what he is dreaming about to-night. It is enough to make any one laugh. Why does he bother himself to be jealous of his wife, and to wish that she should only belong to him? What cheek he has! The Viscount does him too much honour. You don't say a word, Claudine? Come, let us follow them, and give me your little paw to kiss. Ah! how sweet it is! it is like a cream tart. (As he kisses Dandin's hand, Dandin soundly cuffs his head.) Good gracious! how you go on! Your little paw is uncommonly rough.

DAN. Who is there?

LUB. Nobody.

DAN. He has run away, and here am I with fresh evidence of my hussy of a wife. Come, I must

j'envoie appeler son père et sa mère, et que cette aventure me serve à me faire séparer d'elle. Holà ! Colin, Colin.

## Scène IV

### COLIN, GEORGE DANDIN.

COL. (à la fenêtre.) Monsieur.

DAN. Allons vite, ici bas.

COL. (en sautant par la fenêtre.) M'y voilà : on ne peut pas plus vite.

DAN. Tu es là ?

COL. Oui, Monsieur.

(Pendant qu'il va lui parler d'un côté, Colin va de l'autre.)

DAN. Doucement. Parle bas. Écoute. Va-t'en chez mon beau-père et ma belle-mère, et dis que je les prie très-instamment de venir tout à l'heure ici. Entends tu ? Eh ? Colin, Colin.

COL. (de l'autre côté) Monsieur.

DAN. Où diable est-tu ?

COL. Ici.

DAN. (Comme ils se vont tous deux chercher, l'un passe d'un côté, et l'autre de l'autre.)     Peste soit du maroufle qui s'éloigne de moi ! Je te dis que tu ailles de ce pas trouver mon beau-père et ma belle-mère, et leur dire que je les conjure de se rendre ici tout à l'heure. M'entends-tu bien ? Réponds. Colin, Colin.

COL. (de l'autre côté) Monsieur.

DAN. Voilà un pendard qui me fera enrager. Viens-t'en à moi. (Ils se cognent.) Ah ! le traître ! il m'a estropié. Où est-ce que tu es ? Approche, que je te donne mille coups. Je pense qu'il me fuit.

COL. Assurément.

DAN. Veux-tu venir ?

COL. Nenni, ma foi !

send without delay for her father and mother.
This affair ought to be sufficient to justify a separa-
tion.  Hullo ! Colin, Colin.


### Scene IV

#### Colin, George Dandin.

Col. (at the window)  Monsieur.

Dan. Come down, quickly.

Col. (jumping out of the window)  Here I am ; no one
could better that.

Dan. Are you there?

Col. Yes, Monsieur.

(While he goes to speak to him on one side, Colin goes
to the other)

Dan. Gently.  Speak low.  Listen.  Go to my father-
in-law and mother-in-law, and say I implore them
to come here instantly.  Do you hear?  Eh ? Colin!
Colin!

Col. (from the other side) Monsieur.

Dan. Where the devil are you ?

Col. Here.

Dan. (As they try to find each other, one goes to the one side
and the other to the other.) Plague take the idiot, he
has gone away from me !  I tell you you must go at
once and find my father-in-law and mother-in-law,
tell them I beseech them to return here immediately.  Now, do you understand me? Answer.
Colin, Colin.

Col. (from the other side) Monsieur.

Dan. The rascal will drive me wild.  Come here.
(They run against each other)  Ah ! the lout ! he has
lamed me.  Where are you ?  Come, and I will
give you a sound beating.  I think he is running
away from me.

Col. Certainly I am.

Dan. Will you come here?

Col. Not me !

E

Dan. Viens, te dis-je.

Col. Point : vous me voulez battre.

Dan. Hé bien ! non. Je ne te ferai rien.

Col. Assurément?

Dan. Oui. Approche. Bon. Tu est bien heureux de ce que j'ai besoin de toi. Va-t'en vite de ma part prier mon beau-père et ma belle-mère de se rendre ici le plus tôt qu'ils pourront, et leur dis que c'est pour une affaire de la dernière conséquence ; et s'ils faisaient quelque difficulté à cause de l'heure, ne manque pas de les presser, et de leur bien faire entendre qu'il est très-important qu'ils viennent, en quelque état qu'ils soient. Tu m'entends bien maintenant?

Col. Oui, Monsieur.

Dan. Va vite, et reviens de méme. Et moi, je vais rentrer dans ma maison, attendant que . . . Mais j'entends quelqu'un. Ne serait-ce point ma femme ? Il faut que j'écoute, et me serve de l'obscurité qu'il fait.

## Scène V

Clitandre, Angélique, George Dandin, Claudine, Lubin

Ang. Adieu. Il est temps de se retirer.

Clit. Quoi? si tôt?

Ang. Nous nous sommes assez entretenus.

Clit. Ah ! Madame, puis-je assez vous entretenir, et trouver en si peu de temps toutes les paroles dont j'ai besoin ? Il me faudrait des journées entières pour me bien expliquer à vous de tout ce que je sens, et je ne vous ai pas dit encore la moindre partie de ce que j'ai à vous dire.

Ang. Nous en écouterons une autre fois davantage.

Clit. Hélas ! de quel coup me percez-vous l'âme lorsque vous parlez de vous retirer, et avec combien de chagrins m'allez-vous laisser maintenant?

DAN. Come here, I tell you.
COL. No ; you will give me a hiding.
DAN. Well ! I won't.  I won't do anything to you.
COL. Do you promise?
DAN. Yes.  Come here.  Good.  It is very lucky for
  you that I want you.  Go quickly and beg my father-
  in-law and mother-in-law from me to come back
  here as soon as they can, and tell them it is concerning an affair of the utmost importance; if they
  should demur because of the hour, you must press
  them, and make them thoroughly understand that
  it is very important they should come, no matter
  how they are dressed.  You understand me
  thoroughly now?
COL. Yes, Monsieur.
DAN. Look sharp and come back quickly.  And I, I
  will go into the house again, to wait until . . . But
  I hear some one.  Can it be my wife?  I must
  listen, and this darkness will serve me well.

SCENE V

CLITANDRE, ANGÉLIQUE, GEORGE DANDIN, CLAUDINE,
LUBIN

ANG. Farewell.  It is time to go in.
CLIT. Why so soon ?
ANG. We have talked long enough.
CLIT. Ah ! Madam, I can never have enough of your
  conversation or find all the words I need in so short a
  time.  I should require whole days to tell you fully
  all I feel ; I have not yet told you the least part of
  what I have to say to you.

ANG. We will hear more another time.
CLIT. Alas ! how cruelly you pierce my heart when
  you talk of going in; you leave me here full of
  grief.

Ang. Nous trouverons moyen de nous revoir.

Clit. Oui ; mais je songe qu'en me quittant, vous allez trouver un mari. Cette pensée m'assassine, et les priviléges qu'ont les maris sont des choses cruelles pour un amant qui aime bien.

Ang. Serez-vous assez fort pour avoir cette inquiétude, et pensez-vous qu'on soit capable d'aimer de certains maris qu'il y a? On les prend, parce qu'on ne s'en peut défendre, et que l'on dépend de parents qui n'ont des yeux que pour le bien ; mais on sait leur rendre justice, et l'on se moque fort de les considérer au delà de ce qu'ils méritent.

Dan. Voilà nos carognes de femmes.

Clit. Ah! qu'il faut avouer que celui qu'on vous a donné était peu digne de l'honneur qu'il a reçu, et que c'est une étrange chose que l'assemblage qu'on a fait d'une personne comme vous avec un homme comme lui !

Dan. (à part) Pauvres maris ! voilà comme on vous traite.

Clit. Vous méritez sans doute une tout autre destinée et le Ciel ne vous a point faite pour être la femme d'un paysan.

Dan. Plût au Ciel fût-elle la tienne ! tu changerais bien de langage. Rentrons ; c'en est assez.
(Il entre et ferme la porte.)

Clau. Madame, si vous avez à dire du mal de votre mari, dépêchez vite, car il est tard.

Clit. Ah ! Claudine, que tu es cruelle !

Ang. Elle a raison. Séparons-nous.

Clit. Il faut donc s'y résoudre, puisque vous le voulez. Mais au moins je vous conjure de me plaindre un peu des méchants moments que je vais passer.

Ang. Adieu.

Lub. Où es-tu, Claudine, que je te donne le bonsoir ?

Clau. Va, va, je le reçois de loin, et je t'en renvoie autant.

Ang. We shall find means to see each other again.

Clit. Yes; but when you leave me, you go back to a
husband. This thought overwhelms me, a husband's privileges are cruel things for a fond lover
to endure.

Ang. Are you foolish enough to nourish such uneasiness? Do you think we can love certain husbands?
We take them because we cannot help ourselves,
and because we depend upon parents, who think
only what wealth they have; but we know how to
give them their due, and they deceive themselves
if they think we value them beyond their deserts.

Dan. What strumpets our wives are!

Clit. Ah! It must be admitted that he who has been
given to you is little worthy of the honour he has
received, and that the union of a woman such as you
are with a man of his kind is a miserable thing!

Dan. (aside) Poor husbands! that is how you are
treated.

Clit. You undoubtedly deserve a very different fate.
Heaven did not create you to be a peasant's wife.

Dan. Would to Heaven she were yours! you would
soon sing another tune. I will go in; I have had
enough. (He goes in and closes the door)

Clau. Madam, if you have any thing bad to say about
your husband, you had better be quick, for it is late.

Clit. Ah! Claudine, how cruel you are!

Ang. She is right. We must part.

Clit. I must submit, since you wish it. But I pray
you to think of me with pity during the wretched
moments I have to pass through.

Ang. Farewell.

Lub. Where are you, Claudine? I want to bid you
good-night.

Clau. Never mind, you can say it where you are, and
the same to you.

## Scène VI

ANGÉLIQUE, CLAUDINE, GEORGE DANDIN

ANG. Rentrons sans faire de bruit.

CLAU. La porte s'est fermée.

ANG. J'ai le passe-partout.

CLAU. Ouvrez donc doucement.

ANG. On a fermé en dedans, et je ne sais comment nous ferons.

CLAU. Appelez le garçon qui couche là.

ANG. Colin, Colin, Colin.

DAN. (mettant la tête à sa fenêtre) Colin, Colin? Ah! je vous y prends donc, Madame ma femme, et vous faites des escampativos pendant que je dors. Je suis bien aise de cela, et de vous voir dehors à l'heure qu'il est.

ANG. Hé bien! quel grand mal est-ce qu'il y a à prendre le frais de la nuit?

DAN. Oui, oui, l'heure est bonne à prendre le frais. C'est bien plutôt le chaud, Madame la coquine ; et nous savons toute l'intrigue du rendez-vous, et du Damoiseau. Nous avons entendu votre galant entretien, et les beaux vers à ma louange que vous avez dits l'un et l'autre. Mais ma consolation, c'est que je vais être vengé, et que votre père et votre mère seront convaincus maintenant de la justice de mes plaintes, et du dérèglement de votre conduite. Je les ai envoyé querir, et ils vont être ici dans un moment.

ANG. Ah Ciel !

CLAU. Madame.

DAN. Voilà un coup sans doute où vous ne vous attendiez pas. C'est maintenant que je triomphe, et j'ai de quoi mettre à bas votre orgueil, et détruire vos artifices. Jusques ici vous avez joué mes accusations, ébloui vos parents, et plâtré vos malversations. J'ai eu beau voir, et beau dire, et votre adresse toujours l'a emporté sur mon bon droit, et toujours

## Scene VI

ANGÉLIQUE, CLAUDINE, GEORGE DANDIN

ANG. We must go in without making any noise.

CLAU. The door is closed.

ANG. I have the latch-key.

CLAU. Then open it, gently.

ANG. It is closed from the inside. I do not know what we shall do.

CLAU. Call the boy who sleeps there.

ANG. Colin, Colin, Colin.

DAN. (coming to the window) Colin, Colin? Ah! I have caught you now, Mistress Dandin; you make your little escapades while I am asleep. I am very glad of it, and to see you out of doors at this hour.

ANG. Well! what great harm is there in enjoying the fresh night air?

DAN. Yes, yes, this is a suitable hour to take fresh air. It is more likely warm, Mistress Slut; we know all about your intrigues, your meetings and your lover. We heard your loving conversation, and the pretty verses in my praise you sang to each other. But my consolation is that I am going to be avenged : your father and mother will be convinced now of the justice of my complaints, and of your irregular conduct. I have sent for them, and they will be here in a moment.

ANG. Oh Heavens!

CLAU. Madam.

DAN. That is doubtless a blow which you did not expect. It is now my turn to gloat. I have something that will lower your pride, and brush aside your artifices. Until now you have laughed at my accusations, thrown dust in your parents' eyes and whitewashed your misdeeds. I might see and say what I would, your artfulness always rode rough-

vous avez trouvé moyen d'avoir raison ; mais à cette
fois, Dieu merci, les choses vont être éclaircies,
et votre effronterie sera pleinement confondue.

Ang. Hé ! je vous prie, faites-moi ouvrir la porte.

Dan. Non, non : il faut attendre la venue de ceux que
j'ai mandés, et je veux qu'ils vous trouvent dehors
à la belle heure qu'il est. En attendant qu'ils viennent, songez, si vous voulez, à chercher dans votre
tête quelque nouveau détour pour vous tirer de cette
affaire, à inventer quelque moyen de rhabiller votre
escapade, à trouver quelque belle ruse pour éluder
ici les gens et paraître innocente, quelque prétexte
spécieux de pèlerinage nocturne, ou d'amie en travail d'enfant, que vous veniez de secourir.

Ang. Non : mon intention n'est pas de vous rien
déguiser. Je ne prétends point me défendre, ni
vous nier les choses, puisque vous les savez.

Dan. C'est que vous voyez bien que tous les moyens
vous en sont fermés, et que dans cette affaire vous
ne sauriez inventer d'excuse qu'il ne me soit facile
de convaincre de fausseté.

Ang. Oui, je confesse que j'ai tort, et que vous avez
sujet de vous plaindre. Mais je vous demande par
grâce de ne m'exposer point maintenant à la mauvaise humeur de mes parents, et de me faire
promptement ouvrir.

Dan. Je vous baise les mains.

Ang. Eh ! mon pauvre petit mari, je vous en conjure.

Dan. Ah ! mon pauvre petit mari ? Je suis votre
petit mari maintenant, parce que vous vous sentez
prise. Je suis bien aise de cela, et vous ne vous
étiez jamais avisée de me dire ces douceurs.

Ang. Tenez, je vous promets de ne vous plus donner
aucun sujet de déplaisir, et de me . . .

Dan. Tout cela n'est rien. Je ne veux point perdre
cette aventure, et il m'importe qu'on soit une fois
éclairci à fond de vos déportements.

Ang. De grâce, laissez-moi vous dire. Je vous demande un moment d'audience.

shod over my facts, and you always found some way to be in the right; but this time, thank Heaven, matters will be cleared up, and your shamelessness openly confounded.

Ang. Ah! I beg you to open the door.

Dan. No, no: you must wait until those come for whom I have sent. I wish them to find you outside at this fine hour. While you are waiting until they come, please try to concoct some new scheme that will absolve you from this affair, invent some way to gloss over your escapade, make up a nice story to deceive people and cause you to seem innocent, some specious pretext of a nocturnal pilgrimage, or of some friend labouring with child, whom you went out to aid.

Ang. No: I have no intention of disguising anything from you. I do not pretend to defend myself, nor to deny anything, since you know all.

Dan. That is because you quite see all ways of escape are closed to you, and that you cannot invent any excuse in this affair which I could not easily prove to be a falsehood.

Ang. Yes, I confess I am wrong, and that you have good cause to complain. But I beseech you not to expose me now to the anger of my parents, do open the door for me quickly.

Dan. I kiss your hands.

Ang. Ah! my dear, kind husband, I implore you.

Dan. Ah! my dear kind husband? I am your dear husband now, because you see you are caught. I am very pleased to hear it, you never thought of saying these sweet things before.

Ang. There, I promise you never to displease you again, and to . . .

Dan. No good. I cannot lose this chance; I shall take care that, for once, people shall not be left in the dark about your goings-on.

Ang. I beseech you, for pity's sake, to let me speak to you for just one moment.

DAN. Hé bien, quoi ?

ANG. Il est vrai que j'ai failli, je vous l'avoue encore
une fois, que votre ressentiment est juste ; que j'ai
pris le temps de sortir pendant que vous dormiez, et
que cette sortie est un rendez-vous que j'avais donné
à la personne que vous dites. Mais enfin ce sont
des actions que vous devez pardonner à mon âge ;
des emportements de jeune personne qui n'a encore
rien vu, et ne fait que d'entrer au monde ; des
libertés où l'on s'abandonne sans y penser de mal,
et qui sans doute dans le fond n'ont rien de . . .

DAN. Oui : vous le dites, et ce sont de ces choses qui
ont besoin qu'on les croie pieusement.

ANG. Je ne veux point m'excuser par là d'être coupable envers vous, et je vous prie seulement d'oublier
une offense dont je vous demande pardon de tout
mon cœur, et de m'épargner en cette rencontre le
déplaisir que me pourraient causer les reproches
fâcheux de mon père et de ma mère. Si vous
m'accordez généreusement la grâce que je vous
demande, ce procédé obligeant, cette bonté que
vous me ferez voir, me gagnera entièrement. Elle
touchera tout à fait mon cœur, et y fera naître pour
vous ce que tout le pouvoir de mes parents et les
liens du mariage n'avaient pu y jeter. En un
mot, elle sera cause que je renoncerai à toutes les
galanteries, et n'aurai de l'attachement que pour
vous. Oui, je vous donne ma parole que vous
m'allez voir désormais la meilleure femme du monde,
et que je vous témoignerai tant d'amitié, tant
d'amitié, que vous en serez satisfait.

DAN. Ah ! crocodile, qui flatte les gens pour les
étrangler.

ANG. Accordez-moi cette faveur.

DAN. Point d'affaires. Je suis inexorable.

ANG. Montrez-vous généreux.

DAN. Non.

ANG. De grâce !

DAN. Point.

Dan. Well, what is it?

Ang. It is true, I made a mistake, I confess it once
more, and your resentment is just; I took the
opportunity of going out while you were asleep,
and I went out to keep an appointment I had made
with the person you know. But, after all, these are
actions which you ought to pardon at my age : the
follies of a young girl, who has not seen anything
of the world and who has only just entered upon
life ; liberties which one takes without thinking
of any harm, and which surely are not wrong in
themselves . . .

Dan. Yes : so you say, these are things in which one
ought to put implicit faith.

Ang. I do not wish to excuse myself or hold myself
blameless towards you, I only beseech you to forget
an offence for which I beg your pardon with all my
heart, and to spare me the humiliation my father's
and mother's angry reproaches would cause me.
If you will generously grant me the favour I ask of
you, your good deed, the kindness you will do me,
will win me over entirely. It will move my heart,
and create an affection for you which neither the
authority of my parents nor the bonds of marriage
have been able to produce. In a word, it will cause
me to renounce all gallantries and to feel attached
solely to you. Yes, I give you my word that you
shall see me henceforth the best woman in the
world, and I will show you so much affection, so
much love, that you shall be satisfied.

Dan. Ah! you crocodile, you flatter people so that
you may strangle them.

Ang. Grant me this favour.

Dan. Certainly not. I am inexorable.

Ang. Show yourself generous.

Dan. No.

Ang. Have mercy !

Dan. No.

ANG. Je vous en conjure de tout mon cœur.

DAN. Non, non, non. Je veux qu'on soit détrompé de vous, et que votre confusion éclate.

ANG. Hé bien! si vous me réduisez au désespoir, je vous avertis qu'une femme en cet état est capable de tout, et que je ferai quelque chose ici dont vous vous repentirez.

DAN. Et que ferez-vous, s'il vous plaît?

ANG. Mon cœur se portera jusqu'aux extrêmes résolutions, et de ce couteau que voici je me tuerai sur la place.

DAN. Ah! ah! à la bonne heure.

ANG. Pas tant à la bonne heure pour vous que vous vous imaginez. On sait de tous côtés nos différends, et les chagrins perpétuels que vous concevez contre moi. Lorsqu'on me trouvera morte, il n'y aura personne qui mette en doute que ce ne soit vous qui m'aurez tuée; et mes parents ne sont pas gens assurément à laisser cette mort impunie, et ils en feront sur votre personne toute la punition que leur pourront offrir et les poursuites de la justice, et la chaleur de leur ressentiment. C'est par là que je trouverai moyen de me venger de vous, et je ne suis pas la première qui ait su recourir à de pareilles vengeances, qui n'ait pas fait difficulté de se donner la mort pour perdre ceux qui ont la cruauté de nous pousser à la dernière extrémité.

DAN. Je suis votre valet. On ne s'avise plus de se tuer soi-même, et la mode en est passée il y a long-temps.

ANG. C'est une chose dont vous pouvez vous tenir sûr; et si vous persistez dans votre refus, si vous ne me faites ouvrir, je vous jure que tout à l'heure je vais vous faire voir jusqu'où peut aller la résolution d'une personne qu'on met au désespoir.

DAN. Bagatelles, bagatelles. C'est pour me faire peur.

ANG. Hé bien! puisqu'il le faut, voici qui nous contentera tous deux, et montrera si je me moque. Ah! c'en est fait. Fasse le Ciel que ma mort soit

ANG. I implore you with all my heart.

DAN. No, no, no. I wish them to be undeceived
about you, and your shame to be made public.

ANG. Very well! if you drive me to despair, I warn
you that a woman, so driven, is capable of everything; I shall do something now which will make
you regret your conduct.

DAN. Pray, what will you do?

ANG. I shall be cast into the depths of despair, and I
shall kill myself with this knife where I am.

DAN. Ha! ha! very good.

ANG. Not so very good as you imagine. People all
round us know about our quarrels and the perpetual
annoyance to which you subject me. When they
find me dead, no one will doubt that I have been
killed by you; and my parents are assuredly not
the people to let my death go unpunished; in the
heat of their resentment they will see that you are
punished with the utmost rigour of the law. That
is how I shall find means to avenge myself upon
you; I am not the first who has had recourse to
such a revenge, or who has not hesitated to kill
herself in order to ruin those who had the cruelty
to drive her to the last extremity.

DAN. I am your servant. Peeple do not think of
killing themselves now, it has been out of fashion
a long time.

ANG. You may be sure I shall do it; if you persist in
your refusal, if you do not open the door for me,
I swear to you that I will instantly show you how
far the resolution of a desperate woman can go.

DAN. Rubbish, fiddlesticks. You want to frighten
me.

ANG. Very well! since it must be, I have here what
will content us both, what will show whether I jest.
Ah! it is done. Heaven grant that my death may

vengée comme je le souhaite, et que celui qui en est
cause reçoive un juste châtiment de la dureté qu'il
a eue pour moi !

DAN. Ouais ! serait-elle bien si malicieuse que de
s'être tuée pour me faire pendre ? Prenons un bout
de chandelle pour aller voir.

ANG. St. Paix ! Rangeons-nous chacune immédiate-
ment contre un des côtés de la porte.

DAN. La méchanceté d'une femme irait-elle bien
jusque-là ? (Il sort avec un bout de chandelle, sans les
apercevoir ; elles entrent ; aussitôt elles ferment la porte.)
Il n'y a personne. Eh ! je m'en étais bien douté,
et la pendarde s'est retirée, voyant qu'elle ne ga-
gnait rien après moi, ni par prières ni par menaces.
Tant mieux ! cela rendra ses affaires encore plus
mauvaises, et le père et la mère qui vont venir en
verront mieux son crime. Ah ! ah ! la porte s'est
fermée. Holà ! ho ! quelqu'un ! qu'on m'ouvre
promptement !

ANG. (à la fenêtre avec Claudine) Comment ? c'est toi !
D'où viens-tu, bon pendard ? Est-il l'heure de
revenir chez soi quand le jour est près de paraître ?
et cette manière de vie est-elle celle que doit suivre
un honnête mari ?

CLAU. Cela est-il beau d'aller ivrogner toute la nuit ?
et de laisser ainsi toute seule une pauvre jeune
femme dans la maison ?

DAN. Comment ? vous avez . . .

ANG. Va, va, traître, je suis lasse de tes déportements, et je m'en veux plaindre, sans plus tarder,
à mon père et à ma mère.

DAN. Quoi ? c'est ainsi que vous osez . . .

be avenged as I wish, and that he who is the cause
of it may receive a just chastisement for his hard-
heartedness towards me.

DAN. Heavens! can she really have been malicious
enough to kill herself so that I may be hanged?
I must take a candle and go see.

ANG. Hush! hush! Now let us put ourselves one on
each side of the door.

DAN. Can a woman's spite go to lengths like this?
(He goes out with a candle, without perceiving them; they
enter and immediately shut the door) There is no one.
Ah! I thought so; the hussy has gone away, seeing
that she could not gain anything from me, neither
by prayers nor by threats. So much the better!
it will make matters much worse for her, her father
and mother will the easier see her crime when they
come. Ah! ah! the door has fallen to. Hullo!
ho! some one! open the door for me at once!

ANG. (at the window with Claudine) What! is it you?
Where have you been, you rascal? Is this a decent
hour to return to your home when it is nearly day-
break? is this the kind of life a respectable husband
ought to lead?

CLAU. It is a fine thing to go about drinking all
night, and leaving a poor young wife all alone in
the house.

DAN. So? you have . . .

ANG. Go away, you scoundrel, I am tired of your
goings-on, I shall complain of them, without more
delay, to my father and mother.

DAN. Ah? how dare you . . .

## Scène VII

MONSIEUR ET MADAME DE SOTENVILLE, COLIN,
CLAUDINE, ANGÉLIQUE, GEORGE DANDIN

(Monsieur et Madame de Sotenville sont en des habits de
nuit, et conduits par Colin, qui porte une lanterne.)

ANG. Approchez, de grâce, et venez me faire raison
de l'insolence la plus grande du monde d'un mari à
qui le vin et la jalousie ont troublé de telle sorte la
cervelle, qu'il ne sait plus ce qu'il dit, ni ce qu'il
fait, et vous a lui-même envoyé querir pour vous
faire témoins de l'extravagance la plus étrange dont
on ait jamais ouï parler.  Le voilà qui revient
comme vous voyez, après s'être fait attendre toute
la nuit ; et, si vous voulez l'écouter, il vous dira
qu'il a les plus grandes plaintes du monde à vous
faire de moi ; que durant qu'il dormait, je me suis
dérobée d'auprès de lui pour m'en aller courir, et
cent autres contes de même nature qu'il est allé
rêver.

DAN. Voilà une méchante carogne.

CLAU. Oui, il nous a voulu faire accroire qu'il était
dans la maison, et que nous en étions dehors, et
c'est une folie qu'il n'y a pas moyen de lui ôter de
la tête.

M. DE S. Comment, qu'est-ce à dire cela?

MME. DE S. Voilà une furieuse impudence que de
nous envoyer querir.

DAN. Jamais . . .

ANG. Non, mon père, je ne puis plus souffrir un mari
de la sorte.  Ma patience est poussée à bout, et il
vient de me dire cent paroles injurieuses.

M. DE S. Corbleu ! vous êtes un malhonnête homme.

CLAU. C'est une conscience de voir une pauvre jeune
femme traitée de la façon, et cela crie vengeance
au Ciel.

DAN. Peut-on . . .?

MME. DE S. Allez, vous devriez mourir de honte.

## Scene VII

Monsieur and Madam de Sotenville, Colin,
Claudine, Angélique, George Dandin

(Monsieur and Madam de Sotenville are in their night-
dresses; Colin shows the way with a lantern.)

Ang. Pray come and stand up for me against my
husband. He is the most insolent man in the
world. Wine and jealousy have so muddled his
brain that he no longer knows what he says or
what he does. He himself has sent for you so that
you may witness the most wild and outrageous
behaviour conceivable. There he is, as you see,
returning home after making me wait all night for
him; and, if you listen to him, he will tell you he
has the greatest complaints imaginable to make
against me; that, while he was asleep, I left his
side to go out, and a hundred other tales of the
same nature, which he has taken into his head.

Dan. The vile hussy.
Clau. Yes, he wishes to make us believe he was in
the house, and that we were outside; nothing will
drive the idea out of his head.

M. de S. Come, what is all this about?
Mad. de S. It is monstrous impudence to send for us.

Dan. Never . . .
Ang. No, father, I cannot any longer endure such a
husband. My patience is at an end; he has just
been loading me with abuse.
M. de S. By Heaven! Monsieur, you are a scoundrel.
Clau. It is a shame to see a poor young wife treated
like this: it cries to Heaven for vengeance.

Dan. May I . . .?
Mad. de S. Yes, you ought to die of shame.

F

DAN. Laissez-moi vous dire deux mots.

ANG. Vous n'avez qu'à l'écouter, il va vous en conter de belles.

DAN. Je désespère.

CLAU. Il a tant bu, que je ne pense pas qu'on puisse durer contre lui, et l'odeur du vin qu'il souffle est montée jusqu'à nous.

DAN. Monsieur mon beau-père, je vous conjure . . .

M. DE S. Retirez-vous : vous puez le vin à pleine bouche.

DAN. Madame, je vous prie. . . .

MME. DE S. Fi ! ne m'approchez pas : votre haleine est empestée.

DAN. Souffrez que je vous . . .

M. DE S. Retirez-vous, vous dis-je : on ne peut vous souffrir.

DAN. Permettez, de grâce, que . . .

M. DE S. Poua ! vous m'engloutissez le cœur. Parlez de loin, si vous voulez.

DAN. Hé bien oui, je parle de loin. Je vous jure que je n'ai bougé de chez moi, et que c'est elle qui est sortie.

ANG. Ne voilà pas ce que je vous ai dit ?

CLAU. Vous voyez quelle apparence il y a.

M. DE S. Allez, vous vous moquez des gens. Descendez, ma fille, et venez ici.

DAN. J'atteste le Ciel que j'étais dans la maison, et que . . . .

MME. DE S. Taisez-vous, c'est une extravagance qui n'est pas supportable.

DAN. Que la foudre m'écrase tout à l'heure si . . . !

M. DE S. Ne nous rompez pas davantage la tête, et songez à demander pardon à votre femme.

DAN. Moi, demander pardon ?

M. DE S. Oui, pardon, et sur-le-champ.

DAN. Quoi ? je . . .

M. DE S. Corbleu ! si vous me répliquez, je vous apprendrai ce que c'est que de vous jouer à nous.

DAN. Ah, George Dandin !

Dan. Will you allow me to say two words?

Ang. You have but to listen to him, he will tell you fine tales.

Dan. I am in despair.

Clau. He has drunk so much, that I wonder any one can remain near him, we can smell him of wine up here.

Dan. Father-in-law, I beseech you . . .

M. de S. Go back : every mouthful of your breath reeks of wine.

Dan. I pray you, Madam . . .

Mad. de S. Go away, do not come near me: your breath is pestiferous.

Dan. Allow me to . . .

M. de S. Go back, I tell you: you are not to be endured.

Dan. For pity's sake, let me . . .

Mad. de S. Faugh! you make me sick. If you want to speak, stand farther off.

Dan. Very well then, I will speak farther off. I swear to you that I have not stirred out of my house, it was she who went out.

Ang. Did I not tell you so?

Clau. You can see how likely that is.

M. de S. Away with you, you are trying to make fools of us. Come down to us, my child.

Dan. I swear to Heaven I was in the house, and that . . .

M. de S. Hold your tongue; this impudence is unbearable.

Dan. May Heaven strike me dead now, if . . . !

M. de S. Do not deafen us any longer, but rather think of asking your wife's pardon.

Dan. I, ask pardon?

M. de S. Yes, pardon, and at once.

Dan. What? I . . .

M. de S. Good Heavens! if you bandy words with me I will teach you what it is to make game of us.

Dan. Ah, George Dandin!

M. de S. Allons, venez, ma fille, que votre mari vous
   demande pardon.
Ang. (descendue)  Moi? lui pardonner tout ce qu'il
   m'a dit?  Non, non, mon père, il m'est impossible
   de m'y résoudre, et je vous prie de me séparer d'un
   mari avec lequel je ne saurais plus vivre.
Clau. Le moyen d'y résister?
M. de S. Ma fille, de semblables séparations ne se
   font point sans grand scandale, et vous devez vous
   montrer plus sage que lui, et patienter encore cette
   fois.
Ang. Comment patienter après de telles indignités?
   Non, mon père, c'est une chose où je ne puis consentir.
M. de S. Il le faut, ma fille, et c'est moi qui vous le
   commande.
Ang. Ce mot me ferme la bouche, et vous avez sur
   moi une puissance absolue.
Clau. Quelle douceur!
Ang. Il est fâcheux d'être contrainte d'oublier de
   telles injures; mais quelque violence que je me
   fasse, c'est à moi de vous obéir.
Clau. Pauvre mouton!
M. de S. Approchez.
Ang. Tout ce que vous me faites faire ne servira
   de rien, et vous verrez que ce sera dès demain à
   recommencer.
M. de S. Nous y donnerons ordre.  Allons, mettez-
   vous à genoux.
Dan. A genoux?
M. de S. Oui, à genoux et sans tarder.
Dan. (Il se met à genoux)  O Ciel!  Que faut-il dire?

M. de S. 'Madame, je vous prie de me pardonner.'
Dan. 'Madame, je vous prie de me pardonner.'
M. de S. 'L'extravagance que j'ai faite.'
Dan. 'L'extravagance que j'ai faite' (à part) de vous
   épouser.
M. de S. 'Et je vous promets de mieux vivre à
   l'avenir.'

M. DE S. Come here, my child, that your husband may ask your pardon.

ANG. (having come down) I? pardon him all he has said to me? No, no, father, I cannot bring my heart to do it; I beseech you to separate me from a husband with whom I cannot live any longer.

CLAU. How can you refuse her?

M. DE S. Such separations, my child, are not brought about without great scandal; you must show that you are wiser than he, and forgive him this once.

ANG. How can I sit still under such indignities? No, father, I cannot consent.

M. DE S. You must, my child, I command you.

ANG. You have absolute power over me, and, after that, I cannot say another word.

CLAU. See how docile she is!

ANG. It is maddening to be forced to forgive such insults; but, however hard it is for me, it is my duty to obey you.

CLAU. Poor lamb!

M. DE S. Come here.

ANG. Nothing you make me do will be any use, you will see we shall begin the whole thing over again to-morrow.

M. DE S. We will look after that. Come, go down on your knees.

DAN. On my knees?

M. DE S. Yes, on your knees, and without delay.

DAN. (He kneels down) Oh Heavens! What do you want me to say?

M. DE S. 'Madam, I beg you to pardon me.'

DAN. 'Madam, I beg you to pardon me.'

M. DE S. 'The folly I have committed.'

DAN. 'The folly I have committed' (aside) in marrying you.

M. DE S. 'And I promise you to behave better in the future.'

DAN. 'Et je vous promets de mieux vivre à l'avenir.'

M. DE S. Prenez-y garde, et sachez que c'est ici la dernière de vos impertinences que nous souffrirons.

MME. DE S. Jour de Dieu! si vous y retournez, on vous apprendra le respect que vous devez à votre femme, et à ceux de qui elle sort.

M. DE S. Voilà le jour qui va paraître. Adieu. Rentrez chez vous, et songez bien à être sage. Et nous, mamour, allons nous mettre au lit.

## SCÈNE VIII

### GEORGE DANDIN

Ah! je le quitte maintenant, et je n'y vois plus de remède : lorsqu'on a, comme moi, épousé une méchante femme, le meilleur parti qu'on puisse prendre, c'est de s'aller jeter dans l'eau la tête la première.

**FIN DE GEORGE DANDIN.**

Dan. 'And I promise you to behave better in the future.'

M. de S. Take care, and remember that this is the last of your impertinences we shall put up with.

Mad. de S. Yes, by Heavens ! if you carry on like this again you shall be taught the respect you owe your wife, and those from whom she comes.

M. de S. It is nearly daylight. Farewell. Go home and try to become wiser. As for us, my dear, let us go back to bed.

## Scene VIII

### George Dandin

Well, I give it up now, I cannot see any remedy : when one has married a wicked woman, as I have done, the best step one can take is to throw one's self straight into the river.

**END OF GEORGE DANDIN.**

# THE MISER

*(L'Avare)*

*L'Avare* was first played in Paris, in the Théâtre du Palais-Royal, on the 9th of September, 1668. At first a few performances satisfied both the Court and the public, but the play gradually increased in favour with the more serious, and later critics have recognised it as not merely one of Molière's greatest works, but as one of the great comedy-tragedies of literature. Goethe described it as 'pre-eminently great, sublimely tragic.'

Itself an imitation of the *Aulularia* of Plautus, it was imitated for English hearers in Henry Fielding's *Miser* (1733), the prologue to which speaks of Molière as one 'who nature's inmost secrets knew.'

The part of Harpagon was played by Molière.

The title-page of the first edition reads as follows : L'AVARE, | COMEDIE. | *Par I. B. P. MOLIERE.* | A PARIS, | Chez IEAN RIBOV, au Palais, vis-à-vis | la Porte de l'Eglise de la Sainte Chapelle, | à l'Image S. Louis. | M.DC.LXIX. | *AVEC PRIVILEGE DV ROY.*

# THE MISER

## (*L'Avare*)

## A Comedy

### DRAMATIS PERSONÆ

Harpagon, *Cléante's and Élise's father, in love with Mariane.*

Cléante, *Harpagon's son, Mariane's lover.*

Élise, *Harpagon's daughter, Valère's lover.*

Valère, *Anselm's son, Élise's lover.*

Mariane, *Cléante's lover, loved by Harpagon.*

Anselme, *Valère and Mariane's father.*

Frosine, *an intriguing woman.*

Maître Simon, *a broker.*

Maître Jacques, *Harpagon's cook and coachman.*

La Flèche, *Cléante's valet.*

Dame Claude, *Harpagon's servant.*

Brindavoine, } *Harpagon's lackeys.*
La Merluche, }

*The magistrate and his clerk.*

*The scene is at Paris.*

# L'AVARE

## COMÉDIE

—

## ACTE I

### Scène I

#### VALÈRE, ÉLISE

**Val.** Hé quoi ? charmante Élise, vous devenez mélancolique, après les obligeantes assurances que vous
avez eu la bonté de me donner de votre foi ? Je
vous vois soupirer, hélas ! au milieu de ma joie !
Est-ce du regret, dites-moi, de m'avoir fait heureux,
et vous repentez-vous de cet engagement où mes
feux ont pu vous contraindre ?

**Él.** Non, Valère, je ne puis pas me repentir de tout
ce que je fais pour vous. Je m'y sens entraîner par
une trop douce puissance, et je n'ai pas même la
force de souhaiter que les choses ne fussent pas.
Mais, à vous dire vrai, le succès me donne de l'inquiétude ; et je crains fort de vous aimer un peu
plus que je ne devrais.

**Val.** Hé ! que pouvez-vous craindre, Élise, dans les
bontés que vous avez pour moi ?

**Él.** Hélas ! cent choses à la fois : l'emportement d'un
père, les reproches d'une famille, les censures du
monde ; mais plus que tout, Valère, le changement
de votre cœur, et cette froideur criminelle dont
ceux de votre sexe payent le plus souvent les
témoignages trop ardents d'une innocente amour.

92

# THE MISER

## A COMEDY

---

### ACT I

#### Scene I

##### Valère, Élise

Val. Come, now, dear Élise, why so sad after all
the delightful assurances you have been so good
as to give me concerning your love? You sigh,
alas! in the midst of my joy! Tell me, do you
regret having made me happy? Do you repent of
being forced into this engagement by my ardour?

Él. No, Valère, I cannot be sorry for anything I
have done for you. I am enslaved by too pleasant
a chain for that: I have not even the strength to
wish that things were otherwise. Yet, to tell you
the truth, I am uneasy at what may happen; I am
sorely afraid I love you more than I ought.

Val. Ah! what is there to be afraid of, Élise, in
the affection you have for me?
Él. Alas! many things: a father's anger, the reproaches of my family, the world's censures; but,
more than all, Valère, that your heart may change,
and the killing coldness with which your sex, more
often than not, repays the eager proofs of simple
love.

93

VAL. Ah ! ne me faites pas ce tort de juger de moi
par les autres. Soupçonnez-moi de tout, Élise,
plutôt que de manquer à ce que je vous dois : je
vous aime trop pour cela, et mon amour pour vous
durera autant que ma vie.

ÉL. Ah ! Valère, chacun tient les mêmes discours.
Tous les hommes sont semblables par les paroles ;
et ce n'est que les actions qui les découvrent diffé-
rents.

VAL. Puisque les seules actions font connaître ce que
nous sommes, attendez donc au moins à juger de
mon cœur par elles, et ne me cherchez point des
crimes dans les injustes craintes d'une fâcheuse pré-
voyance. Ne m'assassinez point, je vous prie, par
les sensibles coups d'un soupçon outrageux, et
donnez-moi le temps de vous convaincre, par mille
et mille preuves, de l'honnêteté de mes feux.

ÉL. Hélas ! qu'avec facilité on se laisse persuader par
les personnes que l'on aime ! Oui, Valère, je tiens
votre cœur incapable de m'abuser. Je crois que
vous m'aimez d'un véritable amour et que vous me
serez fidèle ; je n'en veux point du tout douter, et
je retranche mon chagrin aux appréhensions du
blâme qu'on pourra me donner.

VAL. Mais pourquoi cette inquiétude ?

ÉL. Je n'aurais rien à craindre, si tout le monde vous
voyait des yeux dont je vous vois, et je trouve en
votre personne de quoi avoir raison aux choses que
je fais pour vous. Mon cœur, pour sa défense, a
tout votre mérite, appuyé du secours d'une reconnaissance où le Ciel m'engage envers vous. Je me
représente à toute heure ce péril étonnant qui com-
mença de nous offrir aux regards l'un de l'autre ;
cette générosité surprenante qui vous fit risquer
votre vie, pour dérober la mienne à la fureur des
ondes ; ces soins pleins de tendresse que vous me
fîtes éclater après m'avoir tirée de l'eau, et les
hommages assidus de cet ardent amour que ni le
temps ni les difficultés n'ont rebuté, et qui vous
faisant négliger et parents et patrie, arrête vos pas

Val. Ah! do not wrong me thus by classing me with
others.  Suspect me of everything, Élise, rather
than that I should fail in what I owe you: I love
you too much for that, and my love for you will
last as long as my life.
Él. Ah! Valère, all men say the same thing.  Their
words are alike; only their actions show that they
are different.

Val. Then, since actions only reveal us as we are, at
least wait and judge me by mine, do not try to
find faults in me that exist only in unjust fears,
in dismal forebodings.  Do not pierce me, I beseech
you, with the sharp arrows of your unfounded suspicions, give me time to convince you, by thousands
and thousands of proofs, of the sincerity of my
affection.
Él. Alas! how easily is one persuaded by those one
loves!  Yes, Valère, I believe your heart is incapable of deceiving me.  I believe you really love me,
and will be faithful to me; I will not doubt you
in the least, I will limit my anxiety to the fear of
the blame that may be in store for me.

Val. But why this anxiety?
Él. I should not have anything to fear if all the
world looked on you with my eyes: when I look on
you I feel justified in all I do for you.  My heart
remembers, in its own defence, all that is worthy in
you and Heaven binds me to you by ties of deep
gratitude.  Every hour I recall the terrible peril
during which we first saw each other; the wonderful unselfishness that caused you to risk your life
to snatch mine from the fury of the waves; the
tender care you had of me when you rescued
me from the water, the constant attentions and
ardent love which neither time nor difficulties have
discouraged, which caused you to forsake parents
and country, to remain here disguised because of
me, to submit to wear the livery of an attendant in

en ces lieux, y tient en ma faveur votre fortune
déguisée, et vous a réduit, pour me voir, à vous
revêtir de l'emploi de domestique de mon père.
Tout cela fait chez moi sans doute un merveilleux
effet ; et c'en est assez à mes yeux pour me justifier
l'engagement où j'ai pu consentir ; mais ce n'est pas
assez peut-être pour le justifier aux autres, et je ne
suis pas sûre qu'on entre dans mes sentiments.

VAL. De tout ce que vous avez dit, ce n'est que par
mon seul amour que je prétends auprès de vous
mériter quelque chose ; et quant aux scrupules que
vous avez, votre père lui-même ne prend que trop
de soin de vous justifier à tout le monde ; et l'excès
de son avarice, et la manière austère dont il vit avec
ses enfants pourraient autoriser des choses plus
étranges. Pardonnez-moi, charmante Élise, si j'en
parle ainsi devant vous. Vous savez que sur ce
chapitre on n'en peut pas dire de bien. Mais enfin,
si je puis, comme je l'espère, retrouver mes parents,
nous n'aurons pas beaucoup de peine à nous le
rendre favorable. J'en attends des nouvelles avec
impatience, et j'en irai chercher moi-même, si elles
tardent à venir.

ÉL. Ah ! Valère, ne bougez d'ici, je vous prie ; et
songez seulement à vous bien mettre dans l'esprit
de mon père.

VAL. Vous voyez comme je m'y prends, et les adroites
complaisances qu'il m'a fallu mettre en usage pour
m'introduire à son service ; sous quel masque de
sympathie et de rapports de sentiments je me déguise
pour lui plaire, et quel personnage je joue tous les
jours avec lui, afin d'acquérir sa tendresse. J'y fais
des progrès admirables ; et j'éprouve que pour
gagner les hommes, il n'est point de meilleure voie
que de se parer à leurs yeux de leurs inclinations,
que de donner dans leurs maximes, encenser leurs
défauts, et applaudir à ce qu'ils font. On n'a que
faire d'avoir peur de trop charger la complaisance ;
et la manière dont on les joue a beau être visible,
les plus fins toujours sont de grandes dupes du côté

my father's house, in order that you might see me.
All this is marvellous in my eyes, and sufficient to
justify the engagement to which I have consented;
but it may not be enough to justify it in others'
eyes, and I fear they will misunderstand me.


VAL. Notwithstanding all you credit me with, it is by
my love alone that I claim to merit anything from
you. As for your scruples, your father's action
alone is amply sufficient to justify you, in the eyes
of all the world; the excess of his avarice, and the
harsh manner he adopts towards his children, would
authorise things far more strange. Pardon me,
dear Élise, if I speak thus to you. You know that,
in this respect, nothing good can be said of him.
Nevertheless, if, as I hope, I can find my parents,
we shall not have much difficulty in gaining their
favour. I am expecting news of them eagerly, and,
if none comes, I will go out on the quest myself.


ÉL. Ah! Valère, do not leave me, I beseech you;
think only of gaining my father's goodwill.


VAL. You know how I try for it, and the schemes I
use to ingratiate myself into his service; the mask
of sympathy I adopt, the sentiments I disguise to
please him, and the part I play before him every
day, in order to gain his affection. I am making
wonderful progress; my belief is that, in order to
win men over, there is no better way than to seem
to be of their way of thinking, to follow their *obiter
dicta*, to praise their defects, and to applaud all
they do. There is no fear of overdoing flattery;
however openly it may be done, the most cunning
are ever made the greatest dupes by it. There is nothing so inappropriate or so ridiculous that they will
not swallow when seasoned with praise. Sincerity

G

de la flatterie ; et il n'y a rien de si impertinent
et de si ridicule qu'on ne fasse avaler lorsqu'on
l'assaisonne en louange.  La sincérité souffre un
peu au métier que je fais ; mais quand on a besoin
des hommes, il faut bien s'ajuster à eux ; et puisqu'on ne saurait les gagner que par là, ce n'est pas
la faute de ceux qui flattent, mais de ceux qui
veulent être flattés.

ÉL. Mais que ne tâchez-vous aussi à gagner l'appui
de mon frère, en cas que la servante s'avisât de
révéler notre secret ?

VAL. On ne peut pas ménager l'un et l'autre ; et
l'esprit du père et celui du fils sont des choses si
opposées, qu'il est difficile d'accommoder ces deux
confidences ensemble.  Mais vous, de votre part,
agissez auprès de votre frère, et servez-vous de
l'amitié qui est entre vous deux pour le jeter dans
nos intérêts.  Il vient, je me retire.  Prenez ce
temps pour lui parler ; et ne lui découvrez de notre
affaire que ce que vous jugerez à propos.

ÉL. Je ne sais si j'aurai la force de lui faire cette
confidence.

## Scène II

### Cléante, Élise

CL. Je suis bien aise de vous trouver seule, ma sœur ;
et je brûlais de vous parler, pour m'ouvrir à vous
d'un secret.

ÉL. Me voilà prête à vous ouïr, mon frère.  Qu'avez-
vous à me dire ?

CL. Bien des choses, ma sœur, enveloppées dans un
mot : j'aime.

ÉL. Vous aimez ?

CL. Oui, j'aime.  Mais avant que d'aller plus loin, je
sais que je dépends d'un père, et que le nom de fils
me soumet à ses volontés ; que nous ne devons point
engager notre foi sans le consentement de ceux

suffers somewhat in the business, but, when one has
need of men, it is necessary to adjust oneself to
them. If it is not possible to win them over save
by this means, that is not the fault of those who
flatter, but of those who wish to be flattered.

Él. But why do you not also seek to gain my brother's
help, in case the servant should take it into her
head to betray our secret?

Val. I cannot manage them both; the dispositions of
father and son are so opposed that it is difficult to
undertake the rôle of being in both their confidences at the same time. But you can undertake
your brother: make use of the friendship that is
between you in order to enlist him on our side.
Here he comes, so I will go. Take this opportunity
to talk to him; but do not reveal more of our
affairs to him than you deem safe.

Él. I do not think I shall have the courage to make
a confidant of him.

## Scene II

### Cléante, Élise

Cl. I am very glad to find you alone, dear sister; I
am burning to tell you a secret.

Él. I am ready to hear it. What do you want to say
to me?

Cl. Many things, summed up in one word: I am in
love.

Él. You are in love?

Cl. Yes, I am in love. But, before going any further,
I have to remind myself that I am dependent upon
a father, and that, being his son, I am compelled
to submit to his will. We ought not to pledge our

dont nous tenons le jour ; que le Ciel les a faits les
maîtres de nos vœux, et qu'il nous est enjoint de
n'en disposer que par leur conduite ; que n'étant
prévenus d'aucune folle ardeur, ils sont en état de
se tromper bien moins que nous, et de voir beaucoup
mieux ce qui nous est propre ; qu'il en faut plutôt
croire les lumières de leur prudence que l'aveugle-
ment de notre passion ; et que l'emportement de
la jeunesse nous entraîne le plus souvent dans des
précipices fâcheux. Je vous dis tout cela, ma sœur,
afin que vous ne vous donniez pas la peine de me le
dire ; car enfin mon amour ne veut rien écouter, et
je vous prie de ne me point faire de remontrances.

Él. Vous êtes-vous engagé, mon frère, avec celle que
vous aimez ?
Cl. Non, mais j'y suis résolu ; et je vous conjure
encore une fois de ne me point apporter de raisons
pour m'en dissuader.
Él. Suis-je, mon frère, une si étrange personne ?
Cl. Non, ma sœur ; mais vous n'aimez pas : vous
ignorez la douce violence qu'un tendre amour fait
sur nos cœurs ; et j'appréhende votre sagesse.

Él. Hélas ! mon frère, ne parlons point de ma sagesse.
Il n'est personne qui n'en manque, du moins une
fois en sa vie ; et si je vous ouvre mon cœur, peut-
être serai-je à vos yeux bien moins sage que vous.
Cl. Ah ! plût au Ciel que votre âme, comme la
mienne . . .
Él. Finissons auparavant votre affaire, et me dites
qui est celle que vous aimez.
Cl. Une jeune personne qui loge depuis peu en ces
quartiers, et qui semble être faite pour donner de
l'amour à tous ceux qui la voient. La nature, ma
sœur, n'a rien formé de plus aimable ; et je me
sentis transporté dès le moment que je la vis. Elle
se nomme Mariane, et vit sous la conduite d'une
bonne femme de mère, qui est presque toujours
malade, et pour qui cette aimable fille a des senti-

word without the consent of those to whom we owe
our life. Heaven has made them the masters of
our affections, and has enjoined us not to dispose of
them save by their counsel. Since they are free
from wayward passion themselves, they are less
likely than we are to be deceived, and see far better
what is right for us. We should rather trust to
their clear-sightedness and wisdom than to the
blindness of our own passions ; for the eagerness of
youth leads us often to dangerous precipices. I
tell you all this, dear sister, in order to save you
the trouble of saying it to me, for my passion will
not brook resistance and I must ask you to spare
me from listening to any remonstrances.

ÉL. Have you pledged yourself to your beloved ?

CL. No, but I have made up my mind to it. I
beseech you once more not to bring forward any
reasons to dissuade me.

ÉL. Am I so cross-grained as all that?

CL. No, dear sister ; but you are not in love : you do
not understand the silken chains which a heartfelt
love casts round our hearts ; and I fear your wiser
counsels.

ÉL. Alas ! dear brother, do not speak of my prudence.
Everyone lacks that virtue at least once in his life ;
and, if I were to open out my heart to you, perhaps
I should be much less wise than you, in your eyes.

CL. Ah ! may Heaven grant that your heart, like
mine . . .

ÉL. Let us first finish your affair : tell me whom you
love.

CL. A young girl who has just come to live near here,
and who seems created to make all who see her fall
in love with her. Nature has never fashioned a
more loving creature : I felt enthralled from the
first moment I saw her. Her name is Mariane : she
lives with a good old mother, who is nearly always
ill, and to whom this dear girl shows the greatest
kindness imaginable. She waits upon her, sym-

ments d'amitié qui ne sont pas imaginables.   Elle
la sert, la plaint, et la console avec une tendresse
qui vous toucherait l'âme.   Elle se prend d'un air
le plus charmant du monde aux choses qu'elle fait,
et l'on voit briller mille grâces en toutes ses actions :
une douceur pleine d'attraits, une bonté tout en-
gageante, une honnêteté adorable, une . . . Ah !
ma sœur, je voudrais que vous l'eussiez vue.

ÉL. J'en vois beaucoup, mon frère, dans les choses
que vous me dites ; et pour comprendre ce qu'elle
est, il me suffit que vous l'aimez.

CL. J'ai découvert sous main qu'elles ne sont pas fort
accommodées, et que leur discrète conduite a de la
peine à étendre à tous leurs besoins le bien qu'elles
peuvent avoir.   Figurez-vous, ma sœur, quelle joie
ce peut être que de relever la fortune d'une personne
que l'on aime ; que de donner adroitement quelques petits secours aux modestes nécessités d'une
vertueuse famille ; et concevez quel déplaisir ce
m'est de voir que, par l'avarice d'un père, je sois
dans l'impuissance de goûter cette joie, et de faire
éclater à cette belle aucun témoignage de mon
amour.

ÉL. Oui, je conçois assez, mon frère, quel doit être
votre chagrin.

CL. Ah ! ma sœur, il est plus grand qu'on ne peut
croire.   Car enfin peut-on rien voir de plus cruel
que cette rigoureuse épargne qu'on exerce sur nous,
que cette sécheresse étrange où l'on nous fait lan-
guir ? Et que nous servira d'avoir du bien, s'il ne
nous vient que dans le temps que nous ne serons
plus dans le bel âge d'en jouir, et si pour m'entretenir même, il faut que maintenant je m'engage de
tous côtés, si je suis réduit avec vous à chercher
tous les jours le secours des marchands, pour avoir
moyen de porter des habits raisonnables ? Enfin
j'ai voulu vous parler, pour m'aider à sonder mon
père sur les sentiments où je suis ; et si je l'y trouve
contraire, j'ai résolu d'aller en d'autres lieux, avec
cette aimable personne, jouir de la fortune que le

pathises with her, consoles her, with such tender-
ness as touches the heart. Whatever she does, she
does in the most engaging fashion, and her every
action shines with a thousand graces: an attractive
gentleness, a perfectly captivating charm, a most
winning shyness, a . . . Ah! dear sister, I wish
you had seen her.

ÉL. What you have told me, and the fact that you
love her, are sufficient to make me understand her
nature; I can see a good deal of her in your words.
CL. I have found out, privately, that they are not
very well off, and that, though they live very quietly,
they have hardly sufficient to make both ends meet.
Just think how good it would be to increase the
comfort of those we love, to give a worthy family
some slight aid, and help them, quietly, to a few
modest necessities. Imagine, then, how miserable
it makes me when my father's avarice renders me
powerless to taste this joy or to show my beloved
one any evidence of my affection.

ÉL. Yes, I quite see how grieved you must be.

CL. Ah! far more than you would believe. For,
think, can there be anything more cruel than this
cheese-paring meanness exercised over us, this
miserable penury in which we pine daily? Of what
good will it be to inherit means if they come to us
when we are no longer of an age to enjoy them?
As it is, I am obliged to run into debt on all sides
for a bare living, and both you and I are reduced
to the extremity of obtaining daily help from trades-
men to keep the clothes on our backs. So I wished
to talk matters over with you, to gain your help in
finding out what my father thinks of my plans; if
he is opposed to them I have decided to go elsewhere with this dear girl, and live on what means
Heaven may aid us to obtain. I am seeking every-

Ciel voudra nous offrir.   Je fais chercher partout
pour ce dessein de l'argent à emprunter ; et si vos
affaires, ma sœur, sont semblables aux miennes, et
qu'il faille que notre père s'oppose à nos désirs,
nous le quitterons là tous deux et nous affranchirons
de cette tyrannie où nous tient depuis si longtemps
son avarice insupportable.

Éʟ.  Il est bien vrai que, tous les jours, il nous donne
de plus en plus sujet de regretter la mort de notre
mère, et que . . .

Cʟ.  J'entends sa voix.   Éloignons-nous un peu, pour
achever notre confidence ; et nous joindrons après
nos forces pour venir attaquer la dureté de son
humeur.

## Scène III

### Harpagon, La Flèche

Harp.  Hors d'ici tout à l'heure, et qu'on ne réplique
pas.   Allons, que l'on détale de chez moi, maître
juré filou, vrai gibier de potence.

La F.  Je n'ai jamais rien vu de si méchant que ce
maudit vieillard, et je pense, sauf correction, qu'il a
le diable au corps.

Harp.  Tu murmures entre tes dents.

La F.  Pourquoi me chassez-vous ?

Harp.  C'est bien à toi, pendard, à me demander des
raisons : sors vite, que je ne t'assomme.

La F.  Qu'est-ce que je vous ai fait ?

Harp.  Tu m'as fait que je veux que tu sortes.

La F.  Mon maître, votre fils, m'a donné ordre de
l'attendre.

Harp.  Va-t'en l'attendre dans la rue, et ne sois point
dans ma maison planté tout droit comme un piquet,
à observer ce qui se passe, et faire ton profit de tout.
Je ne veux point avoir sans cesse devant moi un

where to borrow money for this attempt; if you
are in similar circumstances to mine, dear sister,
and it chances that our father opposes our desires,
we will both leave him and free ourselves from
the tyranny his insupportable avarice has so long
exercised over us.

ÉL. You are quite right; every day does he give us
more and more cause to regret the death of our
mother, and . . .

CL. I hear his voice.  Let us go a little further off,
to finish our plans; we will then join our forces and
attack his hard heart.

## Scene III

### Harpagon, La Flèche

HARP. Get out of my sight instantly, and let me have
no more of your tongue.  Now then, be off with
you, you arrant thief, you cursed gallows bird.

LA F. I never saw anyone so wicked as this accursed
old scoundrel.  I verily believe he is possessed by
the devil.

HARP. What are you growling at?

LA F. Why are you turning me out of the house?

HARP. It's just like you, you hangdog, to bandy
words with me: be off, sharp, or I will knock you
down.

LA F. What have I done to you?

HARP. Sufficient to make me wish to see no more
of you.

LA F. Your son, my master, ordered me to wait for
him.

HARP. Go and wait in the road, and not in my house,
planted upright like a post to watch what is going
on and make your profit out of everything.  I do
not want to have a rascal always spying on me with

espion de mes affaires, un traître, dont les yeux
maudits assiégent toutes mes actions, dévorent ce
que je possède, et furettent de tous côtés pour voir
s'il n'y a rien à voler.

LA F. Comment diantre voulez-vous qu'on fasse pour
vous voler? Êtes-vous un homme volable, quand
vous renfermez toutes choses, et faites sentinelle
jour et nuit?

HARP. Je veux renfermer ce que bon me semble, et
faire sentinelle comme il me plaît. Ne voilà pas de
mes mouchards, qui prennent garde à ce qu'on fait?
Je tremble qu'il n'ait soupçonné quelque chose de
mon argent. Ne serais-tu point homme à aller faire
courir le bruit que j'ai chez moi de l'argent caché?

LA F. Vous avez de l'argent caché?

HARP. Non, coquin, je ne dis pas cela. (A part.)
J'enrage. Je demande si malicieusement tu n'irais
point faire courir le bruit que j'en ai.

LA F. Hé! que nous importe que vous en ayez ou
que vous n'en ayez pas, si c'est pour nous la même
chose?

HARP. Tu fais le raisonneur. Je te baillerai de ce
raisonnement-ci par les oreilles. (Il lève la main pour
lui donner un soufflet.) Sors d'ici, encore une fois.

LA F. Hé bien! je sors.

HARP. Attends. Ne m'emportes-tu rien?

LA F. Que vous emporterais-je?

HARP. Viens çà, que je voie. Montre-moi tes mains.

LA F. Les voilà.

HARP. Les autres.

LA F. Les autres?

HARP. Oui.

LA F. Les voilà.

HARP. N'as-tu rien mis ici dedans?

LA F. Voyez vous-même.

HARP. (Il tâte le bas de ses chausses.) Ces grands hauts-
de-chausses sont propres à devenir les recéleurs des
choses qu'on dérobe; et je voudrais qu'on en eût
fait pendre quelqu'un.

Champollion d'après Louis Leloir

L'AVARE

(Acte I. Scène III)

a pair of cursed eyes peering at everything I do, a scoundrel who covets all I possess and ferrets in every corner to see if there is anything he can steal.

La F. How the deuce could anyone rob you of anything? You shut up everything and stand watch night and day : you are no catch.

Harp. I will lock up what I think fit, and stand guard as pleases me. This is one of the spies set to watch everything I do. I am afraid he has his suspicions where my money is. Are you going to tell people I have money hid in my house?

La F. You have money hid in your house?

Harp. No, villain, I did not say that. (Aside.) I shall go mad. Are you going to make mischief by telling tales about my having some?

La F. Ah! what does it matter to us whether you have any or you have not? it is all the same to us.

Harp. You chatterbox. I will give you something on your ears to talk about. (He lifts his hand to give him a blow.) Once more, go out of my sight.

La F. All right, I will go.

Harp. Stop. Are you taking anything away with you?

La F. What could I take away?

Harp. Come here, that I may see. Show me your hands.

La F. There they are.

Harp. The others.

La F. The others?

Harp. Yes.

La F. There they are.

Harp. Have you nothing hid down below?

La F. Look yourself.

Harp. (He feels the lower part of his breeches.) These fine bags are just the things to receive stolen goods; I wish people could be hung for wearing them.

La F. Ah ! qu'un homme comme cela mériterait bien
ce qu'il craint ! et que j'aurais de joie à le voler !

Harp. Euh ?

La F. Quoi ?

Harp. Qu'est-ce que tu parles de voler ?

La F. Je dis que vous fouillez bien partout, pour voir
si je vous ai volé.

Harp. C'est ce que je veux faire. (Il fouille dans les
poches de la Flèche.)

La F. La peste soit de l'avarice et des avaricieux !

Harp. Comment ? que dis-tu ?

La F. Ce que je dis ?

Harp. Oui : qu'est-ce que tu dis d'avarice et d'avaricieux ?

La F. Je dis que la peste soit de l'avarice et des
avaricieux.

Harp. De qui veux-tu parler ?

La F. Des avaricieux.

Harp. Et qui sont-ils ces avaricieux ?

La F. Des vilains et des ladres.

Harp. Mais qui est-ce que tu entends par là ?

La F. De quoi vous mettez-vous en peine ?

Harp. Je me mets en peine de ce qu'il faut.

La F. Est-ce que vous croyez que je veux parler de
vous ?

Harp. Je crois ce que je crois ; mais je veux que tu
me dises à qui tu parles quand tu dis cela.

La F. Je parle . . . je parle à mon bonnet.

Harp. Et moi, je pourrais bien parler à ta barrette.

La F. M'empêcherez-vous de maudire les avaricieux ?

Harp. Non ; mais je t'empêcherai de jaser, et d'être
insolent.   Tais-toi.

La F. Je ne nomme personne.

Harp. Je te rosserai, si tu parles.

La F. Qui se sent morveux, qu'il se mouche.

Harp. Te tairas-tu ?

La F. Oui, malgré moi.

La F. Ah ! doesn't such a man as this deserve everything he fears ! How I should love to rob him !

Harp. Eh ?

La F. What ?

Harp. What is that you said about robbing?

La F. I said you mauled about everywhere to see if I had stolen anything.

Harp. That is just what I am doing. (He feels in La Flèche's pockets.)

La F. A plague on misers and their avaricious ways.

Harp. Eh ? what do you say ?

La F. What do I say ?

Harp. Yes: what do you say about misers and avarice ?

La F. I said a plague on misers and their avaricious ways.

Harp. Of whom were you speaking ?

La F. Of misers.

Harp. Who are misers ?

La F. Scoundrels and rogues.

Harp. What do you mean by that ?

La F. What are you bothering about ?

Harp. I am bothering about what I must.

La F. Do you think I am speaking of you ?

Harp. I think what I think ; but I wish you would tell me to whom you are talking when you speak like this.

La F. I am talking . . . I am talking to my hat.

Harp. And I shall very soon make your head sing.

La F. Do you want to hinder me from speaking evil of misers ?

Harp. No ; but I want to prevent you from chattering and being insolent. Hold your tongue.

La F. I did not mention anybody's name.

Harp. If you say another word, I will give you a sound whacking.

La F. If the cap fits, wear it.

Harp. Will you hold your tongue ?

La F. Yes, though I don't like doing so.

HARP. Ha! ha!

LA F. (lui montrant une des poches de son justaucorps) Tenez, voilà encore une poche : êtes vous satisfait?

HARP. Allons, rends-le-moi sans te fouiller.

LA F. Quoi?

HARP. Ce que tu m'as pris.

LA F. Je ne vous ai rien pris du tout.

HARP. Assurément?

LA F. Assurément.

HARP. Adieu : va-t'en à tous les diables.

LA F. Me voilà fort bien congédié.

HARP. Je te le mets sur ta conscience, au moins. Voilà un pendard de valet qui m'incommode fort, et je ne me plais point à voir ce chien de boiteux-là.


SCÈNE IV

ÉLISE, CLÉANTE, HARPAGON

HARP. Certes, ce n'est pas une petite peine que de garder chez soi une grande somme d'argent; et bienheureux qui a tout son fait bien placé, et ne conserve seulement que ce qu'il faut pour sa dépense. On n'est pas peu embarrassé à inventer dans toute une maison une cache fidèle ; car, pour moi, les coffres-forts me sont suspects, et je ne veux jamais m'y fier : je les tiens justement une franche amorce à voleurs, et c'est toujours la première chose que l'on va attaquer. Cependant, je ne sais si j'aurai bien fait d'avoir enterré dans mon jardin dix mille écus qu'on me rendit hier. Dix mille écus en or chez soi est une somme assez . . . (Ici le frère et la sœur paroissent s'entretenants bas.) O Ciel! je me serai trahi moi-même : la chaleur m'aura emporté, et je crois que j'ai parlé haut en raisonnant tout seul. Qu'est-ce?

CL. Rien, mon père.

HARP. Y a-t-il longtemps que vous êtes là?

HARP. Ah! I see!

LA F. (showing him one of the pockets of his coat) Hullo, here is another pocket : are you satisfied?

HARP. Come, give it back to me, without all this ado.

LA F. What?

HARP. What you have taken from me.

LA F. I have not taken anything from you.

HARP. Are you sure?

LA F. Quite.

HARP. Then good-bye and go to the devil.

LA F. That's a nice send off.

HARP. Remember, I take your word for it. What a scoundrel of a valet am I plagued with : I am glad to have the lame cur out of my sight.


SCENE IV

ÉLISE, CLÉANTE, HARPAGON

HARP. It is a terrible anxiety to have a large sum of money at one's house. Happy is the man who has all his money well invested and who retains only what will suffice for his current expenses. It is hard to find a safe hiding-place in any corner of the house. I should never think of trusting in strong boxes ; they don't appeal to me ; they are just a bait for thieves, the very first thing attacked. As it is, I don't know whether I did well to bury in my garden the ten thousand crowns sent me yesterday. Ten thousand crowns in gold, in one's house, is a large sum . . .

(Here the brother and sister come in view, talking together, in a low voice.)

O Heaven! I have betrayed myself; my anxiety has undone me. Surely I spoke aloud what was passing through my mind. What do you want?

CL. Nothing, father.

HARP. Have you been here long?

ÉL. Nous ne venons que d'arriver.

HARP. Vous avez entendu . . .

CL. Quoi? mon père.

HARP. Là . . .

ÉL. Quoi?

HARP. Ce que je viens de dire.

CL. Non.

HARP. Si fait, si fait.

ÉL. Pardonnez-moi.

HARP. Je vois bien que vous en avez ouï quelques mots. C'est que je m'entretenais en moi-même de la peine qu'il y a aujourd'hui à trouver de l'argent, et je disais qu'il est bienheureux qui peut avoir dix mille écus chez soi.

CL. Nous feignions à vous aborder, de peur de vous interrompre.

HARP. Je suis bien aise de vous dire cela, afin que vous n'alliez pas prendre les choses de travers et vous imaginer que je dise que c'est moi qui ai dix mille écus.

CL. Nous n'entrons point dans vos affaires.

HARP. Plût à Dieu que je les eusse, dix mille écus!

CL. Je ne crois pas . . .

HARP. Ce serait une bonne affaire pour moi.

ÉL. Ce sont des choses . . .

HARP. J'en aurais bon besoin.

CL. Je pense que . . .

HARP. Cela m'accommoderait fort.

ÉL. Vous êtes . . .

HARP. Et je ne me plaindrais pas, comme je fais, que le temps est misérable.

CL. Mon Dieu! mon père, vous n'avez pas lieu de vous plaindre, et l'on sait que vous avez assez de bien.

HARP. Comment? j'ai assez de bien! Ceux qui le disent en ont menti. Il n'y a rien de plus faux; et ce sont des coquins qui font courir tous ces bruits-là.

ÉL. Ne vous mettez point en colère.

HARP. Cela est étrange, que mes propres enfants me trahissent et deviennent mes ennemis!

Él. We have only just come.

Harp. You heard . . .

Cl. What, father?

Harp. You know perfectly well what I mean . . .

Él. What?

Harp. What I said just now.

Cl. No.

Harp. Yes, you did; yes, you did.

Él. No, father.

Harp. I am quite sure you heard a few words. The fact is, I was talking to myself about how hard it is nowadays to find money, and I was saying how happy a man must be who has ten thousand crowns in his own house.

Cl. We were hesitating to come near you, lest we should interrupt you.

Harp. I want to tell you this in order that you may not take things amiss and imagine I said I had ten thousand crowns.

Cl. We were not thinking of your affairs.

Harp. Would to Heaven I had ten thousand crowns!

Cl. I do not believe . . .

Harp. It would be a fortunate thing for me.

Él. These are things . . .

Harp. I am in great need of them.

Cl. I think that . . .

Harp. It would suit me exactly.

Él. You are . . .

Harp. I should not then complain, as I do, that times are hard.

Cl. Really, father, you have no cause to complain; every one knows you are comfortably off.

Harp. What? I am well off! People lie who say that. Nothing is further from the truth; they are villains who spread such reports abroad.

Él. Don't be angry.

Harp. It is miserable that my own children should betray me and become my enemies!

H

CL. Est-ce être votre ennemi, que de dire que vous avez du bien?

HARP. Oui: de pareils discours et les dépenses que vous faites seront cause qu'un de ces jours on me viendra chez moi couper la gorge, dans la pensée que je suis tout cousu de pistoles.

CL. Quelle grande dépense est-ce que je fais?

HARP. Quelle? Est-il rien de plus scandaleux que ce somptueux équipage que vous promenez par la ville? Je querellais hier votre sœur; mais c'est encore pis. Voilà qui crie vengeance au Ciel; et à vous prendre depuis les pieds jusqu'à la tête, il y aurait là de quoi faire une bonne constitution. Je vous l'ai dit vingt fois, mon fils, toutes vos manières me déplaisent fort: vous donnez furieusement dans le marquis; et pour aller ainsi vêtu, il faut bien que vous me dérobiez.

CL. Hé! comment vous dérober?

HARP. Que sais-je? Où pouvez-vous donc prendre de quoi entretenir l'état que vous portez?

CL. Moi, mon père? C'est que je joue; et comme je suis fort heureux, je mets sur moi tout l'argent que je gagne.

HARP. C'est fort mal fait. Si vous êtes heureux au jeu, vous en devriez profiter, et mettre à honnête intérêt l'argent que vous gagnez, afin de le trouver un jour. Je voudrais bien savoir, sans parler du reste, à quoi servent tous ces rubans dont vous voilà lardé depuis les pieds jusqu'à la tête, et si une demi-douzaine d'aiguillettes ne suffit pas pour attacher un haut-de-chausses? Il est bien nécessaire d'employer de l'argent à des perruques, lorsque l'on peut porter des cheveux de son cru, qui ne coûtent rien. Je vais gager qu'en perruques et rubans, il y a du moins vingt pistoles; et vingt pistoles rapportent par année dix-huit livres six sols huit deniers, à ne les placer qu'au denier douze.

CL. Vous avez raison.

Cl. Is it the act of an enemy to say you are well off?

Harp. Yes: talk like this, and the expenses you run me into will, one of these days, lead to my throat being cut, in my own house, in the hope that I shall be found to be stuffed with gold.

Cl. What great expenses do I incur?

Harp. Ah! Can anything be more scandalous than the costly apparel you indulge in, up and down the city. I chided your sister yesterday, but this is still worse. It cries aloud to Heaven for vengeance. If you were summed up, from head to foot, a good annuity would be found in your attire. I have told you a score of times, my son, that your goings on displease me exceedingly; you ape the marquis to a ridiculous extent, and, to be able to clothe yourself as you do, you must certainly be robbing me.

Cl. But how can I be robbing you?

Harp. How do I know? Come, how else could you obtain the means of keeping up the style of dress you affect?

Cl. I, father? I play; and, as I am very lucky, I spend in clothes all the money I win.

Harp. That is very bad. If you are lucky at play you ought to profit by it, and put out at good interest the money you win, against a rainy day. Without troubling about anything else, I should much like to know what use all those ribbons are with which you are bedecked from head to foot, and whether half a dozen knots are not sufficient to tie up your breeches? It is all very fine to spend money on wigs when one can wear hair of one's own, which costs nothing. I will wager that there are at least twenty pistoles in your wigs and ribbons; and twenty pistoles will bring in eighteen livres, six sous and eight deniers per annum, even if you only get eight per cent.

Cl. You are right.

HARP. Laissons cela, et parlons d'autre affaire. Euh ?
Je crois qu'ils se font signe l'un à l'autre de me
voler ma bourse. Que veulent dire ces gestes-là ?

ÉL. Nous marchandons, mon frère et moi, à qui
parlera le premier ; et nous avons tous deux quelque chose à vous dire.

HARP. Et moi, j'ai quelque chose aussi à vous dire à
tous deux.

CL. C'est de mariage, mon père, que nous désirons
vous parler.

HARP. Et c'est de mariage aussi que je veux vous
entretenir.

ÉL. Ah ! mon père.

HARP. Pourquoi ce cri ? Est-ce le mot, ma fille, ou
la chose, qui vous fait peur ?

CL. Le mariage peut nous faire peur à tous deux, de
la façon que vous pouvez l'entendre ; et nous crai-
gnons que nos sentiments ne soient pas d'accord
avec votre choix.

HARP. Un peu de patience. Ne vous alarmez point.
Je sais ce qu'il faut à tous deux ; et vous n'aurez ni
l'un ni l'autre aucun lieu de vous plaindre de tout
ce que je prétends faire. Et pour commencer par
un bout : avez-vous vu, dites-moi, une jeune personne appelée Mariane, qui ne loge pas loin d'ici ?

CL. Oui, mon père.

HARP. Et vous ?

ÉL. J'en ai ouï parler.

HARP. Comment, mon fils, trouvez-vous cette fille ?

CL. Une fort charmante personne.

HARP. Sa physionomie ?

CL. Toute honnête, et pleine d'esprit.

HARP. Son air et sa manière ?

CL. Admirables, sans doute.

HARP. Ne croyez-vous pas qu'une fille comme cela
mériterait assez que l'on songeât à elle ?

CL. Oui, mon père.

HARP. Que ce serait un parti souhaitable ?

CL. Très-souhaitable.

Harp. We will leave this matter and talk of something else. Hullo? I believe they are making
signs to each other to steal my purse. What do
those signs mean?

Él. My brother and I are debating who shall speak
first: both of us have something to say to you.

Harp. And I also have something to say to both of
you.

Cl. We want to talk to you about marriage, father.

Harp. And I want to talk to you about marriage
also.

Él. Ah! father.

Harp. Why this cry? Are you afraid of the word,
my daughter, or the thing?

Cl. Marriage, at least in the way you may understand
it, gives both of us fear; we are afraid our feelings
may not be at one with your choice.

Harp. Have a little patience. Do not alarm yourselves. I know what is good for both of you; and
neither of you shall have cause to complain of anything I intend to do. To begin at the beginning:
tell me, have you seen a young person called
Mariane, who lives not far off?

Cl. Yes, father.

Harp. And you?

Él. I have heard tell of her.

Harp. Well, my son, how do you like this girl?

Cl. She is a very charming person.

Harp. Her looks?

Cl. Straightforward and full of intelligence.

Harp. Her air and her manner?

Cl. Admirable, it cannot be doubted.

Harp. Do you not think that a girl such as she is
thoroughly deserves to be thought about?

Cl. Yes, father.

Harp. That she would make a desirable match?

Cl. Very desirable.

**HARP.** Qu'elle a toute la mine de faire un bon ménage?

**CL.** Sans doute.

**HARP.** Et qu'un mari aurait satisfaction avec elle?

**CL.** Assurément.

**HARP.** Il y a une petite difficulté : c'est que j'ai peur qu'il n'y ait pas avec elle tout le bien qu'on pourrait prétendre.

**CL.** Ah! mon père, le bien n'est pas considérable, lorsqu'il est question d'épouser une honnête personne.

**HARP.** Pardonnez-moi, pardonnez-moi. Mais ce qu'il y a à dire, c'est que si l'on n'y trouve pas tout le bien qu'on souhaite, on peut tâcher de regagner cela sur autre chose.

**CL.** Cela s'entend.

**HARP.** Enfin je suis bien aise de vous voir dans mes sentiments ; car son maintien honnête et sa douceur m'ont gagné l'âme, et je suis résolu de l'épouser, pourvu que j'y trouve quelque bien.

**CL.** Euh?

**HARP.** Comment?

**CL.** Vous êtes résolu, dites-vous . . .?

**HARP.** D'épouser Mariane.

**CL.** Qui, vous? vous?

**HARP.** Oui, moi, moi, moi. Que veut dire cela?

**CL.** Il m'a pris tout à coup un éblouissement, et je me retire d'ici.

**HARP.** Cela ne sera rien. Allez vite boire dans la cuisine un grand verre d'eau claire. Voilà de mes damoiseaux flouets, qui n'ont non plus de vigueur que des poules. C'est là, ma fille, ce que j'ai résolu pour moi. Quant à ton frère, je lui destine une certaine veuve dont ce matin on m'est venu parler ; et pour toi, je te donne au Seigneur Anselme.

**ÉL.** Au Seigneur Anselme?

**HARP.** Oui, un homme mûr, prudent et sage, qui n'a

HARP. That she has all the appearance of being a good housewife?

CL. Yes, certainly.

HARP. And that a husband ought to be satisfied with her?

CL. Assuredly.

HARP. There is a little difficulty: I am afraid she has not so much money as one would like.

CL. Ah! father, money should not be considered when marriage with the right sort of woman is contemplated.

HARP. Pardon me, pardon me. But there is this to be said, if one does not find all the wealth one desires, it may be obtained in another way.

CL. Quite so.

HARP. In short, I am very happy to find you agree with me; for her modest bearing and her gentleness have won my heart, and I have resolved to marry her, provided I find she has some means.

CL. Eh?

HARP. What?

CL. You have resolved, you say . . .?

HARP. To marry her.

CL. Who, you? you?

HARP. Yes, I, I, I. What is there to be said about that?

CL. I feel very faint. I think I must go in.

HARP. Oh that's nothing. Go into the kitchen at once and drink a large glass of cold water. These are your effeminate dandies: they have no more strength than chickens. That is what I have resolved to do, daughter. As to your brother, I intend a certain widow for him of whom I heard this morning; and I shall bestow you on Seigneur Anselme.

ÉL. On Seigneur Anselme?

HARP. Yes, a mature, prudent, wise man, who is not

pas plus de cinquante ans, et dont on vante les
grands biens.

Él. (Elle fait une révérence.) Je ne veux point me
marier, mon père, s'il vous plaît.

Harp. (Il contrefait sa révérence.) Et moi, ma petite
fille ma mie, je veux que vous vous mariiez, s'il
vous plaît.

Él. Je vous demande pardon, mon père.

Harp. Je vous demande pardon, ma fille.

Él. Je suis très-humble servante au Seigneur Anselme;
mais, avec votre permission, je ne l'épouserai point.

Harp. Je suis votre très-humble valet; mais, avec
votre permission, vous l'épouserez dès ce soir.

Él. Dès ce soir?

Harp. Dès ce soir.

Él. Cela ne sera pas, mon père

Harp. Cela sera, ma fille.

Él. Non.

Harp. Si.

Él. Non, vous dis-je.

Harp. Si, vous dis-je.

Él. C'est une chose où vous ne me réduirez point.

Harp. C'est une chose où je te réduirai.

Él. Je me tuerai plutôt que d'épouser un tel mari.

Harp. Tu ne te tueras point, et tu l'épouseras. Mais
voyez quelle audace! A-t-on jamais vu une fille
parler de la sorte à son père?

Él. Mais a-t-on jamais vu un père marier sa fille de
la sorte?

Harp. C'est un parti où il n'y a rien à redire; et je
gage que tout le monde approuvera mon choix.

Él. Et moi, je gage qu'il ne saurait être approuvé
d'aucune personne raisonnable.

Harp. Voilà Valère: veux-tu qu'entre nous deux
nous le fassions juge de cette affaire?

Él. J'y consens.

Harp. Te rendras-tu à son jugement?

Él. Oui, j'en passerai par ce qu'il dira.

Harp. Voilà qui est fait.

more than fifty, and who is said to have considerable property.

ÉL. (She makes a curtsey.) If you please, father, I do
not want to marry.

HARP. (He imitates her curtsey.) If you please, my
darling little girl, I wish you to marry.

ÉL. I beg your pardon, father.

HARP. I beg your pardon, my child.

ÉL. I am Seigneur Anselme's very humble servant;
but, with your permission, I will not marry him.

HARP. I am your very humble lackey; but, with your
permission, you will marry him this very evening.

ÉL. This very evening?

HARP. This very evening.

ÉL. It will not be done, father.

HARP. It will be done, my child.

ÉL. No.

HARP. Yes.

ÉL. No, I tell you.

HARP. Yes, I tell you.

ÉL. You will not force me to this thing.

HARP. I will force you to this thing.

ÉL. I will rather kill myself than marry such a husband.

HARP. You will not kill yourself, and you will marry
him. Just think of such impudence! Did ever a
daughter speak to her father in this fashion?

ÉL. Did ever a father give away his daughter in this
fashion?

HARP. Nothing can be said against such a match; I
will stake my word that every one will approve my
choice.

ÉL. And I will stake mine that it will not be approved
by any reasonable person.

HARP. Here is Valère: are you willing we should let
him decide between us in this matter?

ÉL. I agree.

HARP. You will submit to his judgment?

ÉL. Yes, I will abide by his decision.

HARP. Then it is agreed.

## Scène V

### Valère, Harpagon, Élise

**Harp.** Ici, Valère. Nous t'avons élu pour nous dire
qui a raison, de ma fille ou de moi.

**Val.** C'est vous, Monsieur, sans contredit.

**Harp.** Sais-tu bien de quoi nous parlons?

**Val.** Non; mais vous ne sauriez avoir tort, et vous
êtes toute raison.

**Harp.** Je veux ce soir lui donner pour époux un
homme aussi riche que sage; et la coquine me dit
au nez qu'elle se moque de le prendre. Que dis-tu
de cela?

**Val.** Ce que j'en dis?

**Harp.** Oui.

**Val.** Eh, eh.

**Harp.** Quoi?

**Val.** Je dis que dans le fond je suis de votre sentiment; et vous ne pouvez pas que vous n'ayez raison.
Mais aussi n'a-t-elle pas tort tout à fait, et . . .

**Harp.** Comment? le Seigneur Anselme est un parti
considérable; c'est un gentilhomme qui est noble,
doux, posé, sage, et fort accommodé, et auquel il ne
reste aucun enfant de son premier mariage. Saurait-
elle mieux rencontrer?

**Val.** Cela est vrai. Mais elle pourrait vous dire que
c'est un peu précipiter les choses, et qu'il faudrait
au moins quelque temps pour voir si son inclination
pourra s'accommoder avec . . .

**Harp.** C'est une occasion qu'il faut prendre vite aux
cheveux. Je trouve ici un avantage qu'ailleurs je
ne trouverais pas, et il s'engage à la prendre sans
dot.

**Val.** Sans dot?

**Harp.** Oui.

**Val.** Ah! je ne dis plus rien. Voyez-vous? voilà une

## Scene V

### Valère, Harpagon, Élise

HARP. Come here, Valère. We have elected you to decide who is in the right, my daughter or I.

VAL. You, Monsieur, without doubt.

HARP. Do you then know of what we have been talking?

VAL. No; but you could not be in the wrong, you are wisdom itself.

HARP. I wish to give her a husband this evening, a man as rich as he is wise; and the baggage tells me to my face that she scorns to take him. What do you say to that?

VAL. What do I say to that?

HARP. Yes.

VAL. Ahem.

HARP. What?

VAL. Well, on the whole, I am of your opinion; and you cannot but be right. But I must say she is not altogether wrong, and . . .

HARP. What? Seigneur Anselme is a desirable match; he is a nobleman, a man of honour, refined, steady, prudent and well off, furthermore he had no children by his first marriage. Could she meet any one more suitable?

VAL. That is true. But she might say you were hastening matters too rapidly and that she ought at least to be allowed a little time in which to see whether her inclinations were likely to accord with . . .

HARP. This is a case in which we must take time by the forelock. There is an advantage in this match which I cannot find elsewhere, for he promises to take her without dowry.

VAL. Without dowry?

HARP. Yes.

VAL. Ah! I can say no more. You see this is alto-

raison tout à fait convaincante ; il se faut rendre à
cela.

HARP. C'est pour moi une épargne considérable.

VAL. Assurément, cela ne reçoit point de contradiction.
Il est vrai que votre fille vous peut représenter que
le mariage est une plus grande affaire qu'on ne peut
croire ; qu'il y va d'être heureux ou malheureux
toute sa vie ; et qu'un engagement qui doit durer
jusqu'à la mort ne se doit jamais faire qu'avec de
grandes précautions.

HARP. Sans dot.

VAL. Vous avez raison : voilà qui décide tout, cela
s'entend. Il y a des gens qui pourraient vous dire
qu'en de telles occasions l'inclination d'une fille est
une chose sans doute où l'on doit avoir de l'égard ;
et que cette grande inégalité d'âge, d'humeur et de
sentiments, rend un mariage sujet à des accidents
très-fâcheux.

HARP. Sans dot.

VAL Ah ! il n'y a pas de réplique à cela : on le sait
bien ; qui diantre peut aller là contre ? Ce n'est pas
qu'il n'y ait quantité de pères qui aimeraient mieux
ménager la satisfaction de leurs filles que l'argent
qu'ils pourraient donner ; qui ne les voudraient
point sacrifier à l'intérêt, et chercheraient plus
que toute autre chose à mettre dans un mariage
cette douce conformité qui sans cesse y maintient
l'honneur, la tranquillité et la joie, et que . . .

HARP. Sans dot.

VAL. Il est vrai : cela ferme la bouche à tout, *sans dot.*
Le moyen de résister à une raison comme celle-là ?

HARP. (Il regarde vers le jardin.) Ouais ! il me semble
que j'entends un chien qui aboie. N'est-ce point
qu'on en voudrait à mon argent ? Ne bougez, je
reviens tout à l'heure.

ÉL. Vous moquez-vous, Valère, de lui parler comme
vous faites ?

VAL. C'est pour ne point l'aigrir, et pour en venir
mieux à bout. Heurter de front ses sentiments est

gether a convincing reason; one must submit
to it.

HARP. It is a considerable saving for me.

VAL. Assuredly, it does not admit of contradiction.
It is true your daughter might represent to you
that marriage is a far more serious matter than
people think; that it means being happy or un-
happy all her life; and that a bond which must
last until death ought only to be entered into after
the most serious consideration.

HARP. Without dowry.

VAL. You are right: that settles everything, of course.
There are people who might say to you that in such
matters the inclination of a daughter ought, unquestionably, to be taken into account; and that
this great disparity of age, disposition and sentiments might subject the marriage to very unfortunate accidents.

HARP. Without dowry.

VAL. Ah! one knows well there is no answer to that;
who the deuce would suggest such a thing? There
might be some fathers who would prefer to think of
their daughters' happiness rather than of the money
they might have to give them; who would not
sacrifice them to interest, and who would seek
before all else to establish in a marriage that happy
unanimity which unfailingly produces honour, tran-
quillity and joy, and which . . .

HARP. Without dowry.

VAL. It is true: that phrase 'without dowry' ends
discussion. How can one resist an argument like
that?

HARP. (He looks towards the garden.) What was that?
I thought I heard a dog bark. Is it some one trying
to find my money? Don't stir from here, I will
come back again immediately.

ÉL. Are you jesting, Valère, to talk to him as you
have done?

VAL. I do not wish to thwart him, and then I shall
better achieve my purpose. To oppose his wishes

le moyen de tout gâter ; et il y a de certains esprits
qu'il ne faut prendre qu'en biaisant, des tempéra-
ments ennemis de toute résistance, des naturels
rétifs, que la vérité fait cabrer, qui toujours se
roidissent contre le droit chemin de la raison, et
qu'on ne mène qu'en tournant où l'on veut les
conduire. Faites semblant de consentir à ce qu'il
veut, vous en viendrez mieux à vos fins, et . . .

ÉL. Mais ce mariage, Valère?

VAL. On cherchera des biais pour le rompre.

ÉL. Mais quelle invention trouver, s'il se doit conclure
ce soir?

VAL. Il faut demander un délai, et feindre quelque
maladie.

ÉL. Mais on découvrira la feinte, si l'on appelle des
médecins.

VAL. Vous moquez-vous? Y connaissent-ils quelque
chose? Allez, allez, vous pourrez avec eux avoir
quel mal il vous plaira, ils vous trouveront des
raisons pour vous dire d'où cela vient.

HARP. Ce n'est rien, Dieu merci.

VAL. Enfin notre dernier recours, c'est que la fuite
nous peut mettre à couvert de tout ; et si votre
amour, belle Élise, est capable d'une fermeté . . .
(Il aperçoit Harpagon.) Oui, il faut qu'une fille obéisse
à son père. Il ne faut point qu'elle regarde comme
un mari est fait ; et lorsque la grande raison de
*sans dot* s'y rencontre, elle doit être prête à prendre
tout ce qu'on lui donne.

HARP. Bon. Voilà bien parlé, cela.

VAL. Monsieur, je vous demande pardon si je m'emporte un peu, et prends la hardiesse de lui parler
comme je fais.

HARP. Comment? j'en suis ravi, et je veux que tu
prennes sur elle un pouvoir absolu. Oui, tu as
beau fuir. Je lui donne l'autorité que le Ciel me
donne sur toi, et j'entends que tu fasses tout ce qu'il
te dira.

VAL. Après cela, résistez à mes remontrances.

outright is the way to spoil everything; there are
certain natures which can only be overcome by
indirect means, temperaments which are enemies to
all resistance, restive spirits, whom truth causes to
rear, who always jib at the right path of reason,
whom one can only lead by turning in the direc-
tion opposite to that in which one wishes them to
go.  Seem to comply with his wishes and you will
the better gain your end, and . . .

ÉL.  But this marriage, Valère?

VAL.  We will find some excuse to break it off.

ÉL.  What pretext can we find, if it is to be arranged
this evening?

VAL.  You must feign some illness and ask for a
delay.

ÉL.  But they will find out the feint, if they call in
the doctors.

VAL.  Now you jest.  Do they know anything about
it?  Come, come, you can have any illness you like
so far as they are concerned, they will find some
reasons to tell you how you got it.

HARP.  Thank God, it was nothing.

VAL.  In fact flight is the last resource left us, and
that will shelter us from everything; if your love,
fair Élise, is capable of such strength . . . (He sees
Harpagon.)  Yes, a girl ought to obey her father.
She ought not to consider what sort of a man her
husband is; when the grand argument of 'Without
dowry' is presented to her, she ought to be ready
to take any one who is given her.

HARP.  Good.  That was well spoken.

VAL.  Monsieur, I ask your pardon for speaking thus
strongly to her, my thoughts have led me away.

HARP.  Why, I am charmed.  I wish you would take
absolute control over her.  Yes, you may run away
as much as you like.  I give him the authority that
Heaven gives me over you, I insist upon your doing
everything he tells you to do.

VAL.  After that, resist me if you can.  Monsieur,

Monsieur, je vais la suivre, pour lui continuer les
leçons que je lui faisais.

HARP. Oui, tu m'obligeras.　Certes . . .

VAL. Il est bon de lui tenir un peu la bride haute.

HARP. Cela est vrai.　Il faut . . .

VAL. Ne vous mettez pas en peine.　Je crois que j'en
viendrai à bout.

HARP. Fais, fais.　Je m'en vais faire un petit tour en
ville, et reviens tout à l'heure.

VAL. Oui, l'argent est plus précieux que toutes les
choses du monde, et vous devez rendre grâces au
Ciel de l'honnête homme de père qu'il vous a donné.
Il sait ce que c'est que de vivre.　Lorsqu'on s'offre
de prendre une fille sans dot, on ne doit point
regarder plus avant.　Tout est renfermé là-dedans,
et *sans dot* tient lieu de beauté, de jeunesse, de
naissance, d'honneur, de sagesse et de probité.

HARP. Ah ! le brave garçon ! Voilà parlé comme un
oracle.　Heureux qui peut avoir un domestique de
la sorte !

**FIN DU PREMIER ACTE.**

# ACTE II

## SCÈNE I

### CLÉANTE, LA FLÈCHE

CL. Ah ! traître que tu es, où t'es-tu donc allé four-
rer ?　Ne t'avais-je pas donné ordre . . .

LA F. Oui, Monsieur, et je m'étais rendu ici pour
vous attendre de pied ferme ; mais Monsieur votre
père, le plus malgracieux des hommes, m'a chassé
dehors malgré moi, et j'ai couru risque d'être battu.

CL. Comment va notre affaire ?　Les choses pressent
plus que jamais ; et depuis que je t'ai vu, j'ai découvert que mon père est mon rival.

I will follow her, and continue the lessons I was giving her.

HARP. Yes, you will oblige me.  By all means . . .

VAL. She must be kept in with a tight rein.

HARP. That is true.  You must . . .

VAL. Do not trouble yourself.  I believe I shall conquer in the end.

HARP. Go on.  I am going for a short walk in the town, and shall be back soon.

VAL. Yes, money is more precious than anything else in the world, and you ought to return thanks to Heaven for the good father you have.  He knows what life is.  When any one offers to take a daughter without dowry, there is nothing further to be looked for.  Everything is contained in that, for, ‘without dowry’ takes the place of beauty, youth, birth, honour, wisdom and honesty.

HARP. Ah ! the good fellow !  There speaks an oracle. Happy is he who has such a helper !

**END OF THE FIRST ACT.**

# ACT II

## SCENE I

### CLÉANTE, LA FLÈCHE

CL. Ah ! you wretch, where have you been hiding? Did I not order you . . .

LA F. Yes, Monsieur, and I came here to wait for you without stirring ; but your father, the most boorish man in the world, turned me away, in spite of myself, and I had to run the risk of a thrashing.

CL. How is our affair going on ?  Matters are more urgent than ever ; for, since I saw you, I have discovered that my father is my rival.

I

LA F. Votre père amoureux?

CL. Oui ; et j'ai eu toutes les peines du monde à lui cacher le trouble où cette nouvelle m'a mis.

LA F. Lui se mêler d'aimer ! De quoi diable s'avise-t-il? Se moque-t-il du monde? Et l'amour a-t-il été fait pour des gens bâtis comme lui?

CL. Il a fallu, pour mes péchés, que cette passion lui soit venue en tête.

LA F. Mais par quelle raison lui faire un mystère de votre amour?

CL. Pour lui donner moins de soupçon, et me conserver au besoin des ouvertures plus aisées pour détourner ce mariage. Quelle réponse t'a-t-on faite?

LA F. Ma foi !' Monsieur, ceux qui empruntent sont bien malheureux ; et il faut essuyer d'étranges choses, lorsqu'on en est réduit à passer, comme vous, par les mains des fesse-mathieux.

CL. L'affaire ne se fera point?

LA F. Pardonnez-moi. Notre maître Simon, le courtier qu'on nous a donné, homme agissant et plein de zèle, dit qu'il a fait rage pour vous ; et il assure que votre seule physionomie lui a gagné le cœur.

CL. J'aurai les quinze mille francs que je demande?

LA F. Oui ; mais quelques petites conditions, qu'il faudra que vous acceptiez, si vous avez dessein que les choses se fassent.

CL. T'a-t-il fait parler à celui qui doit prêter l'argent?

LA F. Ah ! vraiment, cela ne va pas de la sorte. Il apporte encore plus de soin à se cacher que vous, et ce sont des mystères bien plus grands que vous ne pensez. On ne veut point du tout dire son nom, et l'on doit aujourd'hui l'aboucher avec vous, dans une maison empruntée, pour être instruit, par votre bouche, de votre bien et de votre famille ; et je ne doute point que le seul nom de votre père ne rende les choses faciles.

La F.  Your father is in love?

Cl.  Yes; and I have had the greatest possible difficulty to hide from him the agitation of mind into
which this news has thrown me.

La F.  He mix himself up with love!  What the devil
put him up to that?  Is he making a sorry jest of
the whole world?  Has love anything to do with
such people as he?

Cl.  This passion must have taken possession of him
for my sins.

La F.  But why do you make a secret of your love?

Cl.  In order that he may not suspect anything, and,
if necessary, to keep the way open the more easily
to prevent this marriage from taking place.  What
reply have you?

La F.  Upon my word!  Monsieur, borrowers are unlucky folk; one has to put up with odd things when
one is compelled, like you, to pass through the
hands of money-lenders.

Cl.  Cannot the matter be managed?

La F.  By your leave, Monsieur, maître Simon, the
broker recommended to us, who is a busy and
zealous man, says he has worked night and day for us;
and he swears that your looks alone won his heart.

Cl.  Shall I have the 15,000 francs I want?

La F.  Yes; but on certain slight conditions, which it
will be necessary you should accept, if you wish
things to go smoothly.

Cl.  Did he let you have word with the person who is
to lend the money?

La F.  Ah! truly, matters are not arranged in that
way.  He takes even more pains than you do to
remain unknown, for these affairs are much more
mysterious than you think.  They would not tell
me his name at all and he will be brought face to
face with you to-day, in a borrowed house, to learn,
from your own lips, of your means and of your
family; I have no doubt the very name of your
father will put matters through easily.

Cl. Et principalement notre mère étant morte, dont
on ne peut m'ôter le bien.

La F. Voici quelques articles qu'il a dictés lui-même
à notre entremetteur, pour vous être montrés, avant
que de rien faire :

*Supposé que le prêteur voie toutes ses sûretés, et que
l'emprunteur soit majeur, et d'une famille où le bien
soit ample, solide, assuré, clair, et net de tout embarras, on fera une bonne et exacte obligation par-
devant un notaire, le plus honnête homme qu'il se
pourra, et qui, pour cet effet, sera choisi par le prêteur,
auquel il importe le plus que l'acte soit dûment dressé.*

Cl. Il n'y a rien à dire à cela.

La F. *Le prêteur, pour ne charger sa conscience d'aucun
scrupule, prétend ne donner son argent qu'au denier
dix-huit.*

Cl. Au denier dix-huit ? Parbleu ! voilà qui est
honnête. Il n'y a pas lieu de se plaindre.

La F. Cela est vrai.

*Mais comme ledit prêteur n'a pas chez lui la somme
dont il est question, et que pour faire plaisir à l'emprunteur, il est contraint lui-même de l'emprunter d'un
autre, sur le pied du denier cinq, il conviendra que
ledit premier emprunteur paye cet intérêt, sans pré-
judice du reste, attendu que ce n'est que pour l'obliger
que ledit prêteur s'engage à cet emprunt.*

Cl. Comment diable ! quel Juif, quel Arabe est-ce là ?
C'est plus qu'au denier quatre.

La F. Il est vrai ; c'est ce que j'ai dit. Vous avez à
voir là-dessus.

Cl. Que veux-tu que je voie ? J'ai besoin d'argent ;
et il faut bien que je consente à tout.

La F. C'est la réponse que j'ai faite.

Cl. Il y a encore quelque chose ?

La F. Ce n'est plus qu'un petit article.

*Des quinze mille francs qu'on demande, le prêteur
ne pourra compter en argent que douze mille livres, et
pour les mille écus restants, il faudra que l'emprunteur
prenne les hardes, nippes, et bijoux dont s'ensuit le*

Cl. Especially as our mother is dead and I cannot be deprived of her property.

La F. These are some of the conditions which he dictated himself to our go-between, to be shown you, before anything is done :

*Provided that the lender sees all his securities, and that the borrower is of age, and of a family whose property is ample, solid, assured, clear and free from all encumbrance, a good and exact bond shall be drawn up, before the most trustworthy notary that can be found, who, on this account, shall be chosen by the lender, to whom it is of most importance that the deed shall be perfectly drawn up.*

Cl. There is nothing to say against that.

La F. *In order not to burden his conscience with any scruple, the lender does not wish to charge more for his money than five and a half per cent.*

Cl. Five and a half per cent? Well! that is low enough. There is nothing to complain of in that.

La F. That is true.

*But as the said lender has not in hand the sum in question, and as, in order to oblige the borrower, he is himself compelled to borrow it of some one else at the rate of twenty per cent., it shall be agreed that the said first borrower shall pay this interest, without prejudice to the rest, since it is but to oblige him that the said lender himself borrows the money.*

Cl. What the devil! what Jew, what Arab is this? This is more than twenty-five per cent.

La F. Quite true ; it is as I have said. You have to look into that.

Cl. How can I look into it? I want the money; and I must agree to everything.

La F. That is the answer I made.

Cl. Is there anything else?

La F. There is only one small condition.

*Of the fifteen thousand francs asked, the lender can only pay down twelve thousand, and in place of the one thousand crowns remaining, the borrower must take chattels, clothing and jewels, as per the following*

*mémoire, et que ledit prêteur a mis, de bonne foi, au
plus modique prix qu'il lui a été possible.*

Cl. Que veut dire cela?

La F. Écoutez le mémoire :

*Premièrement, un lit de quatre pieds, à bandes de
points de Hongrie, appliquées fort proprement sur un
drap de couleur d'olive, avec six chaises et la courte-
pointe de même : le tout bien conditionné, et doublé
d'un petit taffetas changeant rouge et bleu.*

*Plus, un pavillon à queue, d'une bonne serge
d'Aumale rose sèche, avec le mollet et les franges de
soie.*

Cl. Que veut-il que je fasse de cela?

La F. Attendez.

*Plus, une tenture de tapisserie des amours de
Gombaut et de Macée.*

*Plus, une grande table de bois de noyer, à douze
colonnes ou piliers tournés, qui se tire par les deux
bouts, et garnie par le dessous de ses six escabelles.*

Cl. Qu'ai-je à faire, morbleu? . . .

La F. Donnez-vous patience.

*Plus, trois gros mousquets tout garnis de nacre de
perles, avec les trois fourchettes assortissantes.*

*Plus, un fourneau de brique, avec deux cornues et
trois récipients, fort utiles à ceux qui sont curieux de
distiller.*

Cl. J'enrage.

La F. Doucement.

*Plus, un luth de Bologne, garni de toutes ses cordes,
ou peu s'en faut.*

*Plus, un trou-madame, et un damier, avec un jeu
de l'oie renouvelé des Grecs, fort propres à passer le
temps lorsque l'on n'a que faire.*

*Plus, une peau d'un lézard, de trois pieds et demi,
remplie de foin, curiosité agréable pour pendre au
plancher d'une chambre.*

*Le tout, ci-dessus mentionné, valant loyalement plus
de quatre mille cinq cents livres, et rabaissé à la valeur
de mille écus, par la discrétion du prêteur.*

*memorandum, the said lender guaranteeing that he has
placed upon them the lowest price possible.*
Cl. What does this mean?
La F. Listen to the memorandum :
　　*First, a four-post bedstead, upholstered with olive-
coloured cloth, very choicely embroidered with strips of
Hungary lace, together with six chairs and a counter-
pane to match; the whole in good condition, and lined
with shot red and blue taffeta.*
　　*Item, a tester, of good, pale, rose-coloured Aumale
serge, with silken tassels and fringes.*

Cl. What does he think I can do with this?
La F. Wait.
　　*Item, a tapestry hanging, showing the loves of
Gombaut and Macée.*
　　*Item, a large walnut-wood table, with twelve columns
or turned legs, which draws out at both ends, and is
furnished with six stools underneath.*
Cl. Good Heavens, what have I to do? . . .
La F. Wait a moment.
　　*Item, three large muskets, inlaid with mother-o'-
pearl, with the three standing forks for them to rest
on, to match.*
　　*Item, a brick furnace, with two retorts, and three
receivers, very useful for those who have a hobby for
distilling.*
Cl. I shall go mad.
La F. Be patient.
　　*Item, a Bologna lute, with all its strings, or very
nearly all.*
　　*Item, a* trou-madame *table, a draught-board and the
game of goose, restored from the Greeks, and very
useful for passing the time when one has nothing to do.*
　　*Item, a lizard skin, three feet and a half long,
stuffed with hay, a dainty curiosity to hang from the
ceiling of a room.*
　　*The whole of the above-mentioned goods are honestly
worth more than four thousand five hundred livres,
and they are reduced to the value of one thousand
crowns by the goodwill of the lender.*

CL. Que la peste l'étouffe avec sa discrétion, le traître,
le bourreau qu'il est ! A-t-on jamais parlé d'une
usure semblable ? Et n'est-il pas content du furieux
intérêt qu'il exige, sans vouloir encore m'obliger à
prendre, pour trois mille livres, les vieux rogatons
qu'il ramasse ? Je n'aurai pas deux cents écus de
tout cela ; et cependant il faut bien me résoudre à
consentir à ce qu'il veut ; car il est en état de me
faire tout accepter, et il me tient, le scélérat, le
poignard sur la gorge.

LA F. Je vous vois, Monsieur, ne vous en déplaise,
dans le grand chemin justement que tenait Panurge
pour se ruiner, prenant argent d'avance, achetant
cher, vendant à bon marché, et mangeant son blé
en herbe.

CL. Que veux-tu que j'y fasse ? Voilà où les jeunes
gens sont réduits par la maudite avarice des pères ;
et on s'étonne après cela que les fils souhaitent
qu'ils meurent.

LA F. Il faut avouer que le vôtre animerait contre sa
vilenie le plus posé homme du monde. Je n'ai pas,
Dieu merci, les inclinations fort patibulaires ; et
parmi mes confrères que je vois se mêler de beaucoup de petits commerces, je sais tirer adroitement
mon épingle du jeu, et me démêler prudemment
de toutes les galanteries qui sentent tant soit peu
l'échelle ; mais, à vous dire vrai, il me donnerait,
par ses procédés, des tentations de le voler ; et je
croirais, en le volant, faire une action méritoire.

CL. Donne-moi un peu ce mémoire, que je le voie
encore.

### Scène II

MAÎTRE SIMON, HARPAGON, CLÉANTE, LA FLÈCHE

M. S. Oui, Monsieur, c'est un jeune homme qui a
besoin d'argent. Ses affaires le pressent d'en trou-

Cl.  May the plague choke the wretch, with his good-
will, scoundrel that he is! Has any one ever
heard of such usury?  Is he not content with the
exorbitant interest he exacts but he must compel
me to take, for three thousand livres, the old rubbish
he has picked up?  I shall not get two hundred
crowns for all that lumber; yet I must make up
my mind to agree to his conditions ; he has it in his
power to make me consent to anything and so the
villain has me, with a knife at my throat.

La F.  If I may say so, Monsieur, it seems to me you
are in the broad road to ruin that Panurge took,
taking money in advance, buying dear, selling cheap
and eating his corn while it was grass.

Cl.  What would you have me do?  To these conditions are young men reduced by the cursed avarice
of fathers ; and yet people are astonished when
sons wish the death of their fathers.

La F.  It must be admitted that yours would rouse
the most phlegmatic person in the world against
his villainy.  God be praised, I have no wish for
a hempen necklace ; and, among my colleagues,
whom I see concern themselves with many little
businesses, I am clever enough to take care of myself and to tread gingerly amongst the alluring
things that savour even slightly of the gallows ;
but, to tell you the truth, his goings-on tempt me
to rob him ; were I to thieve him I believe I should
be doing a meritorious action.

Cl.  Give me the memorandum and I will go through
it again.


## Scene II

Maître Simon, Harpagon, Cléante, La Flèche

M. S.  Yes, Monsieur, it is a young man who
wants money.  His affairs urge him to find some,

ver, et il en passera par tout ce que vous en pres-
crirez.

HARP. Mais croyez-vous, maître Simon, qu'il n'y ait
rien à péricliter? et savez-vous le nom, les biens et
la famille de celui pour qui vous parlez?

M. S. Non, je ne puis pas bien vous en instruire à fond,
et ce n'est que par aventure que l'on m'a adressé à
lui; mais vous serez de toutes choses éclairci par
lui-même; et son homme m'a assuré que vous serez
content, quand vous le connaîtrez.  Tout ce que je
saurais vous dire, c'est que sa famille est fort riche,
qu'il n'a plus de mère déjà, et qu'il s'obligera, si
vous voulez, que son père mourra avant qu'il soit
huit mois.

HARP. C'est quelque chose que cela.  La charité,
maître Simon, nous oblige à faire plaisir aux personnes, lorsque nous le pouvons.

M. S. Cela s'entend.

LA F. Que veut dire ceci?  Notre maître Simon qui
parle à votre père.

CL. Lui aurait-on appris qui je suis? et serais-tu pour
nous trahir?

M. S. Ah! ah! vous êtes bien pressés!  Qui vous a
dit que c'était céans?  Ce n'est pas moi, Monsieur,
au moins, qui leur ai découvert votre nom et votre
logis; mais, à mon avis, il n'y a pas grand mal à
cela.  Ce sont des personnes discrètes, et vous
pouvez ici vous expliquer ensemble.

HARP. Comment?

M. S. Monsieur est la personne qui veut vous emprunter les quinze mille livres dont je vous ai parlé.

HARP. Comment, pendard? c'est toi qui t'abandonnes
à ces coupables extrémités?

CL. Comment, mon père? c'est vous qui vous portez
à ces honteuses actions?

HARP. C'est toi qui te veux ruiner par des emprunts
si condamnables?

CL. C'est vous qui cherchez à vous enrichir par des
usures si criminelles?

and he is willing to agree to everything you stipulate.

HARP. But, maître Simon, do you think there is any risk? Do you know the name, the property and the family of the client for whom you act?

M. S. No; I cannot really tell you anything definitely, it was only by chance I was recommended to him; but he will enlighten you himself concerning all these matters; and his servant assures me that you will be satisfied, when you are made acquainted with him. All I am able to tell you is that his family is very rich, he has already lost his mother, and, if you wish it, he will pledge himself that his father shall die before eight months are over.

HARP. That is something. Charity, maître Simon, binds us to please people, when we have it in our power.

M. S. Quite so.

LA F. What does this mean? Our maître Simon talking to your father.

CL. Can any one have told him who I am? have you betrayed me?

M. S. Why, why, what a hurry you are in! Who told you the meeting was to be here? It is not I, Monsieur, at all events, who revealed your name and your dwelling-place; but, so far as I know, there is no great harm in that. They are discreet persons, and you can negotiate together here.

HARP. What do you mean?

M. S. This gentleman is the person of whom I have spoken to you, who wishes to borrow the fifteen thousand livres.

HARP. What, you gallows bird? is it you who abandon yourself to these culpable excesses?

CL. What, father? is it you who deal in this shameful traffic?

HARP. Is it you who wish to ruin yourself by such detestable borrowings?

CL. Is it you who seek to enrich yourself by such criminal usury?

HARP. Oses-tu bien, après cela, paraître devant moi?

CL. Osez-vous bien, après cela, vous présenter aux yeux du monde?

HARP. N'as-tu point de honte, dis-moi, d'en venir à ces débauches-là? de te précipiter dans des dépenses effroyables? et de faire une honteuse dissipation du bien que tes parents t'ont amassé avec tant de sueurs?

CL. Ne rougissez-vous point de déshonorer votre condition par les commerces que vous faites? de sacrifier gloire et réputation au désir insatiable d'entasser écu sur écu, et de renchérir, en fait d'intérêts, sur les plus infâmes subtilités qu'aient jamais inventées les plus célèbres usuriers?

HARP. Ôte-toi de mes yeux, coquin! ôte-toi de mes yeux.

CL. Qui est plus criminel, à votre avis, ou celui qui achète un argent dont il a besoin, ou bien celui qui vole un argent dont il n'a que faire?

HARP. Retire-toi, te dis-je, et ne m'échauffe pas les oreilles. Je ne suis pas fâché de cette aventure; et ce m'est un avis de tenir l'œil, plus que jamais, sur toutes ses actions.


## SCÈNE III

### FROSINE, HARPAGON

FROS. Monsieur . . .

HARP. Attendez un moment; je vais revenir vous parler. Il est à propos que je fasse un petit tour à mon argent.

Harp. How dare you appear before me, after this?

Cl. How dare you show yourself abroad, after this?

Harp. Let me ask you if you are not ashamed to indulge in this debauchery? to indulge recklessly in these frightful expenses? and shamelessly to dissipate the property your parents have laid up for you in the sweat of the brow?

Cl. Do you not blush at the dishonour done to your rank by this trade that you carry on? at the sacrifice of glory and reputation to the insatiable desire of heaping up crown upon crown, and at your methods of interest, which surpass the most infamous chicanery ever invented by the greatest usurers?

Harp. Begone out of my sight, you villain! begone out of my sight.

Cl. Who is the most criminal, think you, he who buys the money he needs, or he who steals money he does not need?

Harp. Go away, I tell you, and do not deafen my ears. I am not sorry this affair has happened; it teaches me to keep a stricter watch than ever upon all his goings-on.

## Scene III

### Frosine, Harpagon

Fros. Monsieur . . .

Harp. Wait a moment; I will come back to speak to you. I must go and have a look at my money.

## Scène IV

### La Flèche, Frosine

La F. L'aventure est tout à fait drôle. Il faut bien
qu'il ait quelque part un ample magasin de hardes ;
car nous n'avons rien reconnu au mémoire que
nous avons.

Fros. Hé ! c'est toi, mon pauvre la Flèche ! D'où
vient cette rencontre ?

La F. Ah ! ah ! c'est toi, Frosine ? Que viens-tu faire
ici ?

Fros. Ce que je fais partout ailleurs : m'entremettre
d'affaires, me rendre serviable aux gens, et profiter
du mieux qu'il m'est possible des petits talents que
je puis avoir. Tu sais que dans ce monde il faut
vivre d'adresse, et qu'aux personnes comme moi le
Ciel n'a donné d'autres rentes que l'intrigue et que
l'industrie.

La F. As-tu quelque négoce avec le patron du logis ?

Fros. Oui. Je traite pour lui quelque petite affaire,
dont j'espère une récompense.

La F. De lui ? Ah ! ma foi ! tu seras bien fine si
tu en tires quelque chose ; et je te donne avis que
l'argent céans est fort cher.

Fros. Il y a de certains services qui touchent merveil-
leusement.

La F. Je suis votre valet, et tu ne connais pas encore
le Seigneur Harpagon. Le Seigneur Harpagon est
de tous les humains l'humain le moins humain, le
mortel de tous les mortels le plus dur et le plus
serré. Il n'est point de service qui pousse sa reconnaissance jusqu'à lui faire ouvrir les mains. De
la louange, de l'estime, de la bienveillance en paroles,
et de l'amitié tant qu'il vous plaira ; mais de
l'argent, point d'affaires. Il n'est rien de plus sec
et de plus aride que ses bonnes grâces et ses caresses ;

## Scene IV

### La Flèche, Frosine

La F. What a comical adventure. He must have
somewhere a fine warehouse of goods and chattels;
for we could not recognise anything from here in
the memorandum.

Fros. Hallo! is that you, my good La Flèche? How
does this meeting come about?

La F. Ha! ha! is that you, Frosine? What are you
doing here?

Fros. What I do elsewhere: I take part in various
little matters, to make myself serviceable to people,
and so make the best profit I can of any small
talents I may have. In this world, you know, one
must live by one's wits, and Heaven has not endowed such persons as I with other goods than
intrigue and skill.

La F. Have you any business with the master of the
house?

Fros. Yes, I am negotiating a trifling matter for him,
for which I look to gain some recompense.

La F. From him? Ah, upon my word! you will be
very clever if you get anything out of him; I warn
you that money is very scarce here.

Fros. There are certain services that have a wonderful
effect.

La F. I am your servant, but you do not yet know
Seigneur Harpagon. Seigneur Harpagon is of all
human beings the least human, of all mortals the
hardest and the most niggardly. Not any service
can be done him that will rouse his gratitude to the
extent of putting his hands into his pockets. Of
praise, esteem, kind words and friendship you can
have as much as you please; but of money, nothing.
Not anything exists drier and more arid than his
good graces and his welcomings; he has so much

et *donner* est un mot pour qui il a tant d'aversion,
qu'il ne dit jamais : *Je vous donne,* mais : *Je vous
prête le bon jour.*

Fros. Mon Dieu ! je sais l'art de traire les hommes ;
j'ai le secret de m'ouvrir leur tendresse, de chatou-
iller leurs cœurs, de trouver les endroits par où ils
sont sensibles.

La F. Bagatelles ici. Je te défie d'attendrir, du côté
de l'argent, l'homme dont il est question. Il est
Turc là-dessus, mais d'une turquerie à désespérer
tout le monde ; et l'on pourrait crever, qu'il n'en
branlerait pas. En un mot, il aime l'argent, plus
que réputation, qu'honneur et que vertu ; et la vue
d'un demandeur lui donne des convulsions. C'est
le frapper par son endroit mortel, c'est lui percer
le cœur, c'est lui arracher les entrailles ; et si . . .
Mais il revient ; je me retire.


### Scène V

#### Harpagon, Frosine

Harp. Tout va comme il faut. Hé bien ! qu'est-ce,
Frosine ?

Fros. Ah, mon Dieu ! que vous vous portez bien ! et
que vous avez là un vrai visage de santé !

Harp. Qui, moi ?

Fros. Jamais je ne vous vis un teint si frais et si
gaillard.

Harp. Tout de bon ?

Fros. Comment ? vous n'avez de votre vie été si jeune
que vous êtes ; et je vois des gens de vingt-cinq ans
qui sont plus vieux que vous.

Harp. Cependant, Frosine, j'en ai soixante bien
comptés.

Fros. Hé bien ! qu'est-ce que cela, soixante ans ? Voilà
bien de quoi ! C'est la fleur de l'âge cela, et vous
entrez maintenant dans la belle saison de l'homme.

aversion towards the words *to give* that he never says : *I give you*, but : *I lend you, good day.*

Fros. Never mind ! I know the art of drawing men forth ; I have the secret of making their affections unfold for me, of warming their hearts, of finding out their most sensitive parts.

La F. No good here. I defy you to mollify the man of whom we are speaking, in anything that concerns money. In that matter he is a Turk, but such a Turk as would make any one despair ; one might starve ere he would lift a finger to help. In fact, he loves money more than reputation, honour and virtue ; the mere sight of any one who asks for money sends him into convulsions. It is to stab him in his most vital part, to pierce him to the heart, to drag out his entrails ; and if . . . But here he returns ; I must go away.

## Scene V

### Harpagon, Frosine

Harp. All is as it should be. Well now ! what is it, Frosine?

Fros. Ah ! upon my word, you look very well ! you are a perfect picture of health.

Harp. Who, I?

Fros. I have never seen you with a complexion so fresh and sparkling.

Harp. Really?

Fros. How is it? You have never in your life looked so young as you do now ; I have seen men of twenty-five look older than you do.

Harp. Nevertheless, Frosine, I am turned sixty.

Fros. Ah well ! what is sixty? A mere trifle ! It is the flower of one's age : you are now entering upon the prime of manhood.

HARP. Il est vrai ; mais vingt années de moins pourtant ne me feraient point de mal, que je crois.

FROS. Vous moquez-vous ? Vous n'avez pas besoin
de cela, et vous êtes d'une pâte à vivre jusques à
cent ans.

HARP. Tu le crois ?

FROS. Assurément. Vous en avez toutes les marques.
Tenez-vous un peu. Ô que voilà bien là, entre vos
deux yeux, un signe de longue vie !

HARP. Tu te connais à cela ?

FROS. Sans doute. Montrez-moi votre main. Ah,
mon Dieu ! quelle ligne de vie !

HARP. Comment ?

FROS. Ne voyez-vous pas jusqu'où va cette ligne-là ?

HARP. Hé bien ! qu'est-ce que cela veut dire ?

FROS. Par ma foi ! je disais cent ans ; mais vous
passerez les six-vingts.

HARP. Est-il possible ?

FROS. Il faudra vous assommer, vous dis-je ; et vous
mettrez en terre et vos enfants, et les enfants de
vos enfants.

HARP. Tant mieux. Comment va notre affaire ?

FROS. Faut-il le demander ? et me voit-on mêler de
rien dont je ne vienne à bout ? J'ai surtout pour
les mariages un talent merveilleux ; il n'est point
de partis au monde que je ne trouve en peu de
temps le moyen d'accoupler ; et je crois, si je me
l'étais mis en tête, que je marierais le Grand Turc
avec la République de Venise. Il n'y avait pas sans
doute de si grandes difficultés à cette affaire-ci.
Comme j'ai commerce chez elles, je les ai à fond
l'une et l'autre entretenues de vous, et j'ai dit à la
mère le dessein que vous aviez conçu pour Mariane,
à la voir passer dans la rue, et prendre l'air à sa
fenêtre.

HARP. Qui a fait réponse . . .

FROS. Elle a reçu la proposition avec joie ; et quand
je lui ai témoigné que vous souhaitiez fort que sa

HARP. That is true; but twenty years younger would
not be so bad, to my way of thinking.

FROS. Are you jesting? You do not want them, a
man of your calibre lives to a hundred.

HARP. You think so?

FROS. Assuredly. You have all the marks of it.
Just lift up your head. Oh yes, the sign of long
life is there, right enough, between your eyes!

HARP. You know what you are talking about?

FROS. Oh, yes. Show me your hand. My goodness!
what a line of life!

HARP. Where?

FROS. Do you not see how far that line goes?

HARP. Well! what does that mean?

FROS. Upon my word! I said a hundred; but you will
last out six score.

HARP. Is it possible?

FROS. They will have to kill you, to my way of thinking; you will bury your children and your children's
children.

HARP. So much the better. How is our affair going
on?

FROS. Is it necessary to ask me? Has any one ever
seen me take part in anything I have not brought
to a successful conclusion? Above all else, I have
a marvellous talent for matchmaking; there are no
couples in the world whom I could not find means
to join in a very short time; I believe, if I took it
into my head, I could marry the Grand Turk to
the Republic of Venice. Of course there were no
great difficulties in this affair. As I have the run
of their house I have spoken often to both of them
about you, and I have told the mother your intentions respecting Mariane, caused by having seen
her go by in the street and take the air at her
window.

HARP. What answer did she . . .

FROS. She received the proposition with pleasure;
and when I told her you had a great desire that her

fille assistât ce soir au contrat de mariage qui se
doit faire de la vôtre, elle y a consenti sans peine,
et me l'a confiée pour cela.

HARP. C'est que je suis obligé, Frosine, de donner à
souper au Seigneur Anselme ; et je serai bien aise
qu'elle soit du régale.

FROS. Vous avez raison. Elle doit après dîner rendre
visite à votre fille, d'où elle fait son compte d'aller
faire un tour à la foire, pour venir ensuite au soupé.

HARP. Hé bien ! elles iront ensemble dans mon
carrosse, que je leur prêterai.

FROS. Voilà justement son affaire.

HARP. Mais, Frosine, as-tu entretenu la mère touchant
le bien qu'elle peut donner à sa fille ? Lui as-tu dit
qu'il fallait qu'elle s'aidât un peu, qu'elle fît quelque effort, qu'elle se saignât pour une occasion
comme celle-ci ? Car encore n'épouse-t-on point
une fille, sans qu'elle apporte quelque chose.

FROS. Comment ? c'est une fille qui vous apportera
douze mille livres de rente.

HARP. Douze mille livres de rente !

FROS. Oui. Premièrement, elle est nourrie et élevée
dans une grande épargne de bouche ; c'est une fille
accoutumée à vivre de salade, de lait, de fromage
et de pommes, et à laquelle par conséquent il ne
faudra ni table bien servie, ni consommés exquis, ni
orges mondés perpétuels, ni les autres délicatesses
qu'il faudrait pour une autre femme ; et cela ne va
pas à si peu de chose, qu'il ne monte bien, tous les
ans, à trois mille francs pour le moins. Outre cela,
elle n'est curieuse que d'une propreté fort simple,
et n'aime point les superbes habits, ni les riches
bijoux, ni les meubles somptueux, où donnent ses
pareilles avec tant de chaleur ; et cet article-là vaut
plus de quatre mille livres par an. De plus, elle a
une aversion horrible pour le jeu, ce qui n'est pas
commun aux femmes d'aujourd'hui ; et j'en sais une
de nos quartiers qui a perdu, à trente-et-quarante,

daughter should this evening be present at the contract of marriage to be entered into at your house,
she consented willingly, and has entrusted her to
me to that end.

HARP. You know, Frosine, I am obliged to give a
supper to Seigneur Anselme; and I should like her
to share the repast.

FROS. You are right. After dinner she will pay a
visit to your daughter, then she will go to the fair
for a short time and return here to supper.

HARP. Very well! I will lend them my coach and
they shall go together in that.

FROS. That will suit her exactly.

HARP. But, Frosine, have you had any conversation
with the mother touching the property she can give
her daughter? Have you told her she must make
some effort, if only a slight one, that she must
bleed herself for such an occasion as this? For,
after all, one does not marry a girl unless she
brings something.

FROS. What do you mean? This girl will bring you
twelve thousand livres a year.

HARP. Twelve thousand livres a year!

FROS. Yes. Firstly she has been brought up and
used to spare diet; she is a girl accustomed to live
on salad, milk, cheese and apples, and, consequently,
she does not need elaborate meals, nor exquisite
soups, nor pearl barley at every turn, nor other
delicacies which other women need; and these
are no slight matters, year in and year out they
mount up to at least three thousand francs.
Besides this, she has no liking for anything but
what is very simple in the matter of dress, she does
not care for gorgeous dresses, or rich jewels, or
sumptuous furniture, to which her equals are so
much addicted; and this saving is worth more than
four thousand livres per annum. Furthermore, she
has a positive aversion towards gambling, unlike
so many women nowadays; I know one in our
neighbourhood who has lost twenty thousand francs

vingt mille francs cette année.  Mais n'en prenons
rien que le quart.  Cinq mille francs au jeu par an,
et quatre mille francs en habits et bijoux, cela fait
neuf mille livres ; et mille écus que nous mettons
pour la nourriture, ne voilà-t-il pas par année vos
douze mille francs bien comptés ?

Harp.  Oui, cela n'est pas mal ; mais ce compte-là
n'est rien de réel.

Fros.  Pardonnez-moi.  N'est-ce pas quelque chose de
réel, que de vous apporter en mariage une grande
sobriété, l'héritage d'un grand amour de simplicité
de parure, et l'acquisition d'un grand fonds de haine
pour le jeu ?

Harp.  C'est une raillerie, que de vouloir me con-
stituer son dot de toutes les dépenses qu'elle ne fera
point.  Je n'irai pas donner quittance de ce que je
ne reçois pas ; et il faut bien que je touche quelque
chose.

Fros.  Mon Dieu ! vous toucherez assez ; et elles
m'ont parlé d'un certain pays où elles ont du bien
dont vous serez le maître.

Harp.  Il faudra voir cela.  Mais, Frosine, il y a encore
une chose qui m'inquiète.  La fille est jeune,
comme tu vois ; et les jeunes gens d'ordinaire
n'aiment que leurs semblables, ne cherchent que
leur compagnie.  J'ai peur qu'un homme de mon
âge ne soit pas de son goût ; et que cela ne vienne
à produire chez moi certains petits désordres qui
ne m'accommoderaient pas.

Fros.  Ah ! que vous la connaissez mal !  C'est encore
une particularité que j'avais à vous dire.  Elle a
une aversion épouvantable pour les jeunes gens, et
n'a de l'amour que pour les vieillards.

Harp.  Elle ?

Fros.  Oui, elle.  Je voudrais que vous l'eussiez
entendu parler là-dessus.  Elle ne peut souffrir du
tout la vue d'un jeune homme ; mais elle n'est
point plus ravie, dit-elle, que lorsqu'elle peut voir
un beau vieillard avec une barbe majestueuse.  Les

this year at *trente et quarante*.  But let us put it
down at a quarter of that.  Five thousand francs a
year at play, and four thousand francs in clothes
and jewels, that makes nine thousand livres; and
one thousand crowns which we set aside on the
ground of food, doesn't that make your twelve
thousand francs per annum?

HARP. Yes, it is not so bad; but there is nothing
real in that way of reckoning.

FROS. Pardon me.  Is not perfect sobriety a real
asset in marriage, the dowry of a great love of
simplicity in dress, and the quality of being a
thorough hater of gambling?

HARP. It is mockery to seek to make up her dowry
by means of all the expenses she doesn't run into.
I shall not give a receipt for what I have not received; I must handle something.

FROS. Great heavens! you handle enough; besides,
they have told me of some property they have in
another country, of which you will be master.

HARP. I shall have to see it.  But, Frosine, one
thing troubles me.  The girl is young, as you see;
and generally young people like only their equals
in age, and seek only their company.  I am afraid
a man of my age may not be to her taste; and that
this may bring me certain slight annoyances which
may bother me.

FROS. Ah! how little you know her!  One characteristic I had to tell you.  She has an unconquer-
able aversion towards all young people, and only
likes old ones.

HARP. She?

FROS. Yes, she.  I wish you had heard her speak on
that subject.  She cannot endure the sight of a
young man; but she says that nothing delights her
more than the sight of a handsome old man with
a fine beard.  The older they are, the more charm-

plus vieux sont pour elle les plus charmants, et je
vous avertis de n'aller pas vous faire plus jeune que
vous êtes.   Elle veut tout au moins qu'on soit
sexagénaire ; et il n'y a pas quatre mois encore,
qu'étant prête d'être mariée, elle rompit tout net le
mariage, sur ce que son amant fit voir qu'il n'avait
que cinquante-six ans, et qu'il ne prit point de
lunettes pour signer le contrat.

HARP. Sur cela seulement ?

FROS. Oui.   Elle dit que ce n'est pas contentement
pour elle que cinquante-six ans ; et surtout, elle
est pour les nez qui portent des lunettes.

HARP. Certes, tu me dis là une chose toute nouvelle.

FROS. Cela va plus loin qu'on ne vous peut dire.   On
lui voit dans sa chambre quelques tableaux et quelques estampes ; mais que pensez-vous que ce soit ?
Des Adonis ? des Céphales ? des Pâris ? et des
Apollons ?   Non : de beaux portraits de Saturne,
du roi Priam, du vieux Nestor, et du bon père
Anchise sur les épaules de son fils.

HARP. Cela est admirable !   Voilà ce que je n'aurais
jamais pensé ; et je suis bien aise d'apprendre
qu'elle est de cette humeur.   En effet, si j'avais été
femme, je n'aurais point aimé les jeunes hommes.

FROS. Je le crois bien.   Voilà de belles drogues que
des jeunes gens, pour les aimer !   Ce sont de beaux
morveux, de beaux godelureaux, pour donner envie
de leur peau ; et je voudrais bien savoir quel ragoût
il y a à eux ?

HARP. Pour moi, je n'y en comprends point ; et je
ne sais pas comment il y a des femmes qui les
aiment tant.

FROS. Il faut être folle fieffée.   Trouver la jeunesse
aimable ! est-ce avoir le sens commun ?   Sont-ce
des hommes que de jeunes blondins ? et peut-on
s'attacher à ces animaux-là ?

HARP. C'est ce que je dis tous les jours : avec leur
ton de poule laitée, et leurs trois petits brins de
barbe relevés en barbe de chat, leurs perruques
d'étoupes, leurs hauts-de-chausses tout tombants,
et leurs estomacs débraillés.

ing are they in her eyes, and I warn you not to
make yourself younger than you are. Those who
appeal to her most must be at least sexagenarians ;
not four months ago, being just on the point of
getting married, she abruptly broke off the match
when she found out that her lover was only fifty-
six, and that he hadn't need of spectacles when it
came to the signing of the marriage-contract.

HARP. For that cause only ?

FROS. Yes. She said that fifty-six was not enough
for her ; and that she prefers before all else, the
noses that wear spectacles.

HARP. Really, this is something new.

FROS. She goes much further than I have yet told
you. There are a few pictures and engravings in
her room, but what do you think they are?
Adonis? Cephalus? Paris? Apollo? No: fine
portraits of Saturn, of King Priam, of old Nestor,
and of good father Anchises on his son's back.

HARP. This is admirable! I should never have
thought it ; it eases my mind greatly to learn she
is of that humour. In fact, if I had been a woman,
I should not have loved young men.

FROS. I quite believe it. Young men are fine things
to bother about ! Who would care twopence for
such a set of dandies and macaronis ; I should like
to know to whose taste they are ?

HARP. As for me, I care nothing about them. I
cannot understand what it is in them that women
like so much.

FROS. They are utter idiots. Is it common sense to
think youth amiable? Are these young monkeys
men? Can one have any affection for such
animals ?

HARP. That is what I say every day : with their
effeminate voices, their three little wisps of a beard
turned up like a cat's whiskers, their tow-wigs,
their bags of breeches, and their flowery vests.

Fros. Eh ! cela est bien bâti, auprès d'une personne
comme vous.   Voilà un homme cela.   Il y a là de
quoi satisfaire à la vue ; et c'est ainsi qu'il faut
être fait, et vêtu, pour donner de l'amour.

Harp. Tu me trouves bien ?

Fros. Comment ? vous êtes à ravir, et votre figure est
à peindre.   Tournez-vous un peu, s'il vous plait.
Il ne se peut pas mieux.   Que je vous voie marcher.
Voilà un corps taillé, libre, et dégagé comme il
faut, et qui ne marque aucune incommodité.

Harp. Je n'en ai pas de grandes, Dieu merci.   Il n'y
a que ma fluxion, qui me prend de temps en temps.

Fros. Cela n'est rien.   Votre fluxion ne vous sied
point mal, et vous avez grâce à tousser.

Harp. Dis-moi un peu : Mariane ne m'a-t-elle point
encore vu ?   N'a-t-elle point pris garde à moi en
passant ?

Fros. Non ; mais nous nous sommes fort entretenues
de vous.   Je lui ai fait un portrait de votre personne ;
et je n'ai pas manqué de lui vanter votre mérite, et
l'avantage que ce lui serait d'avoir un mari comme
vous.

Harp. Tu as bien fait, et je t'en remercie.

Fros. J'aurais, Monsieur, une petite prière à vous
faire.   (Il prend un air sévère.)   J'ai un procès que je
suis sur le point de perdre, faute d'un peu d'argent ;
et vous pourriez facilement me procurer le gain de
ce procès, si vous aviez quelque bonté pour moi.
Vous ne sauriez croire le plaisir qu'elle aura de vous
voir. (Il reprend un air gai.)   Ah ! que vous lui plairez !
et que votre fraise à l'antique fera sur son esprit un
effet admirable !   Mais surtout elle sera charmée de
votre haut-de-chausses, attaché au pourpoint avec
des aiguillettes : c'est pour la rendre folle de vous ;
et un amant aiguilleté sera pour elle un ragoût
merveilleux.

Harp. Certes, tu me ravis de me dire cela.

FROS. Ah ! they make a fine comparison when ranged alongside such a man as you. Now, you are a man. There is something in you that pleases the eye ; to be fashioned and clothed as you are is to compel love.

HARP. You like my appearance?

FROS. Most certainly. You are charming, and your figure ought to be painted. Just turn round, will you ? Nothing could be better. Let me see you walk. You have a well set-up carriage, easy and natural, as it should be, and without a trace of ill-health.

HARP. Nothing much is the matter with me, thank Heaven. There is only my cough, which bothers me from time to time.

FROS. That is nothing. Your weakness does not ill-become you, since you cough so gracefully.

HARP. Just tell me : has Mariane seen me yet ? Has she not noticed me in passing ?

FROS. No ; but we have often talked about you. I have sketched your portrait to her ; and I have not failed to extol your merits, and the advantage it would be to her to have such a husband as you.

HARP. You have done well, and I thank you.

FROS. I have a slight favour to beg of you, Monsieur. (He puts on a repellent air.) I am interested in a law-suit, which I am on the point of losing, for want of a little money ; and you could easily enable me to win this lawsuit if you would so far help me. You would not believe how charmed she will be to see you. (He assumes his pleased looks.) Oh ! how you will please her ! your old-fashioned ruff will have an admirable effect on her. But above all will she be delighted to see your breeches attached to your doublet by those tags ; she will be mad to have you ; a tagged lover she looks upon as a fine dish.

HARP. Really, it delights me to hear you say so.

FROS. En vérité, Monsieur, ce procès m'est d'une
conséquence tout à fait grande. (Il reprend son visage
sévère.) Je suis ruinée, si je le perds ; et quelque petite assistance me rétablirait mes affaires.
Je voudrais que vous eussiez vu le ravissement où
elle était à m'entendre parler de vous. (Il reprend
un air gai.) La joie éclatait dans ses yeux, au récit de
vos qualités ; et je l'ai mise enfin dans une impatience extrême de voir ce mariage entièrement
conclu.

HARP. Tu m'as fait grand plaisir, Frosine ; et je t'en
ai, je te l'avoue, toutes les obligations du monde.

FROS. Je vous prie, Monsieur, de me donner le petit
secours que je vous demande. (Il reprend son
air sérieux.) Cela me remettra sur pied, et je vous
en serai éternellement obligée.

HARP. Adieu. Je vais achever mes dépêches.

FROS. Je vous assure, Monsieur, que vous ne sauriez
jamais me soulager dans un plus grand besoin.

HARP. Je mettrai ordre que mon carrosse soit tout
prêt pour vous mener à la foire.

FROS. Je ne vous importunerais pas, si je ne m'y
voyais forcée par la nécessité.

HARP. Et j'aurai soin qu'on soupe de bonne heure,
pour ne vous point faire malades.

FROS. Ne me refusez pas la grâce dont je vous sol-
licite. Vous ne sauriez croire, Monsieur, le plaisir
que . . .

HARP. Je m'en vais. Voilà qu'on m'appelle. Jusqu'à
tantôt.

FROS. Que la fièvre te serre, chien de vilain à tous les
diables ! Le ladre a été ferme à toutes mes atta-
ques ; mais il ne me faut pas pourtant quitter la
négociation ; et j'ai l'autre côté, en tout cas, d'où
je suis assurée de tirer bonne récompense.

FIN DU SECOND ACTE.

FROS. Truly, Monsieur, this lawsuit is of very real
consequence to me.  (He resumes his repellent aspect.)
I shall be ruined if I lose it ; and some slight
assistance would re-establish me in my business.
I would you had seen her ecstasy when I spoke to
her of you. (He resumes his pleased looks.)  Joy shone
in her eyes at the recitation of your good qualities ;
in fact, I have made her extremely impatient to
see this marriage carried through.

HARP. You have given me great pleasure, Frosine,
and I assure you I am deeply indebted to you.
FROS. I beseech you, Monsieur, to give me the slight
help I beg. (He resumes his repellent aspect.)   It will
set me again on my feet, and I shall be eternally
grateful to you.
HARP. Good-bye.  I am going to finish my letters.
FROS. I assure you, Monsieur, that you could never
assist me at a more urgent time.
HARP. I will give orders that my carriage shall be
quite ready to take you to the fair.
FROS. I would not trouble you, if I were not forced
by necessity.
HARP. And I will take care we have supper early, so
that it may not cause you any inconvenience.
FROS. Do not refuse the aid I beg of you.  You could
not credit, Monsieur, the pleasure that . . .

HARP. I must go.  Some one is calling me.  I shall
see you by-and-by.
FROS. May the plague seize you and send you to hell,
you old skinflint !  The villain has been proof
against all my wiles ; but I must not give up the
business ; in any case I have the other side, and I
am certain to obtain a good recompense there.

END OF THE SECOND ACT.

# ACTE III

## Scène I

HARPAGON, CLÉANTE, ÉLISE, VALÈRE, DAME CLAUDE,
MAÎTRE JACQUES, BRINDAVOINE, LA MERLUCHE.

HARP. Allons, venez çà tous, que je vous distribue
mes ordres pour tantôt et règle à chacun son
emploi. Approchez, dame Claude.ˈ Commençons
par vous. (Elle tient un balai.) Bon, vous voilà les
armes à la main. Je vous commets au soin de nettoyer partout ; et surtout prenez garde de ne point
frotter les meubles trop fort, de peur de les user.
Outre cela, je vous constitue, pendant le soupé, au
gouvernement des bouteilles ; et s'il s'en écarte
quelqu'une et qu'il se casse quelque chose, je m'en
prendrai à vous, et le rabattrai sur vos gages.

M. J. Châtiment politique.

HARP. Allez. Vous, Brindavoine, et vous, la Merluche, je vous établis dans la charge de rincer
les verres, et de donner à boire, mais seulement
lorsqu'on aura soif, et non pas selon la coutume de certains impertinents de laquais, qui
viennent provoquer les gens, et les faire aviser de
boire lorsqu'on n'y songe pas. Attendez qu'on
vous en demande plus d'une fois, et vous ressouvenez de porter toujours beaucoup d'eau.

M. J. Oui : le vin pur monte à la tête.

LA M. Quitterons-nous nos siquenilles, Monsieur ?

HARP. Oui, quand vous verrez venir les personnes ;
et gardez bien de gâter vos habits.

BRIN. Vous savez bien, Monsieur, qu'un des devants
de mon pourpoint est couvert d'une grande tache
de l'huile de la lampe.

LA M. Et moi, Monsieur, que j'ai mon haut-de-
chausses tout troué par derrière, et qu'on me voit,
révérence parler . . .

# ACT III

## Scene I

Harpagon, Cléante, Élise, Valère, Dame Claude,
Maître Jacques, Brindavoine, La Merluche.

Harp. Come here, all of you; I want to give you
my orders for the rest of the day, so that each of
you has his work set.   Come, Dame Claude, I will
begin with you. (She has a broom.) Good, you carry
your arms about with you.   You must clean up all
round ; and, above all, take care not to rub the
furniture too hard, or you will wear it out.   In
addition to that, you must look after the bottles
during supper ; and if one is lost or anything
is broken, I shall hold you responsible, and deduct
it from your wages.

M. J. A most suitable punishment.

Harp. You can go.   Now you, Brindavoine, and you,
la Merluche, you must look after rinsing the
glasses, and serving the drinks, but only when
people are thirsty, and not as those officious lackeys
do, who deliberately encourage people to drink
when they never thought of such a thing.   Wait
until they ask you for it more than once, and
remember always to have plenty of water with you.

M. J. Yes : undiluted wine mounts to the head.

La. M. Shall we serve without our smocks, Monsieur?

Harp. Yes, when you see people coming ; and take
care not to soil your clothes.

Brin. You know, Monsieur, that one of the lapels
of my doublet is covered with a large stain from
lamp-oil.

La M. And that my breeches, Monsieur, have a large
hole in them behind, so that, saving your reverence,
people can see . . .

Harp. Paix. Rangez cela adroitement du côté de la muraille, et présentez toujours le devant au monde. (Harpagon met son chapeau au-devant de son pourpoint, pour montrer à Brindavoine comment il doit faire pour cacher la tache d'huile.) Et vous, tenez toujours votre chapeau ainsi, lorsque vous servirez. Pour vous, ma fille, vous aurez l'œil sur ce que l'on desservira, et prendrez garde qu'il ne s'en fasse aucun dégât. Cela sied bien aux filles. Mais cependant préparez-vous à bien recevoir ma maîtresse, qui vous doit venir visiter et vous mener avec elle à la foire. Entendez-vous ce que je vous dis?

Él. Oui, mon père.

Harp. Et vous, mon fils le Damoiseau, à qui j'ai la bonté de pardonner l'histoire de tantôt, ne vous allez pas aviser non plus de lui faire mauvais visage.

Cl. Moi, mon père, mauvais visage? Et par quelle raison?

Harp. Mon Dieu! nous savons le train des enfants dont les pères se remarient, et de quel œil ils ont coutume de regarder ce qu'on appelle belle-mère. Mais si vous souhaitez que je perde le souvenir de votre dernière fredaine, je vous recommande surtout de régaler d'un bon visage cette personne-là, et de lui faire enfin tout le meilleur accueil qu'il vous sera possible.

Cl. A vous dire le vrai, mon père, je ne puis pas vous promettre d'être bien aise qu'elle devienne ma belle-mère: je mentirais, si je vous le disais; mais pour ce qui est de la bien recevoir, et de lui faire bon visage, je vous promets de vous obéir ponctuellement sur ce chapitre.

Harp. Prenez-y garde au moins.

Cl. Vous verrez que vous n'aurez pas sujet de vous en plaindre.

Harp. Vous ferez sagement. Valère, aide-moi à ceci. Ho, çà, maître Jacques, approchez-vous, je vous ai gardé pour le dernier.

M. J. Est-ce à votre cocher, Monsieur, ou bien à votre cuisinier, que vous voulez parler? car je suis l'un et l'autre.

HARP. Peace. Always manage to keep that side of you to the wall, and show people your front only. (Harpagon puts his cap in front of his doublet, to show Brindavoine what he ought to do to hide the oil stain.) And you must always hold your cap thus, while you wait. As for you, my child, you must keep an eye on what is saved from the table, and take care that nothing is wasted. That is a daughter's proper work. And now, prepare yourself to receive the lady I intend to marry, who is coming to see you and to take you to the fair. Do you hear what I say?

ÉL. Yes, father.

HARP. And you, master Dandy, since I have been good enough to pardon what happened just now, be careful you don't put on a sour face before her.

CL. I, father, a sour face? Why should I?

HARP. Great Heavens! don't I know the manner of children when their parents marry again, and how they look upon their stepmother? But if you wish me to forget your latest escapade, I recommend you above all else to show this lady a pleasing countenance, and to give her as friendly a welcome as possible.

CL. To tell you the truth, father, I cannot promise you to be glad she is to become my stepmother: I should lie if I were to say so; but, in the matter of a friendly welcome and a pleasant countenance, I promise to obey you punctually.

HARP. Take care you do that, at least.

CL. You shall see that you will not have any cause for complaint.

HARP. You will do well. Valère, aid me in this. Ho, there, maître Jacques, come here, I have kept you till the last.

M. J. Do you wish to speak to your coachman, Monsieur, or to your cook, for I am both?

L

HARP. C'est à tous les deux.

M. J. Mais à qui des deux le premier?

HARP. Au cuisinier.

M. J. Attendez donc, s'il vous plaît.

(Il ôte sa casaque de cocher, et paraît vêtu en cuisinier.)

HARP. Quelle diantre de cérémonie est-ce là?

M. J. Vous n'avez qu'à parler.

HARP. Je me suis engagé, maître Jacques, à donner
ce soir à souper.

M. J. Grande merveille !

HARP. Dis-moi un peu, nous feras-tu bonne chère?

M. J. Oui, si vous me donnez bien de l'argent.

HARP. Que diable, toujours de l'argent ! Il semble
qu'ils n'aient autre chose à dire : 'De l'argent, de
l'argent, de l'argent.' Ah ! ils n'ont que ce mot à
la bouche: 'De l'argent.' Toujours parler d'argent.
Voilà leur épée de chevet, de l'argent.

VAL. Je n'ai jamais vu de réponse plus impertinente
que celle-là. Voilà une belle merveille que de faire
bonne chère avec bien de l'argent ; c'est une chose
la plus aisée du monde, et il n'y a si pauvre esprit
qui n'en fît bien autant ; mais pour agir en habile
homme, il faut parler de faire bonne chère avec peu
d'argent.

M. J. Bonne chère avec peu d'argent !

VAL. Oui.

M. J. Par ma foi, Monsieur l'intendant, vous nous
obligerez de nous faire voir ce secret, et de prendre
mon office de cuisinier: aussi bien vous mêlez-vous
céans d'être le factoton.

HARP. Taisez-vous. Qu'est-ce qu'il nous faudra?

M. J. Voilà Monsieur votre intendant, qui vous fera
bonne chère pour peu d'argent.

HARP. Haye ! je veux que tu me répondes.

M. J. Combien serez-vous de gens à table?

HARP. Nous serons huit ou dix ; mais il ne faut
prendre que huit : quand il y a à manger pour huit,
il y en a bien pour dix.

VAL. Cela s'entend.

HARP. I wish to speak to both.

M. J. But which first?

HARP. To the cook.

M. J. Then please wait a moment.

(He takes off his coachman's livery and appears dressed
as a cook.)

HARP. What the deuce does this ceremony mean?

M. J. Now you can give me your orders.

HARP. I have undertaken to give a supper this evening, maître Jacques.

M. J. What an unusual thing!

HARP. Tell me, can you serve us up something good?

M. J. Yes, if you give me plenty of money.

HARP. The devil! always money. It looks as though
there were nothing else to say than 'Money, money,
money.' Yes! they never have any other word on
their lips but 'Money.' They are always talking
about money. Money is their familiar friend.

VAL. I never heard a more impertinent answer than
that. It is a fine thing to provide something good
with plenty of money: it is the easiest thing in the
world, any poor fool can do as much as that; but
it is the work of a clever man to arrange good fare
with little money.

M. J. Good fare with little money!

VAL. Yes.

M. J. Upon my word, Mr. Steward, you would oblige
me greatly if you would reveal that secret to me,
and take my place as cook, since you interfere like
a factotum with everything in the house.

HARP. Hold your tongue. What shall we need?

M. J. There is your steward who will provide you
with fine dishes for little money.

HARP. Stop that! and answer me.

M. J. How many will you be?

HARP. We shall be eight or ten; but you need only
provide for eight: when there is plenty for eight
to eat, there is plenty for ten.

VAL. That is easily understood.

M. J. Hé bien ! il faudra quatre grands potages, et
cinq assiettes.  Potages . . . Entrées . . .

HARP. Que diable ! voilà pour traiter toute une ville
entière.

M. J. Rôt . . .

HARP. (en lui mettant la main sur la bouche.) Ah ! traître,
tu manges tout mon bien.

M. J. Entremets . . .

HARP. Encore?

VAL. Est-ce que vous avez envie de faire crever tout
le monde? et Monsieur a-t-il invité des gens pour
les assassiner à force de mangeaille?  Allez-vous-en
lire un peu les préceptes de la santé, et demander
aux médecins s'il y a rien de plus préjudiciable à
l'homme que de manger avec excès.

HARP. Il a raison.

VAL. Apprenez, maître Jacques, vous et vos pareils,
que c'est un coupe-gorge qu'une table remplie de
trop de viandes ; que pour se bien montrer ami de
ceux que l'on invite, il faut que la frugalité règne
dans les repas qu'on donne ; et que, suivant le dire
d'un ancien, *il faut manger pour vivre, et non pas
vivre pour manger.*

HARP. Ah ! que cela est bien dit !  Approche, que je
t'embrasse pour ce mot.  Voilà la plus belle sentence
que j'aie entendue de ma vie.  *Il faut vivre pour
manger, et non pas manger pour vi* . . . Non, ce
n'est pas cela.  Comment est-ce que tu dis?

VAL. Qu'*il faut manger pour vivre, et non pas vivre
pour manger.*

HARP. Oui.  Entends-tu?  Qui est le grand homme
qui a dit cela?

VAL. Je ne me souviens pas maintenant de son nom.

HARP. Souviens-toi de m'écrire ces mots : je les veux
faire graver en lettres d'or sur la cheminée de ma
salle.

VAL. Je n'y manquerai pas.  Et pour votre soupé,
vous n'avez qu'à me laisser faire : je réglerai tout
cela comme il faut.

HARP. Fais donc.

**M. J.** Ah, well! we shall need four good soups and five dishes. Soups . . . Entrées . . .

**Harp.** The devil! that is enough to feed a whole town.

**M. J.** Roast . . .

**Harp.** (putting his hand over the cook's mouth.) Ah! you spendthrift, you will eat up the whole house.

**M. J.** Side-dishes.

**Harp.** More?

**Val.** Do you wish to make every one burst? Has Monsieur invited people here to kill them by making them stuff? Just go and read the precepts of health, and ask doctors if there is anything more prejudicial to man than eating to excess.

**Harp.** He is right.

**Val.** You must learn, maître Jacques, you and your likes, that to invite to a table overladen with food is the act of an assassin; in order to show yourself the friend of those whom you ask, frugality must reign over the repast you give; and, following the old saying, *one must eat to live, and not live to eat.*

**Harp.** Ah! that is well said! Come, let me embrace you for that word. It is the finest sentence I have heard in my life. *One must live to eat, and not eat to li* . . . No, that is not it. What was it you said?

**Val.** That *one must eat to live, and not live to eat.*

**Harp.** Yes. Do you hear? Who is the great man who said that?

**Val.** I do not now remember his name.

**Harp.** Do not forget to write down those words for me: I will have them graven in letters of gold on the mantelpiece of my dining-room.

**Val.** I will not forget. And for your supper, you have but to leave it to me: I will arrange everything as it should be.

**Harp.** Do so.

M. J. Tant mieux : j'en aurai moins de peine.

Harp. Il faudra de ces choses dont on ne mange
guère, et qui rassasient d'abord : quelque bon haricot
bien gras, avec quelque pâté en pot bien garni de
marrons.

Val. Reposez-vous sur moi.

Harp. Maintenant, maître Jacques, il faut nettoyer
mon carrosse.

M. J. Attendez.   Ceci s'adresse au cocher. (Il remet
se casaque.) Vous dites . . .

Harp. Qu'il faut nettoyer mon carrosse, et tenir mes
chevaux tout prêts pour conduire à la foire . . .

M. J. Vos chevaux, Monsieur ?   Ma foi, ils ne sont
point du tout en état de marcher.   Je ne vous dirai
point qu'ils sont sur la litière, les pauvres bêtes
n'en ont point, et ce serait fort mal parler ; mais
vous leur faites observer des jeûnes si austères, que
ce ne sont plus rien que des idées ou des fantômes,
des façons de chevaux.

Harp. Les voilà bien malades : ils ne font rien.

M. J. Et pour ne faire rien, Monsieur, est-ce qu'il
ne faut rien manger ?   Il leur vaudrait bien mieux,
les pauvres animaux, de travailler beaucoup, de
manger de même.   Cela me fend le cœur, de les
voir ainsi exténués ; car enfin j'ai une tendresse
pour mes chevaux, qu'il me semble que c'est moi-
même quand je les vois pâtir ; je m'ôte tous les
jours pour eux les choses de la bouche ; et c'est
être, Monsieur, d'un naturel trop dur, que de
n'avoir nulle pitié de son prochain.

Harp. Le travail ne sera pas grand, d'aller jusqu'à
la foire.

M. J. Non, Monsieur, je n'ai pas le courage de les
mener, et je ferais conscience de leur donner des
coups de fouet, en l'état où ils sont.   Comment
voudriez-vous qu'ils traînassent un carrosse, qu'ils
ne peuvent pas se traîner eux-mêmes ?

Val. Monsieur, j'obligerai le voisin le Picard à se
charger de les conduire : aussi bien nous fera-t-il
ici besoin pour apprêter le soupé.

M. J. So much the better: I shall have less to do.

HARP. We must have some things people don't eat to excess, which fill quickly: some good, large beans, with a meat pie well stuffed with chestnuts.

VAL. Leave that to me.

HARP. Now, maître Jacques, about cleaning my carriage.

M. J. Stay. Now you are talking to the coachman. (He puts on his livery again.) You said . . .

HARP. That you must clean my carriage, and get the horses ready to drive to the fair. . . .

M. J. Your horses, Monsieur? Upon my word, they are not in a fit state to go out. I will not tell you that they are on straw, the poor beasts have not any, and it would be an untruth; but you have made them keep so strict fasts, that they are nothing more than appearances or phantoms in horses' shape.

HARP. They don't do anything, why should they be ill?

M. J. And because they don't do anything, Monsieur, is that any reason why they shouldn't eat? It would be far better for them, the poor brutes, if they were well worked and fed the same. It cuts me to the heart to see them thus emaciated; for I have a fellow-feeling for my horses, and it seems as though I suffered when I see them. Every day I give them food out of my own mouth; it is too unnatural, Monsieur, not to have any pity for one's friends.

HARP. It is not hard labour to go as far as the fair.

M. J. No, Monsieur, I have not the heart to take them; how could I flog them in the state in which they are? How can you wish them to draw a carriage when they cannot draw themselves?

VAL. Monsieur, I will get our neighbour Le Picard to drive them: we shall also need him to help us with the supper.

**M. J.** Soit : j'aime mieux encore qu'ils meurent sous la main d'un autre que sous la mienne.

**Val.** Maître Jacques fait bien le raisonnable.

**M. J.** Monsieur l'intendant fait bien le nécessaire.

**Harp.** Paix !

**M. J.** Monsieur, je ne saurais souffrir les flatteurs ; et je vois que ce qu'il en fait, que ses contrôles perpétuels sur le pain et le vin, le bois, le sel, et la chandelle, ne sont rien que pour vous gratter et vous faire sa cour. J'enrage de cela, et je suis fâché tous les jours d'entendre ce qu'on dit de vous ; car enfin je me sens pour vous de la tendresse, en dépit que j'en aie ; et après mes chevaux, vous êtes la personne que j'aime le plus.

**Harp.** Pourrais-je savoir de vous, maître Jacques, ce que l'on dit de moi ?

**M. J.** Oui, Monsieur, si j'étais assuré que cela ne vous fâchât point.

**Harp.** Non, en aucune façon.

**M. J.** Pardonnez-moi : je sais fort bien que je vous mettrai en colère.

**Harp.** Point du tout : au contraire, c'est me faire plaisir, et je suis bien aise d'apprendre comme on parle de moi.

**M. J.** Monsieur, puisque vous le voulez, je vous dirai franchement qu'on se moque partout de vous ; qu'on nous jette de tous côtés cent brocards à votre sujet ; et que l'on n'est point plus ravi que de vous tenir au cul et aux chausses, et de faire sans cesse des contes de votre lésine. L'un dit que vous faites imprimer des almanachs particuliers, où vous faites doubler les quatre-temps et les vigiles, afin de profiter des jeûnes où vous obligez votre monde. L'autre, que vous avez toujours une querelle toute prete à faire à vos valets dans le temps des étrennes, ou de leur sortie d'avec vous, pour vous trouver une raison de ne leur donner rien. Celui-là conte qu'une fois vous fîtes assigner le chat d'un de vos voisins, pour vous avoir mangé

M. J. Be it so : I would much rather they died under
some other person's hand than mine.

Val. Maître Jacques is becoming an arguer.

M. J. Mr. Steward is becoming a busybody.

Harp. Peace !

M. J. Monsieur, I cannot endure flatterers; I see
what is happening here under him, that his con-
tinual looking after bread, wine, wood, salt, and
candle, has no other end than to curry favour with
you and gain his own ends.  It makes me mad,
and I am constantly miserable through hearing
what people say about you ; for I have a soft spot
in my heart for you, in spite of what happens; and,
after my horses, I like you better than any one
else.

Harp. Might I know, maître Jacques, what people
say about me ?

M. J. Yes, Monsieur, if I were assured it would not
make you angry.

Harp. No, not in the least.

M. J. You will pardon me ; I know only too well I
shall put you in a rage.

Harp. Not at all : on the contrary, it will give me
pleasure, I shall be very glad to learn how people
speak of me.

M. J. Since you wish it, Monsieur, I will tell you
frankly that every one mocks you ; they fling a
hundred jests at us, from all sides, concerning you ;
and nothing pleases them better than to hold you
up, neck and crop, to ridicule, and to tell tales
without ceasing of your meanness.  One says you
print special almanacs, in which you double the
ember days and vigils, in order to profit by the
fasts you make your people keep.  Another, that
you have always a quarrel ready when New Year's
Day comes round, or your servants leave you, so that
you can find a reason for not giving them anything.
This person says once you issued a writ against
one of your neighbours' cats, for having eaten the
remains of a leg of mutton.  That person says that

un reste d'un gigot de mouton. Celui-ci, que l'on
vous surprit une nuit, en venant dérober vous-
même l'avoine de vos chevaux ; et que votre cocher,
qui était celui d'avant moi, vous donna dans l'obscurité je ne sais combien de coups de bâton, dont
vous ne voulûtes rien dire. Enfin voulez-vous que
je vous dise ? On ne saurait aller nulle part où l'on
ne vous entende accommoder de toutes pièces ;
vous êtes la fable et la risée de tout le monde ; et
jamais on ne parle de vous, que sous les noms
d'avare, de ladre, de vilain et de fesse-mathieu.

HARP. (en le battant.) Vous êtes un sot, un maraud,
un coquin, et un impudent.

M. J. Hé bien ! ne l'avais-je pas deviné ? Vous ne
m'avez pas voulu croire : je vous avais bien dit que
je vous fâcherais de vous dire la vérité.

HARP. Apprenez à parler.

### SCÈNE II

#### MAÎTRE JACQUES, VALÈRE

VAL. A ce que je puis voir, maître Jacques, on paye
mal votre franchise.

M. J. Morbleu ! Monsieur le nouveau venu, qui faites
l'homme d'importance, ce n'est pas votre affaire.
Riez de vos coups de bâton quand on vous en
donnera, et ne venez point rire des miens.

VAL. Ah ! Monsieur maître Jacques, ne vous fâchez
pas, je vous prie.

M. J. Il file doux. Je veux faire le brave, et s'il est
assez sot pour me craindre, le frotter quelque peu.
Savez-vous bien, Monsieur le rieur, que je ne ris
pas, moi ? et que si vous m'échauffez la tête, je
vous ferai rire d'une autre sorte ?

(Maître Jacques pousse Valère jusques au bout du théâtre
en le menaçant.)

VAL. Eh ! doucement.

you were surprised one night robbing your horses
yourself of their hay ; and that your coachman, the
one who was here before me, gave you a good drubbing in the darkness, of which you never said a word.
In fact, what more can I tell you? One cannot go
anywhere without hearing you being ridiculed from
head to foot; you are the joke and the laughing-
stock of the whole world ; no one ever speaks of
you save as the miser, the thief, the villain, and
the usurer.

HARP. (beating him.) You are an idiot, a scoundrel,
a rascal, and an impertinent fellow.
M. J. Ah! ah! did I not say so? You would not
believe me : I told you plainly that I should make
you angry if I told you the truth.
HARP. That will teach you how to talk.


SCENE II

MAÎTRE JACQUES AND VALÈRE

VAL. As far as I can see, maître Jacques, your frankness has met with an ill recompense.
M. J. Upon my soul, maître New Broom, Monsieur
Importance, that is not your business. Laugh at
being whacked with a stick when it is applied to
you, and don't laugh at my thrashing.
VAL. Ah! Monsieur maître Jacques, do not be angry,
I beseech you.
M. J. He is toning down. I shall bully him ; and if
he is fool enough to fear me, I shall give him
a drubbing in turn. Do you know, Monsieur
Laugher, that I am not in a laughing mood, and
that if you rouse my bile, I will make you grin on
the wrong side of your mouth ?
(Maître Jacques pushes Valère to the back of the
stage, threatening him.)
VAL. Come ! gently.

M. J. Comment, doucement? il ne me plaît pas, moi.

VAL. De grâce.

M. J. Vous êtes un impertinent.

VAL. Monsieur maître Jacques . . .

M. J. Il n'y a point de Monsieur maître Jacques pour un double. Si je prends un bâton, je vous rosserai d'importance.

VAL. Comment, un bâton? (Valère le fait reculer autant qu'il l'a fait.)

M. J. Eh ! je ne parle pas de cela.

VAL. Savez-vous bien, Monsieur le fat, que je suis homme à vous rosser vous-même?

M. J. Je n'en doute pas.

VAL. Que vous n'êtes, pour tout potage, qu'un faquin de cuisinier?

M. J. Je le sais bien.

VAL. Et que vous ne me connaissez pas encore?

M. J. Pardonnez-moi.

VAL. Vous me rosserez, dites-vous?

M. J. Je le disais en raillant.

VAL. Et moi, je ne prends point de goût à votre raillerie. (Il lui donne des coups de bâton.) Apprenez que vous êtes un mauvais railleur.

M. J. Peste soit la sincérité ! c'est un mauvais métier. Désormais j'y renonce, et je ne veux plus dire vrai. Passe encore pour mon maître : il a quelque droit de me battre ; mais pour ce Monsieur l'intendant, je m'en vengerai si je puis.

## SCÈNE III

### FROSINE, MARIANE, MAÎTRE JACQUES

FROS. Savez-vous, maitre Jacques, si votre maître est au logis ?

M. J. Oui vraiment il y est, je ne le sais que trop.

FROS. Dites-lui, je vous prie, que nous sommes ici.

M. J. What do you mean by gently? That does not suit me.

Val. I beg you.

M. J. You are an impudent fellow.

Val. Monsieur maître Jacques . . .

M. J. There is not a fraction of Monsieur maître Jacques here. If I had a stick, I would give you a jolly good walloping.

Val. What do you mean by a stick?
(Valère makes him fall back in the same way.)

M. J. Come! I was not speaking of that.

Val. Do you know, Monsieur Fool, that I am the very man to beat you myself?

M. J. I do not doubt it.

Val. That you are nothing but a scullion knave, a lout of a cook?

M. J. I know it well.

Val. And that you do not yet know me?

M. J. I ask your pardon.

Val. You say you will whack me?

M. J. I only said it jokingly.

Val. And I say that I have no relish for your jests.
(He thrashes him with a stick.) Learn what a bad jester you are.

M. J. Plague take sincerity! it is a poor game. From henceforth I renounce it, and I will no longer speak the truth. Perhaps I might put up with such treatment from my master, he has the right to thwack me; but I shall avenge myself on this Monsieur Steward, if I can.


### Scene III

#### Frosine, Mariane, Maître Jacques

Fros. Do you know if your master is in, maître Jacques?

M. J. Yes, only too well.

Fros. Tell him, then, that we are here.

## Scène IV

### MARIANE, FROSINE

MAR. Ah ! que je suis, Frosine, dans un étrange
état ! et s'il faut dire ce que je sens, que j'appréhende cette vue !

FROS. Mais pourquoi, et quelle est votre inquiétude ?

MAR. Hélas ! me le demandez-vous ? et ne vous
figurez-vous point les alarmes d'une personne toute
prête à voir le supplice où l'on veut l'attacher ?

FROS. Je vois bien que, pour mourir agréablement,
Harpagon n'est pas le supplice que vous voudriez
embrasser ; et je connais à votre mine que le jeune
blondin dont vous m'avez parlé vous revient un
peu dans l'esprit.

MAR. Oui, c'est une chose, Frosine, dont je ne veux
pas me défendre ; et les visites respectueuses qu'il
a rendues chez nous ont fait, je vous l'avoue, quelque effet dans mon âme.

FROS. Mais avez-vous su quel il est ?

MAR. Non, je ne sais point quel il est ; mais je sais
qu'il est fait d'un air à se faire aimer ; que si l'on
pouvait mettre les choses à mon choix, je le pren-
drais plutôt qu'un autre ; et qu'il ne contribue pas
peu à me faire trouver un tourment effroyable dans
l'époux qu'on veut me donner.

FROS. Mon Dieu ! tous ces blondins sont agréables,
et débitent fort bien leur fait ; mais la plupart sont
gueux comme des rats ; et il vaut mieux pour vous
de prendre un vieux mari qui vous donne beaucoup
de bien. Je vous avoue que les sens ne trouvent
pas si bien leur compte du côté que je dis, et qu'il
y a quelques petits dégoûts à essuyer avec un tel
époux ; mais cela n'est pas pour durer, et sa mort,
croyez-moi, vous mettra bientôt en état d'en prendre
un plus aimable, qui réparera toutes choses.

MAR. Mon Dieu ! Frosine, c'est une étrange affaire,

## Scene IV

### Mariane, Frosine

Mar. Ah ! Frosine, I am much upset ! If I were to tell you truly, I dread this interview !

Fros. But why are you so uneasy ?

Mar. Alas ! do you ask ?  Cannot you imagine what a person feels like when he sees the rack, and everything ready to fasten him to it ?

Fros. Well, I cannot admit that Harpagon is the rack you would willingly embrace for a happy death ; and I can see by your face that you are thinking of the young fop of whom you spoke to me.

Mar. Yes, Frosine, I do not wish to deny that accusation ; I must confess that his attentive visits have roused my interest.

Fros. But do you know who he is ?

Mar. No, I do not know who he is ; but I know he can arouse love ; if I could have my choice, I would rather take him than any other ; he contributes not a little to the frightful torment I am suffering in taking the husband provided for me.

Fros. Ah well ! all these dandies are agreeable, and play their rôle pretty well ; but most of them are as poor as church mice ; it is better for you to take an old husband who can settle something upon you. I must admit that the senses will not be so well satisfied by the person whose cause I am urging, and that with such a husband, there are some little matters of distaste to overcome ; but these will not last, and, believe me, his death will soon put you in a position to take one more suitable, who will make up for everything.

Mar. Upon my word ! Frosine, it is a queer state of

lorsque, pour être heureuse, il faut souhaiter ou attendre le trépas de quelqu'un, et la mort ne suit pas tous les projets que nous faisons.

FROS. Vous moquez-vous? Vous ne l'épousez qu'aux conditions de vous laisser veuve bientôt; et ce doit être là un des articles du contrat. Il serait bien impertinent de ne pas mourir dans trois mois. Le voici en propre personne.

MAR. Ah! Frosine, quelle figure!

## SCÈNE V

HARPAGON, FROSINE, MARIANE

HARP. Ne vous offensez pas, ma belle, si je viens à vous avec des lunettes. Je sais que vos appas frappent assez les yeux, sont assez visibles d'eux-mêmes, et qu'il n'est pas besoin de lunettes pour les apercevoir; mais enfin c'est avec des lunettes qu'on observe les astres, et je maintiens et garantis que vous êtes un astre, mais un astre, le plus bel astre qui soit dans le pays des astres. Frosine, elle ne répond mot, et ne témoigne, ce me semble, aucune joie de me voir.

FROS. C'est qu'elle est encore toute surprise; et puis les filles ont toujours honte à témoigner d'abord ce qu'elles ont dans l'âme.

HARP. Tu as raison. Voilà, belle mignonne, ma fille qui vient vous saluer.

## SCÈNE VI

ÉLISE, HARPAGON, MARIANE, FROSINE

MAR. Je m'acquitte bien tard, Madame, d'une telle visite.

ÉL. Vous avez fait, Madame, ce que je devais faire, et c'était à moi de vous prévenir.

things that causes one to wish for, or wait the death of, some one, in order to be happy, and death does not always second all our projects.

FROS. Are you jesting? You are only marrying him on condition of his soon leaving you a widow; that must be one of the articles of the contract. It would be impertinent of him were he not to die within three months. Here he is, himself.

MAR. Ah! Frosine, what a figure!

## SCENE V

HARPAGON, FROSINE, MARIANE

HARP. Do not be offended, my beautiful one, if I come to you in spectacles. I know your charms fill the eyes at once, and are sufficiently striking of themselves, without the need of spectacles to see them; but you know that it is with spectacles that one looks at the stars, and I firmly hold the view that you are a star, of stars the most beautiful star there is in the land of stars. Frosine, she does not say a word, and, so far as I can see, she does not show any pleasure at seeing me.

FROS. She is as yet too timid; and, besides, girls are always ashamed to say at once what they inwardly feel.

HARP. You are right. See, my pretty one, my daughter is coming to greet you.

## SCENE VI

ÉLISE, HARPAGON, MARIANE, FROSINE

MAR. I am afraid, Madam, I am very late in paying this visit.

ÉL. You have done what I ought to have done, Madam; I ought to have visited you first.

HARP. Vous voyez qu'elle est grande ; mais mauvaise
herbe croît toujours.
MAR. (bas, à Frosine.) Ô ! l'homme déplaisant !

HARP. Que dit la belle ?
FROS. Qu'elle vous trouve admirable.
HARP. C'est trop d'honneur que vous me faites, ado-
rable mignonne.
MAR. (à part.) Quel animal !
HARP. Je vous suis trop obligé de ces sentiments.

MAR. (à part.) Je n'y puis plus tenir.
HARP. Voici mon fils aussi qui vous vient faire la
révérence.
MAR. (à part, à Frosine.) Ah ! Frosine, quelle rencontre ! C'est justement celui dont je t'ai parlé.
FROS. (à Mariane.) L'aventure est merveilleuse.
HARP. Je vois que vous vous étonnez de me voir de
si grands enfants ; mais je serai bientôt défait et de
l'un et de l'autre.

## SCÈNE VII

### CLÉANTE, HARPAGON, ÉLISE, MARIANE, FROSINE

CL. Madame, à vous dire le vrai, c'est ici une aventure où sans doute je ne m'attendais pas ; et mon
père ne m'a pas peu surpris lorsqu'il m'a dit tantôt
le dessein qu'il avait formé.
MAR. Je puis dire la même chose. C'est une rencontre imprévue qui m'a surprise autant que vous ;
et je n'étais point préparée à une pareille aventure.
CL. Il est vrai que mon père, Madame, ne peut pas
faire un plus beau choix, et que ce m'est une sensible joie que l'honneur de vous voir ; mais avec tout
cela, je ne vous assurerai point que je me réjouis
du dessein où vous pourriez être de devenir ma
belle-mère. Le compliment, je vous l'avoue, est trop
difficile pour moi ; et c'est un titre, s'il vous plaît,

HARP. You see how tall she is; but rank grass grows apace.

MAR. (in a low voice, to Frosine.) What a detestable creature!

HARP. What did the fair lady say?

FROS. That she thought you looked admirable.

HARP. You do me too much honour, adorable one.

MAR. (aside.) What a brute!

HARP. I am very much obliged to you for your sentiments.

MAR. (aside.) I cannot hold out any longer.

HARP. Here is also my son, who has come to pay his respects to you.

MAR. (aside, to Frosine.) Ah! Frosine, what a meeting! It is he of whom I have spoken to you.

FROS. (to Mariane.) What a strange chance!

HARP. I see you are astonished that I have such grown-up children, but I shall soon be rid of them both.

### SCENE VII

CLÉANTE, HARPAGON, ÉLISE, MARIANE, FROSINE

CL. To tell you the truth, Madam, I did not in the least expect such an incident as this; my father surprised me not a little when he told me a short time ago the design he had formed.

MAR. I may say the same. This unexpected meeting has surprised me as much as you; I was not prepared for such a thing happening.

CL. True it is, Madam, that my father cannot make a better choice, the honour of seeing you is a deep joy to me; but, notwithstanding this, I cannot assure you that I rejoice at the arrangement by which you may become my step-mother. I must confess the compliment would be too hard for me to make; it is a title, by your leave, which I can-

que je ne vous souhaite point. Ce discours paraîtra
brutal aux yeux de quelques-uns ; mais je suis
assuré que vous serez personne à le prendre comme
il faudra ; que c'est un mariage, Madame, où vous
vous imaginez bien que je dois avoir de la répugnance ; que vous n'ignorez pas, sachant ce que je
suis, comme il choque mes intérêts ; et que vous
voulez bien enfin que je vous dise, avec la permission
de mon père, que si les choses dépendaient de moi,
cet hymen ne se ferait point.

HARP. Voilà un compliment bien impertinent : quelle
belle confession à lui faire !

MAR. Et moi, pour vous répondre, j'ai à vous dire que
les choses sont fort égales ; et que, si vous auriez
de la répugnance à me voir votre belle-mère, je
n'en aurais pas moins sans doute à vous voir mon
beau-fils. Ne croyez pas, je vous prie, que ce soit
moi qui cherche à vous donner cette inquiétude.
Je serais fort fâchée de vous causer du déplaisir ;
et si je ne m'y vois forcée par une puissance absolue,
je vous donne ma parole que je ne consentirai point
au mariage qui vous chagrine.

HARP. Elle a raison : à sot compliment il faut une
réponse de même. Je vous demande pardon, ma
belle, de l'impertinence de mon fils. C'est un jeune
sot, qui ne sait pas encore la conséquence des
paroles qu'il dit.

MAR. Je vous promets que ce qu'il m'a dit ne m'a
point du tout offensée ; au contraire, il m'a fait
plaisir de m'expliquer ainsi ses véritables sentiments. J'aime de lui un aveu de la sorte ; et s'il
avait parlé d'autre façon, je l'en estimerais bien
moins.

HARP. C'est beaucoup de bonté à vous de vouloir ainsi
excuser ses fautes. Le temps le rendra plus sage,
et vous verrez qu'il changera de sentiments.

CL. Non, mon père, je ne suis point capable d'en
changer, et je prie instamment Madame de le croire.

HARP. Mais voyez quelle extravagance ! il continue
encore plus fort.

not wish you to have. This speech may seem
uncouth in the eyes of some; but I am certain
you will take it in the right spirit; this is a
marriage, Madam, for which, as you will readily
imagine, I cannot but feel a repugnance ; knowing who I am, you cannot be ignorant how it
clashes with my interests ; and, in fact, you will
permit me to say, with due deference to my father,
that, were matters in my hands, the marriage would
not take place.

HARP. That is a very impertinent welcome : what a
fine admission to make to her !

MAR. And allow me to say in return, that the compliment is quite reciprocated; if you feel repugnance at my becoming your step-mother, I have no
less, truly, in looking upon you as my step-son.  I
beseech you, do not think it is I who seek to cause
you this uneasiness.  I should be very sorry to be
the means of displeasing you ; and, if not forced by
sheer compulsion, I give you my word that I will not
consent to a marriage which so annoys you.

HARP. She is right: a foolish compliment calls forth
a similar response.  My dear, I ask you to pardon
the impertinence of my son.  He is a young fool,
who does not yet understand what he is talking
about.

MAR. I assure you that he has not at all offended me
by what he has said ; on the contrary, he has
pleased me by thus explaining his true sentiments.
I like an avowal of that nature, from him ; and, if
he had spoken in any other fashion, I should have
esteemed him far less.

HARP. It is too good of you thus to be willing to
excuse his faults.  Time will make him wiser, and
you will see he will change his sentiments.

CL. No, father, I am not capable of changing them,
and I earnestly entreat Madam to believe it.

HARP. Just think what idiocy ! he is worse than
ever.

CL. Voulez-vous que je trahisse mon cœur ?

HARP. Encore ? Avez-vous envie de changer de discours ?

CL. Hé bien ! puisque vous voulez que je parle d'autre façon, souffrez, Madame, que je me mette ici à la place de mon père, et que je vous avoue que je n'ai rien vu dans le monde de si charmant que vous ; que je ne conçois rien d'égal au bonheur de vous plaire, et que le titre de votre époux est une gloire, une félicité que je préférerais aux destinées des plus grands princes de la terre.   Oui, Madame, le bonheur de vous posséder est à mes regards la plus belle de toutes les fortunes ; c'est où j'attache toute mon ambition ; il n'y a rien que je ne sois capable de faire pour une conquête si précieuse, et les obstacles les plus puissants . . .

HARP. Doucement, mon fils, s'il vous plaît.

CL. C'est un compliment que je fais pour vous a Madame.

HARP. Mon Dieu ! j'ai une langue pour m'expliquer moi-même, et je n'ai pas besoin d'un procureur comme vous.   Allons, donnez des siéges.

FROS. Non ; il vaut mieux que, de ce pas nous allions à la foire, afin d'en revenir plus tôt, et d'avoir tout le temps ensuite de vous entretenir.

HARP. Qu'on mette donc les chevaux au carrosse. Je vous prie de m'excuser, ma belle, si je n'ai pas songé à vous donner un peu de collation avant que de partir.

CL. J'y ai pourvu, mon père, et j'ai fait apporter ici quelques bassins d'oranges de la Chine, de citrons doux et de confitures, que j'ai envoyé querir de votre part.

HARP. (bas, à Valère.) Valère !

VAL. (à Harpagon.) Il a perdu le sens.

CL. Est-ce que vous trouvez, mon père, que ce ne soit pas assez ? Madame aura la bonté d'excuser cela, s'il lui plaît.

MAR. C'est une chose qui n'était pas nécessaire.

CL. Avez-vous jamais vu, Madame, un diamant plus

Cl. Do you wish me to betray my own heart?

Harp. What again? Wouldn't you like to change the subject?

Cl. Well, then! since you wish me to speak in another fashion, permit me, Madam, to place myself here in my father's place, and to confess that never in all the world have I seen anything so charming as you; I cannot imagine anything equal to the happiness of pleasing you, and the title of 'your husband' is an honour, a felicity, that I would prefer before all the careers of the greatest princes of the earth. Yes, Madam, in my eyes the happiness of possessing you is the greatest of all fortunes; to that do I attach my whole ambition; there is nothing I would not do to obtain so precious a conquest, and the most powerful obstacles . . .

Harp. Gently, son, by your leave.

Cl. It is a compliment I pay to Madam in your place.

Harp. Good Heavens! I have a tongue of my own for such explanations, I do not need a go-between like you. Come, get us chairs.

Fros. No; we had better go to the fair now, and then we shall be back the sooner. There will then be plenty of time for conversation.

Harp. Let the horses be harnessed. I must ask you to excuse me, my dear, for not offering you some lunch before going out.

Cl. I have some ready, father. I have ordered in some bowls of China oranges, sweet citrons and confectionery, which I sent for on your account.

Harp. (low, to Valère.) Valère!

Val. (to Harpagon.) He has taken leave of his senses.

Cl. Did you say they would not be sufficient, father? I am sure Madam will have the goodness to excuse that.

Mar. It was not in the least necessary.

Cl. Have you ever seen a diamond, Madam, more

vif que celui que vous voyez que mon père a au
doigt?

Mar. Il est vrai qu'il brille beaucoup.

Cl. (Il l'ôte du doigt de son père, et le donne à Mariane.)
Il faut que vous le voyiez de près.

Mar. Il est fort beau sans doute, et jette quantité de
feux.

Cl. (Il se met au-devant de Mariane, qui le veut rendre.)
Nenni, Madame : il est en de trop belles mains.
C'est un présent que mon père vous a fait.

Harp. Moi?

Cl. N'est-il pas vrai, mon père, que vous voulez que
Madame le garde pour l'amour de vous?

Harp. (à part, à son fils.) Comment?

Cl. Belle demande ! Il me fait signe de vous le
faire accepter.

Mar. Je ne veux point . . .

Cl Vous moquez-vous? Il n'a garde de le re-
prendre.

Harp. (à part.) J'enrage !

Mar. Ce serait . . .

Cl. (en empêchant toujours Mariane de rendre la bague.)
Non, vous dis-je, c'est l'offenser.

Mar. De grâce . . .

Cl. Point du tout.

Harp. (à part.) Peste soit . . .

Cl. Le voilà qui se scandalise de votre refus.

Harp. (bas, à son fils.) Ah, traître !

Cl. Vous voyez qu'il se désespère.

Harp. (bas à son fils, en le menaçant.) Bourreau que
tu es !

Cl. Mon père, ce n'est pas ma faute. Je fais ce que
je puis pour l'obliger à le garder ; mais elle est
obstinée.

Harp. (bas à son fils, avec emportement.) Pendard !

Cl. Vous êtes cause, Madame, que mon père me
querelle.

Harp. (bas, à son fils, avec les mêmes grimaces.) Le
coquin !

brilliant than the one my father has on his finger?

MAR. Indeed it sparkles wonderfully.

CL. (He takes it from his father's finger and gives it to Mariane.) You must see it nearer.

MAR. It is, unquestionably, very beautiful, and gives out quite a lot of light.

CL. (He places himself before Mariane, who wishes to return it.) By no means, Madam, it is in hands too beautiful. My father wishes to make you a present of it.

HARP. I?

CL. Is it not true, father, that you wish Madam to keep it for love of you?

HARP. (aside, to his son.) What do you mean?

CL. A nice request! He has made me a sign that you must accept it.

MAR. I do not wish . . .

CL. Are you jesting? He does not care to take it back again.

HARP. (aside.) I shall go mad!

MAR. It would be . . .

CL. (Each time preventing Mariane from returning the ring.) No, I tell you, it would offend him.

MAR. I beg you . . .

CL. Not at all.

HARP. (aside.) Plague take . . .

CL. He is becoming vexed by your refusal.

HARP. (low, to his son.) Ah, you scoundrel!

CL. You see he is becoming desperate.

HARP. (low, to his son, threatening him.) You thief!

CL. It is not my fault, father. I am doing all I can to make her keep it; but she is obstinate.

HARP. (low, to his son, in a passionate voice.) Gallows-bird!

CL. You are the cause, Madam, of my father's anger towards me.

HARP. (low, to his son, with the same grimaces.) The villain!

CL. Vous le ferez tomber malade. De grâce,
Madame, ne résistez point davantage.
FROS. Mon Dieu ! que de façons ! Gardez la bague,
puisque Monsieur le veut.
MAR. Pour ne vous point mettre en colère, je la
garde maintenant ; et je prendrai un autre temps
pour vous la rendre.

### SCÈNE VIII

HARPAGON, MARIANE, FROSINE, CLÉANTE,
BRINDAVOINE, ÉLISE

BRIN. Monsieur, il y a là un homme qui veut vous
parler.
HARP. Dis-lui que je suis empêché, et qu'il revienne
une autre fois.
BRIN. Il dit qu'il vous apporte de l'argent.
HARP. Je vous demande pardon. Je reviens tout
à l'heure.

### SCÈNE IX

HARPAGON, MARIANE, CLÉANTE, ÉLISE, FROSINE,
LA MERLUCHE

LA M. (Il vient en courant, et fait tomber Harpagon.)
Monsieur . . .
HARP. Ah ! je suis mort.
CL. Qu'est-ce, mon père ? vous êtes-vous fait mal ?
HARP. Le traître assurément a reçu de l'argent de
mes débiteurs, pour me faire rompre le cou.
VAL. Cela ne sera rien.
LA M. Monsieur, je vous demande pardon, je croyais
bien faire d'accourir vite.
HARP. Que viens-tu faire ici, bourreau ?
LA M. Vous dire que vos deux chevaux sont déferrés.

HARP. Qu'on les mène promptement chez le maréchal.

Cl. You will make him fall ill. I beseech you,
Madam, do not resist any longer.

Fros. Great Heavens! what a fuss! Keep the ring
since Monsieur wishes it.

Mar. In order not to anger you, I will keep it for
the present; and I will take another opportunity to
return it to you.

## Scene VIII

### Harpagon, Mariane, Frosine, Cléante, Brindavoine, Élise

Brin. Monsieur, a man wishes to speak to you.

Harp. Tell him I am engaged, and he must come
back some other time.

Brin. He says he has brought you some money.

Harp. I beg your pardon. I will come back immediately.

## Scene IX

### Harpagon, Mariane, Cléante, Élise, Frosine, La Merluche

La M. (He comes in running and knocks Harpagon down.)
Monsieur . . .

Harp. Ah! I am killed.

Cl. What is it, father? Have you hurt yourself?

Harp. The rascal has assuredly been bribed by my
debtors to make me break my neck.

Val. That won't be a serious matter.

La M. I beg your pardon, Monsieur, I thought I
was doing right in running quickly.

Harp. What do you want here, you rascal?

La M. To tell you that your two horses have lost
their shoes.

Harp. Let them be taken to the farrier at once.

CL. En attendant qu'ils soient ferrés, je vais faire pour vous, mon père, les honneurs de votre logis, et conduire Madame dans le jardin, où je ferai porter la collation.

HARP. Valère, aie un peu l'œil à tout cela ; et prends soin, je te prie, de m'en sauver le plus que tu pourras, pour le renvoyer au marchand.

VAL. C'est assez.

HARP. O fils impertinent, as-tu envie de me ruiner?

FIN DU TROISIÈME ACTE

## ACTE IV

### SCÈNE I

CLÉANTE, MARIANE, ÉLISE, FROSINE

CL. Rentrons ici, nous serons beaucoup mieux. Il n'y a plus autour de nous personne de suspect, et nous pouvons parler librement.

ÉL. Oui, Madame, mon frère m'a fait confidence de la passion qu'il a pour vous. Je sais les chagrins et les déplaisirs que sont capables de causer de pareilles traverses ; et c'est, je vous assure, avec une tendresse extrême que je m'intéresse à votre aventure.

MAR. C'est une douce consolation que de voir dans ses intérêts une personne comme vous ; et je vous conjure, Madame, de me garder toujours cette généreuse amitié, si capable de m'adoucir les cruautés de la fortune.

FROS. Vous êtes, par ma foi ! de malheureuses gens l'un et l'autre, de ne m'avoir point, avant tout ceci, avertie de votre affaire. Je vous aurais sans doute détourné cette inquiétude, et n'aurais point amené les choses où l'on voit qu'elles sont.

CL. While they are being shod, I will do the honours of your house for you, father, and conduct Madam into the garden, where I will have the lunch brought.

HARP. Cast your eye on all this, Valère; and I implore you to take care and save as much of it as you can to send back to the shopkeeper.

VAL. I understand.

HARP. Oh rash son, do you wish to ruin me?

END OF THE THIRD ACT

# ACT IV

## SCENE I

### CLÉANTE, MARIANE, ÉLISE, FROSINE

CL. Let us go in here, it will suit us much better. There will be no suspicious person about us there, and we can talk freely.

ÉL. Yes, Madam, my brother has told me of the passion he has for you. I know what grief and unhappiness such obstacles are able to cause; and I assure you it is with the utmost affection that I interest myself in your affairs.

MAR. It is a sweet consolation to have such a person as you interested in our plight; and I implore you, Madam, to retain for me always that generous friendship, so capable of softening the hardships of fortune.

FROS. Upon my word, you are unlucky people, both of you; why didn't you warn me about all this beforehand? I could certainly have warded off this unpleasantness, and not have carried matters so far as they now are.

**Cl.** Que veux-tu ? C'est ma mauvaise destinée qui
l'a voulu ainsi. Mais, belle Mariane, quelles résolutions sont les vôtres ?

**Mar.** Hélas ! suis-je en pouvoir de faire des résolutions ? Et dans la dépendance où je me vois, puis-
je former que des souhaits ?

**Cl.** Point d'autre appui pour moi dans votre cœur
que de simples souhaits ? point de pitié officieuse ?
pointe de secourable bonté ? point d'affection agis-
sante ?

**Mar.** Que saurais-je vous dire ? Mettez-vous en ma
place, et voyez ce que je puis faire. Avisez, ordon-
nez vous-même : je m'en remets à vous, et je vous
crois trop raisonnable pour vouloir exiger de moi
que ce qui peut m'être permis par l'honneur et la
bienséance.

**Cl.** Hélas ! où me réduisez-vous, que de me renvoyer à ce que voudront me permettre les fâcheux
sentiments d'un rigoureux honneur et d'une scrupu-
leuse bienséance ?

**Mar.** Mais que voulez-vous que je fasse ? Quand je
pourrais passer sur quantité d'égards où notre sexe
est obligé, j'ai de la considération pour ma mère.
Elle m'a toujours élevée avec une tendresse extrême,
et je ne saurais me résoudre à lui donner du déplaisir. Faites, agissez auprès d'elle, employez tous
vos soins à gagner son esprit : vous pouvez faire et
dire tout ce que vous voudrez, je vous en donne la
licence ; et s'il ne tient qu'à me déclarer en votre
faveur, je veux bien consentir à lui faire un aveu
moi-même de tout ce que je sens pour vous.

**Cl.** Frosine, ma pauvre Frosine, voudrais-tu nous
servir ?

**Fros.** Par ma foi ! faut-il le demander ? je le voudrais
de tout mon cœur. Vous savez que de mon naturel
je suis assez humaine ; le Ciel ne m'a point fait
l'âme de bronze, et je n'ai que trop de tendresse à
rendre de petits services, quand je vois des gens qui
s'entr'aiment en tout bien et en tout honneur.
Que pourrions-nous faire à ceci ?

Cl. How could it be helped? It is my evil fate that
has willed it thus. But, dear Mariane, what have
you resolved to do?

Mar. Alas! am I in a condition to resolve anything?
In the dependent position in which you see me,
what else can I do but wish?

Cl. No other support in your heart for me than
simple wishes? no eager pity? no helping kindness? no lively affection?

Mar. What would you have me say? Put yourself
in my place, and think what I can do. Advise,
command : I place myself in your hands, and I
believe you are too reasonable to seek to extract
anything from me that is not permitted by honour
and good faith.

Cl. Alas! to what do you reduce me, by limiting me
to the miserable sentiments of strait-laced honour
and scrupulous good faith?

Mar. But what would you have me do? Even if I
could ignore the many scruples allied to my sex, I
have my mother to consider. She has always
brought me up with extreme affection, and I do not
know how to decide upon anything that will displease her. Go and see her, employ all your
energies to gain her good-will : you can do and say
whatever you like, I give you full licence; and if
it remains with me but to declare myself in your
favour, I myself will most gladly confess to her all
I feel for you.

Cl. Frosine, my good Frosine, will you help us?

Fros. Upon my word, need you ask? I will, with all
my heart. You know that naturally I am kind-
hearted enough ; Heaven has not made me as hard
as iron. I have only too much liking for being
useful when I see people who really and truly love
each other. What can we do in this matter?

CL. Songe un peu, je te prie.

MAR. Ouvre-nous des lumières.

ÉL. Trouve quelque invention pour rompre ce que tu as fait.

FROS. Ceci est assez difficile. Pour votre mère, elle n'est pas tout à fait déraisonnable, et peut-être pourrait-on la gagner et la résoudre à transporter au fils le don qu'elle veut faire au père. Mais le mal que j'y trouve, c'est que votre père est votre père.

CL. Cela s'entend.

FROS. Je veux dire qu'il conservera du dépit, si l'on montre qu'on le refuse ; et qu'il ne sera point d'humeur ensuite à donner son consentement à votre mariage. Il faudrait, pour bien faire, que le refus vînt de lui-même, et tâcher par quelque moyen de le dégoûter de votre personne.

CL. Tu as raison.

FROS. Oui, j'ai raison, je le sais bien. C'est là ce qu'il faudrait ; mais le diantre est d'en pouvoir trouver les moyens. Attendez : si nous avions quelque femme un peu sur l'âge, qui fût de mon talent, et jouât assez bien pour contrefaire une dame de qualité, par le moyen d'un train fait à la hâte, et d'un bizarre nom de marquise, ou de vicomtesse, que nous supposerions de la basse Bretagne, j'aurais assez d'adresse pour faire accroire à votre père que ce serait une personne riche, outre ses maisons, de cent mille écus en argent comptant ; qu'elle serait éperdument amoureuse de lui, et souhaiterait de se voir sa femme, jusqu'à lui donner tout son bien par contrat de mariage ; et je ne doute point qu'il ne prêtât l'oreille à la proposition ; car enfin il vous aime fort, je le sais ; mais il aime un peu plus l'argent ; et quand, ébloui de ce leurre, il aurait une fois consenti à ce qui vous touche, il importerait peu ensuite qu'il se désabusât, en venant à vouloir voir clair aux effets de notre marquise.

CL. Tout cela est fort bien pensé.

CL. Pray think it over carefully.

MAR. Enlighten us.

ÉL. Find some means to break the bonds you have tied.

FROS. It is a difficult matter. As for your mother, she is not at all unreasonable, and perhaps we may be able to win her over and persuade her to transfer to the son the gift she intended for the father. But, to my mind, the trouble is that your father is your father.

CL. That is so.

FROS. I mean he will bear malice when he learns he has been refused ; and he will not then be in the humour to give his consent to your marriage. In order to gain our end the refusal must come from himself, and we must seek by some means to make him have a distaste for your person.

CL. You are right.

FROS. Yes, I am right, I know that well enough. That is what we must do ; but the deuce is to find the means. Stay : if we had a woman, somewhat advanced in years, who had my talent, and played sufficiently well to counterfeit a lady of quality, assisted by a retinue, made up hastily, and endowed with some out of the way name of a marchioness or a viscountess, whom we will suppose to come from Lower Brittany, I should have enough skill to make your father believe she was a rich person, possessing 100,000 crowns in ready money besides her mansions ; that she was deeply in love with him, and so much wished to be his wife that she was willing to give him all her property in the marriage contract; I have no doubt he will lend his ear to that proposition ; for though, as I am aware, he loves you greatly, he loves money more ; and when, dazzled by this bait, he shall have consented to your views, it would not matter very much if he were disabused in the act of looking more closely into the goods of our marchioness.

CL. All that is very well thought out.

N

Fros. Laissez-moi faire. Je viens de me ressouvenir
d'une de mes amies, qui sera notre fait.

Cl. Sois assurée, Frosine, de ma reconnaissance, si tu
viens à bout de la chose. Mais, charmante Mariane,
commençons, je vous prie, par gagner votre mère :
c'est toujours beaucoup faire que de rompre ce
mariage. Faites-y de votre part, je vous en conjure, tous les efforts qu'il vous sera possible ; servez-
vous de tout le pouvoir que vous donne sur elle
cette amitié qu'elle a pour vous ; déployez sans
réserve les grâces éloquentes, les charmes tout-
puissants que le Ciel a placés dans vos yeux et dans
votre bouche ; et n'oubliez rien, s'il vous plaît, de
ces tendres paroles, de ces douces prières, et de ces
caresses touchantes à qui je suis persuadé qu'on ne
saurait rien refuser.

Mar. J'y ferai tout ce que je puis, et n'oublierai
aucune chose.


## Scène II

### Harpagon, Cléante, Mariane, Élise, Frosine

Harp. Ouais ! mon fils baise la main de sa prétendue belle-mère, et sa prétendue belle-mère ne
s'en défend pas fort. Y aurait-il quelque mystère
là-dessous ?

Él. Voilà mon père.

Harp. Le carrosse est tout prêt. Vous pouvez partir
quand il vous plaira.

Cl. Puisque vous n'y allez pas, mon père, je m'en
vais les conduire.

Harp. Non, demeurez. Elles iront bien toutes
seules, et j'ai besoin de vous.

Fros. Let me carry it through. I have just re-
membered one of my friends who will suit us.
Cl. You may be assured of my gratitude, Frosine,
if you bring this affair off. But, charming Mariane,
pray let us begin to gain over your mother : it will
be a great stroke if we break off this marriage. I
beseech you, on your part, to do everything you
can ; use all the power over her which her love for
you gives you ; make unreserved use of all those
eloquent attributes and all-powerful charms which
Heaven has placed in your eyes and in your lips ;
I beg of you not to forget any means, none of
those tender words, those sweet prayers, those
touching caresses, to which, I am persuaded,
nothing can be refused.

Mar. I will do all I can, and not forget anything.


## Scene II

HARPAGON, CLÉANTE, MARIANE, ÉLISE, FROSINE

Harp. So ! my son kisses the hand of his intended
step-mother, and his intended step-mother does
not repulse him very much. Is there some mystery
under this ?
Él. Here is my father.
Harp. The carriage is quite ready. You can start
when you like.
Cl. Since you are not going, father, I will take them
there.
Harp. No, stay here. They can go alone quite well ;
and I want you.

### Scène III

#### Harpagon, Cléante

Harp. Ô çà, intérêt de belle-mère à part, que te semble à toi de cette personne ?

Cl. Ce qui m'en semble ?

Harp. Oui, de son air, de sa taille, de sa beauté, de son esprit ?

Cl. La, la.

Harp. Mais encore ?

Cl. A vous en parler franchement, je ne l'ai pas trouvée ici ce que je l'avais crue. Son air est de franche coquette ; sa taille est assez gauche, sa beauté très-médiocre, et son esprit des plus communs. Ne croyez pas que ce soit, mon père, pour vous en dégoûter ; car belle-mère pour belle-mère, j'aime autant celle-là qu'une autre.

Harp. Tu lui disais tantôt pourtant . . .

Cl. Je lui ai dit quelques douceurs en votre nom, mais c'était pour vous plaire.

Harp. Si bien donc que tu n'aurais pas d'inclination pour elle ?

Cl. Moi ? point du tout.

Harp. J'en suis fâché ; car cela rompt une pensée qui m'était venue dans l'esprit. J'ai fait, en la voyant ici, réflexion sur mon âge ; et j'ai songé qu'on pourra trouver à redire de me voir marier à une si jeune personne. Cette considération m'en faisait quitter le dessein ; et comme je l'ai fait demander, et que je suis pour elle engagé de parole, je te l'aurais donnée, sans l'aversion que tu témoignes.

Cl. A moi ?

Harp. A toi.

Cl. En mariage ?

Harp. En mariage.

Cl. Écoutez : il est vrai qu'elle n'est pas fort à mon goût ; mais pour vous faire plaisir, mon père, je me résoudrai à l'épouser, si vous voulez.

## Scene III

### Harpagon, Cléante

Harp. Come, now, apart from her becoming your step-mother, what do you think of this person?

Cl. What do I think of her?

Harp. Yes, of her air, of her figure, of her beauty, of her nature?

Cl. So, so.

Harp. Come, come?

Cl. To tell you frankly, I have not found in her what I was led to believe. Her air is that of an outright coquette; her figure is very awkward, her beauty very common and her nature a most ordinary one. Do not think all this is to give you a distaste for her, father; for, as step-mothers go, I would as soon have her as any one else.

Harp. Nevertheless, you said to her just now . . .

Cl. I said some trifles to her, in your name, but that was to please you.

Harp. So that you really have not any inclination towards her?

Cl. I? Not at all.

Harp. I am sorry to hear that; for it puts an end to an idea that came into my head. When I saw her here, I considered my age; and I thought what people might find to say when they saw me marry so young a person. This consideration has made me give up the design; and, as I asked for her hand, and have engaged my word, I would have given her to you, if it had not been for the aversion you show.

Cl. To me?

Harp. To you.

Cl. In marriage?

Harp. In marriage.

Cl. Listen: it is true she is not much to my taste; but, in order to please you, father, I will resolve to marry her, if you wish it.

**Harp.** Moi ? Je suis plus raisonnable que tu ne penses : je ne veux point forcer ton inclination.

**Cl.** Pardonnez-moi, je me ferai cet effort pour l'amour de vous.

**Harp.** Non, non : un mariage ne saurait être heureux où l'inclination n'est pas.

**Cl.** C'est une chose, mon père, qui peut-être viendra ensuite ; et l'on dit que l'amour est souvent un fruit du mariage.

**Harp.** Non : du côté de l'homme, on ne doit point risquer l'affaire, et ce sont des suites fâcheuses, où je n'ai garde de me commettre. Si tu avais senti quelque inclination pour elle, à la bonne heure : je te l'aurais fait épouser, au lieu de moi ; mais cela n'étant pas, je suivrai mon premier dessein, et je l'épouserai moi-même.

**Cl.** Hé bien ! mon père, puisque les choses sont ainsi, il faut vous découvrir mon cœur, il faut vous révéler notre secret. La vérité est que je l'aime, depuis un jour que je la vis dans une promenade ; que mon dessein était tantôt de vous la demander pour femme ; et que rien ne m'a retenu que la déclaration de vos sentiments, et la crainte de vous déplaire.

**Harp.** Lui avez-vous rendu visite ?

**Cl.** Oui, mon père.

**Harp.** Beaucoup de fois ?

**Cl.** Assez, pour le temps qu'il y a.

**Harp.** Vous a-t-on bien reçu ?

**Cl.** Fort bien, mais sans savoir qui j'étais ; et c'est ce qui a fait tantôt la surprise de Mariane.

**Harp.** Lui avez-vous déclaré votre passion, et le dessein où vous étiez de l'épouser ?

**Cl.** Sans doute ; et même j'en avais fait à sa mère quelque peu d'ouverture.

**Harp.** A-t-elle écouté, pour sa fille, votre proposition ?

**Cl.** Oui, fort civilement.

Harp. I? I am more reasonable than you think : I do not wish to force your inclination.

Cl. Pardon me, I will make this effort out of love for you.

Harp. No, no ; no marriage can be happy in which inclination is absent.

Cl. Perhaps it might follow, father ; people say that love is often the fruit of marriage.

Harp. No : one ought not to risk that, on the man's side. I don't want to be responsible for the miserable consequences that usually follow. If you had felt any inclination for her, all well and good : I would have let you marry her instead of me ; but, that not being the case, I shall follow my first design and marry her myself.

Cl. Well! father, since things are thus, I must open out my heart to you, and tell you our secret. The truth is I have loved her ever since one day when I saw her out walking ; it was my intention a short time ago to ask your leave to make her my wife ; nothing has restrained me but the declaration of your sentiments, and the fear of displeasing you.

Harp. Have you visited her?

Cl. Yes, father.

Harp. Many times?

Cl. Yes, considering the short time I have known her.

Harp. Have you been well received ?

Cl. Very well, but without her knowing who I am ; and it was that which so surprised Mariane just now.

Harp. Have you told her of your love, and the design you have to marry her ?

Cl. Certainly ; and I have even made some slight overtures to her mother.

Harp. Has she listened to your proposition for her daughter?

Cl. Yes, very kindly.

HARP. Et la fille correspond-elle fort à votre amour ?

CL. Si j'en dois croire les apparences, je me persuade, mon père, qu'elle a quelque bonté pour moi.

HARP. Je suis bien aise d'avoir appris un tel secret , et voilà justement ce que je demandais. Oh sus ! mon fils, savez vous ce qu'il y a ? c'est qu'il faut songer, s'il vous plaît, à vous défaire de votre amour ; à cesser toutes vos poursuites auprès d'une personne que je prétends pour moi ; et à vous marier dans peu avec celle qu'on vous destine.

CL. Oui, mon père, c'est ainsi que vous me jouez ! Hé bien ! puisque les choses en sont venues là, je vous déclare, moi, que je ne quitterai point la passion que j'ai pour Mariane, qu'il n'y a point d'extrémité où je ne m'abandonne pour vous disputer sa conquête ; et que si vous avez pour vous le consentement d'une mère, j'aurai d'autres secours peut-être qui combattront pour moi.

HARP. Comment, pendard ? tu as l'audace d'aller sur mes brisées ?

CL. C'est vous qui allez sur les miennes ; et je suis le premier en date.

HARP. Ne suis-je pas ton père ? et ne me dois-tu pas respect ?

CL. Ce ne sont point ici des choses où les enfants soient obligés de déférer aux pères ; et l'amour ne connaît personne.

HARP. Je te ferai bien me connaître, avec de bons coups de bâton.

CL. Toutes vos menaces ne feront rien.

HARP. Tu renonceras à Mariane.

CL. Point du tout.

HARP. Donnez-moi un bâton tout à l'heure.

HARP. And does the girl return your love?

CL. If I may trust to appearances, I am persuaded, father, that she feels some kindness towards me.

HARP. I am very glad to have learned such a secret; it is just what I wanted. Now, look here, my son, do you know what you have to do? You must consider, by your leave, how to get rid of your passion; how to cease all this pursuit of a person I intend for myself; and you must marry another person I have in my mind for you as soon as possible.

CL. So, father, it is thus you trick me! Well, then! since things have come to this, I swear I will not cease my love for Mariane. There is no extreme to which I will not go in disputing the conquest of her with you; and, if you have on your side the consent of a mother, I have other helpers who maybe will fight on my side.

HARP. What do you say, you gallows-bird? You have the audacity to hunt in my preserves?

CL. It is you who are poaching on mine; I am the first there.

HARP. Am I not your father? Do you not owe me respect?

CL. This is not a matter in which children are obliged to give in to fathers; love knows no respect of person.

HARP. I will teach you to respect mine, with some sound thwacks of a stick.

CL. Your threats are nothing to me.

HARP. You shall renounce Mariane.

CL. Never.

HARP. Quick, bring me a stick.

### Scène IV

#### Maître Jacques, Harpagon, Cléante

M. J. Eh, eh, eh, Messieurs, qu'est-ce ci ? à quoi songez-vous ?

Cl. Je me moque de cela.

M. J. Ah ! Monsieur, doucement.

Harp. Me parler avec cette impudence !

M. J. Ah ! Monsieur, de grâce.

Cl. Je n'en démordrai point.

M. J. Hé quoi ? à votre père ?

Harp. Laisse-moi faire.

M. J. Hé quoi ? à votre fils ? Encore passe pour moi.

Harp. Je te veux faire toi-même, maître Jacques, juge de cette affaire, pour montrer comme j'ai raison.

M. J. J'y consens. Éloignez-vous un peu.

Harp. J'aime une fille, que je veux épouser ; et le pendard a l'insolence de l'aimer avec moi, et d'y prétendre malgré mes ordres.

M. J. Ah ! il a tort.

Harp. N'est-ce pas une chose épouvantable, qu'un fils qui veut entrer en concurrence avec son père ? et ne doit-il pas, par respect, s'abstenir de toucher à mes inclinations ?

M. J. Vous avez raison. Laissez-moi lui parler, et demeurez là.

(Il vient trouver Cléante à l'autre bout du théâtre.)

Cl. Hé bien ! oui, puisqu'il veut te choisir pour juge, je n'y recule point ; il ne m'importe qui ce soit ; et je veux bien aussi me rapporter à toi, maître Jacques, de notre différend.

M. J. C'est beaucoup d'honneur que vous me faites.

Cl. Je suis épris d'une jeune personne qui répond à mes vœux, et reçoit tendrement les offres de ma foi ; et mon père s'avise de venir troubler notre amour, par la demande qu'il en fait faire.

## Scene IV

### Maître Jacques, Harpagon, Cléante

**M. J.** Come, come, come, Messieurs, what is this? what are you dreaming about?

**Cl.** I don't care a fig for that.

**M. J.** Ah! Monsieur, gently.

**Harp.** To talk to me with that impudence!

**M. J.** Ah! Monsieur, I beg you.

**Cl.** I will not give way an inch.

**M. J.** Eh, what? to your father?

**Harp.** Leave me to deal with him.

**M. J.** Eh, what? to your son? It might be excused if the blows were for me.

**Harp.** You yourself shall be judge in this affair, maître Jacques, and then you shall see whether I am right.

**M. J.** I agree. Go a little further away.

**Harp.** I love a girl, and I wish to marry her; this hangdog has the insolence to love her as well and he lays claim to her in spite of my orders.

**M. J.** Ah! he is wrong.

**Harp.** Is it not a reprehensible thing, for a son to seek to enter into rivalry with his father? Ought he not, out of respect, to abstain from interfering where my inclinations are?

**M. J.** You are right. Let me speak to him and you remain there.

(He goes towards Cléante, at the other side of the stage.)

**Cl.** Well! yes, if he is willing to choose you as judge, I have nothing to say against it; it does not matter to me who is judge; I am quite willing to refer our quarrel to you, maître Jacques.

**M. J.** You do me too much honour.

**Cl.** I am in love with a young girl who responds to my passion and who graciously receives the tribute of my heart; now my father takes it into his head to disturb our love by the demand he has made for her himself.

M. J. Il a tort assurément.

Cl. N'a-t-il point de honte, à son âge, de songer à se marier? lui sied-il bien d'être encore amoureux? et ne devrait-il pas laisser cette occupation aux jeunes gens?

M. J. Vous avez raison, il se moque. Laissez-moi lui dire deux mots. (Il revient à Harpagon.) Hé bien! votre fils n'est pas si étrange que vous le dites, et il se met à la raison. Il dit qu'il sait le respect qu'il vous doit, qu'il ne s'est emporté que dans la première chaleur, et qu'il ne fera point refus de se soumettre à ce qu'il vous plaira, pourvu que vous vouliez le traiter mieux que vous ne faites, et lui donner quelque personne en mariage dont il ait lieu d'être content.

Harp. Ah! dis-lui, maître Jacques, que moyennant cela, il pourra espérer toutes choses de moi; et que, hors Mariane, je lui laisse la liberté de choisir celle qu'il voudra.

M. J. (Il va au fils.) Laissez-moi faire. Hé bien! votre père n'est pas si déraisonnable que vous le faites; et il m'a témoigné que ce sont vos emportements qui l'ont mis en colère; qu'il n'en veut seulement qu'à votre manière d'agir, et qu'il sera fort disposé à vous accorder ce que vous souhaitez, pourvu que vous vouliez vous y prendre par la douceur, et lui rendre les déférences, les respects, et les soumissions qu'un fils doit à son père.

Cl. Ah! maître Jacques, tu lui peux assurer que, s'il m'accorde Mariane, il me verra toujours le plus soumis de tous les hommes; et que jamais je ne ferai aucune chose que par ses volontés.

M. J. Cela est fait. Il consent à ce que vous dites.

Harp. Voilà qui va le mieux du monde.

M. J. Tout est conclu. Il est content de vos promesses.

Cl. Le Ciel en soit loué!

M. J. Messieurs, vous n'avez qu'à parler ensemble: vous voilà d'accord maintenant; et vous alliez vous quereller, faute de vous entendre.

M. J.  He is certainly wrong.

Cl.  Is it not disgraceful, at his age, to think of marrying? does it become him to be again in love? ought he not to leave that occupation to young men?

M. J.  You are right, he is joking.  Let me have a few words with him. (He goes back to Harpagon.) Come, now! your son is not so outrageous as you say, he is open to reason.  He says he knows the respect that is due to you, and that he was carried away by momentary warmth.  He will not refuse to submit himself to what course may please you, provided you will treat him better than you have of late, and give him some person in marriage with whom he can content himself.

Harp.  Ah! tell him, maître Jacques, that, on those terms, he can hope all things from me; and that, putting Mariane on one side, I leave him at liberty to choose whom he will.

M. J. (He goes to the son.) Leave it to me.  Come, now! your father is not so unreasonable as you make out; he states that it was your violence which made him angry; he only objects to your manner of doing things and he will be quite disposed to give you what you wish, provided you will take things gently, and pay him that deference, respect and submission which a son owes to his father.


Cl.  Ah! maître Jacques, you can assure him that, if he gives me Mariane, he will always find in me the most submissive of men; I will never do anything save with his consent.

M. J.  That is all right.  He agrees to what you say.

Harp.  That is excellent.

M. J.  All is finished.  He is satisfied with your promises.

Cl.  Heaven be praised!

M. J.  Messieurs, you have but to talk matters over together: you are now agreed; you were going to quarrel because you did not understand each other.

CL. Mon pauvre maître Jacques, je te serai obligé
toute ma vie.

M. J. Il n'y a pas de quoi, Monsieur.

HARP. Tu m'as fait plaisir, maître Jacques, et cela
mérite une récompense. Va, je m'en souviendrai,
je t'assure.

(Il tire son mouchoir de sa poche, ce qui fait croire à
maître Jacques qu'il va lui donner quelque chose.)

M. J. Je vous baise les mains.


## Scène V

### Cléante, Harpagon

CL. Je vous demande pardon, mon père, de l'emportement que j'ai fait paraître.

HARP. Cela n'est rien.

CL. Je vous assure que j'en ai tous les regrets du
monde.

HARP. Et moi, j'ai toutes les joies du monde de te
voir raisonnable.

CL. Quelle bonté à vous d'oublier si vite ma faute !

HARP. On oublie aisément les fautes des enfants,
lorsqu'ils rentrent dans leur devoir.

CL. Quoi? ne garder aucun ressentiment de toutes
mes extravagances?

HARP. C'est une chose où tu m'obliges par la sou-
mission et le respect où tu te ranges.

CL. Je vous promets, mon père, que, jusques au
tombeau, je conserverai dans mon cœur le souvenir
de vos bontés.

HARP. Et moi, je te promets qu'il n'y aura aucune
chose que de moi tu n'obtiennes.

CL. Ah ! mon père, je ne vous demande plus rien ; et
c'est m'avoir assez donné que de me donner Mariane.

HARP. Comment?

CL. Je dis, mon père, que je suis trop content de vous,
et que je trouve toutes choses dans la bonté que
vous avez de m'accorder Mariane.

CL. My good maître Jacques, I shall be indebted to
you all my life.

M. J. It is nothing, Monsieur.

HARP. You have pleased me, maître Jacques, and
that merits a reward. Go, I assure you I shall
remember it.

(He draws his handkerchief out of his pocket, making
maître Jacques believe he was going to give him something.)

M. J. I thank you kindly !


## SCENE V

### CLÉANTE, HARPAGON

CL. I beg your pardon, father, for the temper I
showed.

HARP. Never mind.

CL. I assure you I am deeply sorry.

HARP. And I that I am overjoyed to find you so
reasonable.

CL. How good of you so soon to overlook my fault !

HARP. One easily forgets the faults of children, when
they return to their duty.

CL. And you do not cherish any resentment on
account of all my extravagances ?

HARP. You coerce me to abandon it by the submission
and respect you show.

CL. I promise you, father, that I shall retain the
recollection of your goodness to my dying day.

HARP. And I promise you that there is nothing you
will not be able to obtain from me.

CL. Ah ! father, I do not ask anything further ; in
giving me Mariane you have given me sufficient.

HARP. What do you say ?

CL. That I am quite content, father, with what you
have done, for your goodness in giving me Mariane
is all the world to me.

**Harp.** Qui est-ce qui parle de t'accorder Mariane?
**Cl.** Vous, mon père.
**Harp.** Moi?
**Cl.** Sans doute.
**Harp.** Comment? c'est toi qui as promis d'y renoncer.

**Cl.** Moi, y renoncer?
**Harp.** Oui.
**Cl.** Point du tout.
**Harp.** Tu ne t'es pas départi d'y prétendre?

**Cl.** Au contraire, j'y suis porté plus que jamais.
**Harp.** Quoi? pendard, derechef?
**Cl.** Rien ne me peut changer.
**Harp.** Laisse-moi faire, traître.
**Cl.** Faites tout ce qu'il vous plaira.
**Harp.** Je te défends de me jamais voir.
**Cl.** A la bonne heure.
**Harp.** Je t'abandonne.
**Cl.** Abandonnez.
**Harp.** Je te renonce pour mon fils.
**Cl.** Soit.
**Harp.** Je te déshérite.
**Cl.** Tout ce que vous voudrez.
**Harp.** Et je te donne ma malédiction.
**Cl.** Je n'ai que faire de vos dons.

## Scène VI

### La Flèche, Cléante

**La F.** (sortant du jardin, avec une cassette.) Ah! Monsieur,
que je vous trouve à propos! suivez-moi vite.

**Cl.** Qu'y a-t-il?
**La F.** Suivez-moi, vous dis-je : nous sommes bien.
**Cl.** Comment?
**La F.** Voici votre affaire.
**Cl.** Quoi?

Harp. Who spoke of giving you Mariane?
Cl. You, father.
Harp. I?
Cl. Certainly.
Harp. What do you mean?   It is you who promised
to renounce her.
Cl. I, to renounce her?
Harp. Yes.
Cl. Not at all.
Harp. You have not given up your pretensions to
her hand?
Cl. On the contrary, I am keener than ever.
Harp. What? you hangdog, you begin again?
Cl. Nothing will alter me.
Harp. Let me get at you, you villain.
Cl. Do whatever you like.
Harp. I forbid you ever to see me again.
Cl. All right.
Harp. I cast you out.
Cl. Cast me out.
Harp. I renounce you as my son.
Cl. So be it.
Harp. I disinherit you.
Cl. Just as you like.
Harp. And I give you my curse.
Cl. I have no use for your gifts.


## Scene VI

### La Flèche, Cléante

La F. (coming from the garden, with a casket.)  Ah!
Monsieur, how lucky I met you!   Follow me
quickly.
Cl. What is it?
La F. Follow me, I tell you; we are all right.
Cl. What do you mean?
La F. This is your affair.
Cl. What?

o

Lᴀ F. J'ai guigné ceci tout le jour.

Cʟ. Qu'est-ce que c'est?

Lᴀ F. Le trésor de votre père que j'ai attrapé.

Cʟ. Comment as-tu fait?

Lᴀ F. Vous saurez tout. Sauvons-nous, je l'entends crier.


## Sᴄᴇ̀ɴᴇ VII

### Hᴀʀᴘᴀɢᴏɴ

*(Il crie au voleur dès le jardin et vient sans chapeau.)*

Au voleur! au voleur! à l'assassin! au meurtrier!
Justice, juste Ciel! je suis perdu, je suis assassiné,
on m'a coupé la gorge, on m'a dérobé mon argent.
Qui peut-ce être? Qu'est-il devenu? Où est-il?
Où se cache-t-il? Que ferai-je pour le trouver?
Où courir? Où ne pas courir? N'est-il point là?
N'est-il point ici? Qui est-ce? Arrête. Rends-
moi mon argent, coquin . . . *(Il se prend lui-même
le bras.)* Ah! c'est moi! Mon esprit est troublé, et
j'ignore où je suis, qui je suis, et ce que je fais.
Hélas! mon pauvre argent, mon pauvre argent,
mon cher ami! on m'a privé de toi; et puisque tu
m'es enlevé, j'ai perdu mon support, ma consolation, ma joie; tout est fini pour moi, et je n'ai plus
que faire au monde: sans toi, il m'est impossible
de vivre. C'en est fait, je n'en puis plus; je me
meurs, je suis mort, je suis enterré. N'y a-t-il
personne qui veuille me ressusciter, en me rendant
mon cher argent, ou en m'apprenant qui l'a pris?
Euh? que dites-vous? Ce n'est personne. Il faut,
qui que ce soit qui ait fait le coup, qu'avec beaucoup de soin on ait épié l'heure; et l'on a choisi
justement le temps que je parlais à mon traître de
fils. Sortons. Je veux aller querir la justice, et
faire donner la question à toute la maison: à
servantes, à valets, à fils, à fille, et à moi aussi.

La F. I have been on the look-out for this all day.
Cl. What have you got there?
La F. Your father's treasure, which I have pinched.
Cl. How did you do it?
La F. You shall know all. Let us be off, I hear him call.

## Scene VII

### Harpagon

*(He cries 'thieves' in the garden, and comes on without his hat.)*

Thieves! thieves! murder! murder! Justice, great Heavens! I am lost, I am killed, they have cut my throat, they have robbed me of my money. Who can it be? What has become of him? Where is he? Where is he hiding? What shall I do to find him? Where shall I run? Where shall I not run? Is he not there? Is he not here? Where is he? Stop. Give me back my money, you scoundrel . . . *(He seizes hold of his own arm.)* Ah! it is I! My mind is upset, I do not know where I am, who I am, what I do. Alas! my poor money, my poor money, my dear friend! they have deprived me of you, and, now that you are taken away from me, I have lost my support, my consolation, my joy; all is finished, I have no longer any concern with the world: without you, it is impossible for me to live. All is over, I cannot do anything more, I am dying, I am dead, I am buried. Is there no one who will bring me back to life by giving me back my dear money, or by telling me who has taken it? Eh? what did you say? It was no one. Whoever has done this deed has carefully watched for his opportunity; he has chosen just the time when I was speaking to my wretch of a son. I must go out. I will send for the police and have all the house put to the torture,

Que de gens assemblés ! Je ne jette mes regards
sur personne qui ne me donne des soupçons, et
tout me semble mon voleur.  Eh ! de quoi est-ce
qu'on parle là ?  De celui qui m'a dérobé ?  Quel
bruit fait-on là-haut ?  Est-ce mon voleur qui y
est ?  De grâce, si l'on sait des nouvelles de mon
voleur, je supplie que l'on m'en dise.  N'est-il point
caché là parmi vous ?  Ils me regardent tous, et se
mettent à rire.  Vous verrez qu'ils ont part sans
doute au vol que l'on m'a fait.  Allons vite, des
commissaires, des archers, des prévôts, des juges,
des gênes, des potences et des bourreaux.  Je veux
faire pendre tout le monde ; et si je ne retrouve
mon argent, je me pendrai moi-même après.

FIN DU QUATRIÈME ACTE.

## ACTE V

### Scène I

#### Harpagon, Le Commissaire, Son Clerc

Le Com.  Laissez-moi faire : je sais mon métier, Dieu
merci.  Ce n'est pas d'aujourd'hui que je me mêle
de découvrir des vols ; et je voudrais avoir autant
de sacs de mille francs que j'ai fait pendre de personnes.
Harp.  Tous les magistrats sont intéressés à prendre
cette affaire en main ; et si l'on ne me fait retrouver
mon argent, je demanderai justice de la justice.

Le Com.  Il faut faire toutes les poursuites requises.
Vous dites qu'il y avait dans cette cassette . . . ?
Harp.  Dix mille écus bien comptés.
Le Com.  Dix mille écus !
Harp.  Dix mille écus.

servants, lackeys, son, daughter and myself also.
What a crowd there is! I cannot look on any
one whom I do not suspect, they all look as though
they had robbed me. Ah ! what are they talking
about there ?  Of him who has robbed me ?  What
is that noise up there ?  Is the thief there ?  For
pity's sake, if you know anything of the robber,
I beseech you to tell me.  Is he not hidden among
you ?  They all look at me and begin to laugh.
You will see that they have shared in the plunder,
no doubt.  Come quickly, magistrates, detectives,
sergeants, judges, racks, gallows and hangmen.
I will hang the whole world ; and if I do not find
my money, I will then hang myself.

END OF THE FOURTH ACT.

## ACT V

### Scene I

**Harpagon, The Magistrate, His Clerk**

Mag. Leave it to me : I know my own business, thank
    Heaven.  To-day is not the first time I have set
    about ferreting out robberies ; I wish I had as
    many bags of 1000 francs each as I have caused
    fellows to be hung.
Harp. Every magistrate must concern himself to
    take this matter in hand ; if they do not find my
    money for me, I shall demand justice upon the
    dispensers of justice.
Mag. We must follow the usual procedure.  You
    said there was in this casket . . .
Harp. Ten thousand crowns hard cash.
Mag. Ten thousand crowns !
Harp. Ten thousand crowns.

LE COM. Le vol est considérable.

HARP. Il n'y a point de supplice assez grand pour l'énormité de ce crime ; et s'il demeure impuni, les choses les plus sacrées ne sont plus en sûreté.

LE COM. En quelles espèces était cette somme ?

HARP. En bons louis d'or et pistoles bien trébuchantes.

LE COM. Qui soupçonnez-vous de ce vol ?

HARP. Tout le monde ; et je veux que vous arrêtiez prisonniers la ville et les faubourgs.

LE COM. Il faut, si vous m'en croyez, n'effaroucher personne, et tâcher doucement d'attraper quelques preuves, afin de procéder après par la rigueur au recouvrement des deniers qui vous ont été pris.

## SCÈNE II

### MAÎTRE JACQUES, HARPAGON, LE COMMISSAIRE, SON CLERC

M. J. (au bout du théâtre, en se retournant du côté dont il sort.) Je m'en vais revenir. Qu'on me l'égorge tout à l'heure ; qu'on me lui fasse griller les pieds, qu'on me le mette dans l'eau bouillante, et qu'on me le pende au plancher.

HARP. Qui ? celui qui m'a dérobé ?

M. J. Je parle d'un cochon de lait que votre intendant me vient d'envoyer, et je veux vous l'accommoder à ma fantaisie.

HARP. Il n'est pas question de cela ; et voilà Monsieur, à qui il faut parler d'autre chose.

LE COM. Ne vous épouvantez point. Je suis homme à ne vous point scandaliser, et les choses iront dans la douceur.

M. J. Monsieur est de votre soupé ?

LE COM. Il faut ici, mon cher ami, ne rien cacher à votre maître.

M. J. Ma foi ! Monsieur, je montrerai tout ce que

Mag. It is a great robbery.

Harp. No punishment is severe enough to fit this enormous crime; if it remains unpunished, the most sacred things are no longer safe.

Mag. In what coins was this sum?

Harp. In good louis d'or and pistoles of full weight.

Mag. Whom do you suspect of this theft?

Harp. Every one; I wish you to take the whole town and suburbs prisoner.

Mag. If you follow my advice, you must not frighten any one, but seek quietly to get hold of some proofs, and then proceed rigorously in the recovery of the stolen coin.

## Scene II

### Maître Jacques, Harpagon, The Magistrate, His Clerk

M. J. (At the end of the stage, turning to the wing through which he entered.) I will come back soon. Let the throat be cut immediately; the feet grilled, put in boiling water and hung from the ceiling.

Harp. Whose? the thief's?

M. J. I am speaking of a sucking-pig, which your steward has just sent me, and I want to prepare it for you after a recipe of my own.

Harp. Don't bother about that; this gentleman wishes to speak to you about something else.

Mag. Do not be afraid, I am not going to harry you. Matters must go smoothly.

M. J. Is Monsieur coming to the supper?

Mag. Nothing must be hidden from your master, in this matter, my dear friend.

M. J. I assure you, Monsieur, I will serve you as

je sais faire, et je vous traiterai du mieux qu'il me
sera possible.

HARP. Ce n'est pas là l'affaire.

M. J. Si je ne vous fais pas aussi bonne chère que je
voudrais, c'est la faute de Monsieur votre intendant, qui m'a rogné les ailes avec les ciseaux de
son économie.

HARP. Traître, il s'agit d'autre chose que de souper ;
et je veux que tu me dises des nouvelles de l'argent
qu'on m'a pris.

M. J. On vous a pris de l'argent?

HARP. Oui, coquin ; et je m'en vais te faire pendre,
si tu ne me le rends.

LE COM. Mon Dieu ! ne le maltraitez point.  Je vois
à sa mine qu'il est honnête homme, et que sans se
faire mettre en prison, il vous découvrira ce que
vous voulez savoir.  Oui, mon ami, si vous nous
confessez la chose, il ne vous sera fait aucun mal,
et vous serez récompensé comme il faut par votre
maître.   On lui a pris aujourd'hui son argent, et il
n'est pas que vous ne sachiez quelques nouvelles de
cette affaire.

M. J. (à part.) Voici justement ce qu'il me faut pour
me venger de notre intendant : depuis qu'il est
entré céans, il est le favori, on n'écoute que ses
conseils ; et j'ai aussi sur le cœur les coups de
bâton de tantôt.

HARP. Qu'as-tu à ruminer ?

LE COM. Laissez-le faire : il se prépare à vous contenter,
et je vous ai bien dit qu'il était honnête homme.

M. J. Monsieur, si vous voulez que je vous dise les
choses, je crois que c'est Monsieur votre cher intendant qui a fait le coup.

HARP. Valère ?

M. J. Oui.

HARP. Lui ! qui me paraît si fidèle ?

M. J. Lui-meme.  Je crois que c'est lui qui vous a
dérobé.

well as I know how, and bring forth the best I
have.

HARP. That is not the question.

M. J. If I do not provide you with as good cheer as
I would like, it is your steward's fault, who has
clipped my wings with the scissors of his economy.

HARP. Wretch, other business than that of the
supper is on foot; you are to give me some information about the money that has been stolen
from me.

M. J. Have you lost some money?

HARP. Yes, villain; and I will have you hanged if
you do not return it me.

MAG. Great Heavens! do not abuse him. I see by
his face he is an honest man, and without putting him in prison he will tell you what you
want to know. . . . Yes, my friend, if you will
confess the theft, no harm shall be done you, and
you will be suitably recompensed by your master.
Some one has taken his money to-day, and no one
but you can know anything about the matter.

M. J. (aside.) This is just what I wanted to avenge
myself on our steward: since he came into the
house, he is the favourite, and only his advice is
listened to; the blows he gave me with the stick
a short time ago weigh upon my heart.

HARP. What are you thinking about?

MAG. Let him alone: he is making up his mind to
give you satisfaction. I told you he was an honest
man.

M. J. Monsieur, if you insist upon my telling you,
I believe your dear steward committed the deed.

HARP. Valère?

M. J. Yes.

HARP. He! who seemed to me so faithful?

M. J. Himself. I believe it is he who has robbed
you.

HARP. Et sur quoi le crois-tu ?
M. J. Sur quoi ?
HARP. Oui.
M. J. Je le crois . . . sur ce que je le crois.
LE COM. Mais il est nécessaire de dire les indices que
vous avez.
HARP. L'as-tu vu rôder autour du lieu où j'avais mis
mon argent ?
M. J. Oui, vraiment. Où était-il votre argent ?
HARP. Dans le jardin.
M. J. Justement : je l'ai vu rôder dans le jardin. Et
dans quoi est-ce que cet argent était ?
HARP. Dans une cassette.
M. J. Voilà l'affaire : je lui ai vu une cassette.
HARP. Et cette cassette, comment est-elle faite ? Je
verrai bien si c'est la mienne.
M. J. Comment elle est faite ?
HARP. Oui.
M. J. Elle est faite . . . elle est faite comme une
cassette.
LE COM. Cela s'entend. Mais dépeignez-la un peu,
pour voir.
M. J. C'est une grande cassette.
HARP. Celle qu'on m'a volée est petite.
M. J. Eh ! oui, elle est petite, si on le veut prendre
par la ; mais je l'appelle grande pour ce qu'elle
contient.
LE COM. Et de quelle couleur est-elle ?
M. J. De quelle couleur ?
LE COM. Oui.
M. J. Elle est de couleur . . . là, d'une certaine
couleur . . . Ne sauriez-vous m'aider à dire ?
HARP. Euh ?
M. J. N'est-elle pas rouge ?
HARP. Non, grise.
M. J. Eh ! oui, gris-rouge : c'est ce que je voulais
dire.
HARP. Il n'y a point de doute : c'est elle assurément.
Écrivez, Monsieur, écrivez sa déposition. Ciel ! à
qui désormais se fier ? Il ne faut plus jurer de rien ;

HARP. What makes you think that?

M. J. What makes me?

HARP. Yes.

M. J. I believe it . . . because I believe it.

MAG. But it is necessary to say what reason you have.

HARP. Have you seen him hang around the place
where I put my money?

M. J. Yes, indeed.   Where was your money?

HARP. In the garden.

M. J. Just so; I saw him hang round in the garden.
And in what was your money kept?

HARP. In a casket.

M. J. That is just it: I have seen him with a casket.

HARP. And this casket, how was it made?   I shall
soon know if it is mine.

M. J. How is it made?

HARP. Yes.

M. J. It is made . . . it is made like a casket.

MAG. Of course.   But just describe it, so that we
may recognise it.

M. J. It is a large casket.

HARP. The one taken from me was a small one.

M. J. Oh! yes, it was small, if it comes to that; but
I call it large because of what it holds.

MAG. Of what colour is it?

M. J. Of what colour?

MAG. Yes.

M. J. It is . . . well, of a certain colour. . . . Could
you not help me to describe it?

HARP. Eh?

M. J. Is it not red?

HARP. No, grey.

M. J. Ah! yes, grey-red: that was what I wished to
say.

HARP. There is no doubt: it is assuredly the one.
Write, Monsieur, write his deposition.   Heavens!
whom can one now trust?   It is not possible to put

et je crois après cela que je suis homme à me voler
moi-même.

M. J. Monsieur, le voici qui revient. Ne lui allez
pas dire au moins que c'est moi qui vous ai découvert cela.


SCÈNE III

VALÈRE, HARPAGON, LE COMMISSAIRE, SON CLERC,
MAÎTRE JACQUES

HARP. Approche : viens confesser l'action la plus
noire, l'attentat le plus horrible qui jamais ait été
commis.

VAL. Que voulez-vous, Monsieur ?

HARP. Comment, traître, tu ne rougis pas de ton
crime ?

VAL. De quel crime voulez-vous donc parler ?

HARP. De quel crime je veux parler, infâme ? comme
si tu ne savais pas ce que je veux dire. C'est en
vain que tu prétendrais de le déguiser : l'affaire
est découverte, et l'on vient de m'apprendre tout.
Comment abuser ainsi de ma bonté, et s'introduire
exprès chez moi pour me trahir ? pour me jouer un
tour de cette nature ?

VAL. Monsieur, puisqu'on vous a découvert tout, je
ne veux point chercher de détours et vous nier la
chose.

M. J. Oh, oh ! aurais-je deviné sans y penser ?

VAL. C'était mon dessein de vous en parler, et je
voulais attendre pour cela des conjectures favo-
rables ; mais puisqu'il est ainsi, je vous conjure de
ne vous point fâcher, et de vouloir entendre mes
raisons.

HARP. Et quelles belles raisons peux-tu me donner,
voleur infâme ?

VAL. Ah ! Monsieur, je n'ai pas mérité ces noms. Il
est vrai que j'ai commis une offense envers vous ;
mais, après tout, ma faute est pardonnable.

faith in anything; after this, I believe I might be capable of robbing myself.

M. J. He is just coming back, Monsieur. At least do not tell him I revealed all this.


## Scene III

VALÈRE, HARPAGON, THE MAGISTRATE, HIS CLERK, MAÎTRE JACQUES

HARP. Come here: come and confess the blackest deed, the most ghastly crime ever committed.

VAL. What do you want, Monsieur?

HARP. So, traitor, you do not blush at your crime?

VAL. Of what crime are you talking?

HARP. Of what crime am I talking, you infamous scoundrel? as though you do not know what I mean. It is in vain for you to pretend to disguise it: the affair is discovered, and I have just learned all. How can you thus abuse my kindness, and introduce yourself into my house on purpose to betray me, to play me a trick like this?

VAL. Monsieur, since you have discovered all, I will not employ any subterfuge or deny the thing.

M. J. Oh, oh! have I guessed it unconsciously?

VAL. It was my intention to speak to you about it, and I wanted to wait for a favourable occasion; but since it is thus, I beseech you not to be angry, and to listen to my reasons.

HARP. What fine reasons can you put forth, you infamous thief?

VAL. Ah! Monsieur, I have not deserved these names. It is true I have committed an offence against you but, after all, my fault is pardonable.

HARP. Comment, pardonnable? Un guet-apens? un
assassinat de la sorte?

VAL. De grâce, ne vous mettez point en colère.
Quand vous m'aurez ouï, vous verrez que le mal
n'est pas si grand que vous le faites.

HARP. Le mal n'est pas si grand que je le fais! Quoi?
mon sang, mes entrailles, pendard?

VAL. Votre sang, Monsieur, n'est pas tombé dans de
mauvaises mains. Je suis d'une condition à ne lui
point faire de tort, et il n'y a rien en tout ceci que
je ne puisse bien réparer.

HARP. C'est bien mon intention, et que tu me resti-
tues ce que tu m'as ravi.

VAL. Votre honneur, Monsieur, sera pleinement satisfait.

HARP. Il n'est pas question d'honneur là-dedans.
Mais, dis-moi, qui t'a porté à cette action?

VAL. Hélas! me le demandez-vous?

HARP. Oui, vraiment, je te le demande.

VAL. Un dieu qui porte les excuses de tout ce qu'il
fait faire : l'Amour.

HARP. L'Amour?

VAL. Oui.

HARP. Bel amour, bel amour, ma foi! l'amour de mes
louis d'or.

VAL. Non, Monsieur, ce ne sont point vos richesses
qui m'ont tenté ; ce n'est pas cela qui m'a ébloui,
et je proteste de ne prétendre rien à tous vos biens,
pourvu que vous me laissiez celui que j'ai.

HARP. Non ferai, de par tous les diables! je ne te le
laisserai pas. Mais voyez quelle insolence de vouloir
retenir le vol qu'il m'a fait!

VAL. Appelez-vous cela un vol?

HARP. Si je l'appelle un vol? Un trésor comme
celui-là!

VAL. C'est un trésor, il est vrai, et le plus précieux
que vous ayez sans doute ; mais ce ne sera pas le
perdre que de me le laisser. Je vous le demande
à genoux, ce trésor plein de charmes ; et pour bien
faire, il faut que vous me l'accordiez.

Harp. What do you mean by pardonable? A felony?
a death-blow, like this?

Val. For pity's sake, do not be angry. When you
have heard me, you will see that the harm is not so
great as you make out.

Harp. The harm is not so great as I make out!
What? my blood, my most vital part, you hangdog?

Val. Your blood, Monsieur, has not fallen into bad
hands. I am not the man to stain it, there is
nothing in all this affair that I cannot make good.

Harp. That is just my intention, you shall restore
me what you have taken away from me.

Val. Your honour, Monsieur, shall be amply satisfied.

Harp. There is no question of honour in this matter.
But, tell me, who drove you to this deed?

Val. Alas! do you ask me that?

Harp. Yes, certainly, I do ask it.

Val. A god who invents excuses for everything he
makes people do : Love.

Harp. Love?

Val. Yes.

Harp. A fine love, a fine love, upon my word ! the
love of my louis d'or.

Val. No, Monsieur, your riches have not tempted
or dazzled me : I protest I do not covet any part
of your property, provided you let me keep what
I have.

Harp. By all the devils I shall do nothing of the
kind ! I shall not let you have it. Just think what
insolence, to wish to keep the property he has
stolen from me !

Val. Do you call it a theft?

Harp. Do I call it a theft? A treasure like that !

Val. It is true it is a treasure, and, without doubt,
the most precious you have; but you would not
lose it in letting me keep it. I ask you on my
knees for this dear treasure; you would only be
doing right in giving it to me.

Harp. Je n'en ferai rien.   Qu'est-ce à dire cela ?

Val. Nous nous sommes promis une foi mutuelle, et
avons fait serment de ne nous point abandonner.

Harp. Le serment est admirable, et la promesse
plaisante !

Val. Oui, nous nous sommes engagés d'être l'un à
l'autre à jamais.

Harp. Je vous en empêcherai bien, je vous assure.

Val. Rien que la mort ne nous peut séparer.

Harp. C'est être bien endiablé après mon argent.

Val. Je vous ai déjà dit, Monsieur, que ce n'était
point l'intérêt qui m'avait poussé à faire ce que j'ai
fait.   Mon cœur n'a point agi par les ressorts que
vous pensez, et un motif plus noble m'a inspiré
cette résolution.

Harp. Vous verrez que c'est par charité chrétienne
qu'il veut avoir mon bien ; mais j'y donnerai bon
ordre ; et la justice, pendard effronté, me va faire
raison de tout.

Val. Vous en userez comme vous voudrez, et me voilà
prêt à souffrir toutes les violences qu'il vous plaira ;
mais je vous prie de croire, au moins, que, s'il y a
du mal, ce n'est que moi qu'il en faut accuser, et que
votre fille en tout ceci n'est aucunement coupable.

Harp. Je le crois bien, vraiment ; il serait fort
étrange que ma fille eût trempé dans ce crime.
Mais je veux ravoir mon affaire, et que tu me con-
fesses en quel endroit tu me l'as enlevée.

Val. Moi ? je ne l'ai point enlevée, et elle est encore
chez vous.

Harp. O ma chère cassette.   Elle n'est point sorti de
ma maison.

Val. Non, Monsieur.

Harp. Hé ! dis-moi donc un peu : tu n'y as point
touché ?

Val. Moi, y toucher ? Ah ! vous lui faites tort,

HARP. I shall not do anything of the kind. What does all this mean?

VAL. We have mutually pledged our word, and have sworn not to give each other up.

HARP. The oath is admirable, the promise an entertaining one!

VAL. Yes, we have bound ourselves together for ever.

HARP. I can assure you I shall interfere with that.

VAL. Nothing but death can separate us.

HARP. You are devilish keen after my money.

VAL. I have told you already, Monsieur, that it is not thought of that which has led me to do what I have done. My heart is not a prey to the feelings you impute, a more noble motive has inspired this resolution.

HARP. You will soon say you have taken my property from motives of Christian charity; but I shall have a word to put in there; and justice, you brazen-faced gallows-bird, shall give me full satisfaction.

VAL. You can do what you like, I am perfectly ready to endure all the torments you please; but I beseech you at least to believe that, if any harm has been done, I only can be blamed, and your daughter is in no way guilty.

HARP. I believe you, fully; it would be very odd if my daughter had taken part in this crime. But I wish to see my property again, and you can just tell me where you have taken it.

VAL. I? I have not taken it away, it[1] is still in your house.

HARP. Oh my dear casket. It has not left my house?

VAL. No, Monsieur.

HARP. Come! just tell me: you have not taken any liberties?

VAL. I, take liberties? Ah! you wrong us both: it

[1] The confusion between 'elle' for 'cassette' in Harpagon's mind and 'elle' for 'daughter' in Valère's should be borne in mind.

P

aussi bien qu'à moi ; et c'est d'une ardeur toute
pure et respectueuse que j'ai brûlé pour elle.

Harp. Brûlé pour ma cassette !

Val. J'aimerais mieux mourir que de lui avoir fait
paraître aucune pensée offensante : elle est trop
et trop honnête pour cela.

Harp. Ma cassette trop honnête !

Val. Tous mes désirs se sont bornés à jouir de sa
vue ; et rien de criminel n'a profané la passion que
ses beaux yeux m'ont inspirée.

Harp. Les beaux yeux de ma cassette ! Il parle
d'elle comme un amant d'une maîtresse.

Val. Dame Claude, Monsieur, sait la vérité de
cette aventure, et elle vous peut rendre témoignage . . .

Harp. Quoi ? ma servante est complice de l'affaire ?

Val. Oui, Monsieur, elle a été témoin de notre
engagement ; et c'est après avoir connu l'honnêteté
de ma flamme, qu'elle m'a aidé à persuader votre
fille de me donner sa foi, et recevoir la mienne.

Harp. Eh ? Est-ce que la peur de la justice le fait
extravaguer. Que nous brouilles-tu ici de ma fille ?

Val. Je dis, Monsieur, que j'ai eu toutes les peines
du monde à faire consentir sa pudeur à ce que
voulait mon amour.

Harp. La pudeur de qui ?

Val. De votre fille ; et c'est seulement depuis hier
qu'elle a pu se résoudre à nous signer mutuellement
une promesse de mariage.

Harp. Ma fille t'a signé une promesse de mariage !

Val. Oui, Monsieur, comme de ma part je lui en ai
signé une.

Harp. O Ciel ! autre disgrâce !

M. J. Écrivez, Monsieur, écrivez.

Harp. Rengrègement de mal ! surcroît de désespoir !
Allons, Monsieur, faites le dû de votre charge, et

is a perfectly pure and respectful ardour that
enflames me.

HARP. Enflamed with my casket!

VAL. I would much rather die than harbour any
offensive thought: there are too many good
qualities for that.

HARP. Good qualities in my casket!

VAL. My wishes were limited to the pleasures my
eyes received; and nothing criminal has profaned
the passion with which those beautiful eyes have
inspired me.

HARP. The beautiful eyes of my casket! He speaks
as a lover of his mistress.

VAL. Dame Claude, Monsieur, knows the truth of
this, and she will bear witness . . .

HARP. What? is my servant an accomplice in this
affair?

VAL. Yes, Monsieur, she was a witness of our engagement; and it was after having learnt the honourable intentions of my passion, that she aided me to
persuade your daughter to give me her word, and
to receive mine.

HARP. Eh? has the fear of the law made you mad?
What rubbish is this about my daughter?

VAL. I declare, Monsieur, that I had the greatest
difficulty imaginable in making her modesty consent
to what my passion desired.

HARP. Whose modesty?

VAL. Your daughter's: it was not until yesterday
that she could bring her mind to sign our mutual
engagement to marry.

HARP. My daughter has signed a promise to marry
you!

VAL. Yes, Monsieur, as I have signed one to marry
her.

HARP. O Heavens! another disgrace!

M. J. Write, Monsieur, write.

HARP. Evil upon evil! misfortune after misfortune!
Come, Monsieur, do the duty attached to your

dressez-lui-moi son procès, comme larron et comme
suborneur.

VAL. Ce sont des noms qui ne me sont point dus ; et
quand on saura qui je suis . . .


## Scène IV

ÉLISE, MARIANE, FROSINE, HARPAGON, VALÈRE,
MAÎTRE JACQUES, LE COMMISSAIRE, SON CLERC

HARP. Ah ! fille scélérate ! fille indigne d'un père
comme moi ! c'est ainsi que tu pratiques les leçons
que je t'ai données ?  Tu te laisses prendre d'amour
pour un voleur infâme, et tu lui engages ta foi sans
mon consentement ?  Mais vous serez trompés l'un
et l'autre.  Quatre bonnes murailles me répon-
dront de ta conduite ; et une bonne potence me fera
raison de ton audace.

VAL. Ce ne sera point votre passion qui jugera
l'affaire ; et l'on m'écoutera, au moins, avant que
de me condamner.

HARP. Je me suis abusé de dire une potence, et tu
seras roué tout vif.

ÉL. (à genoux devant son père.) Ah ! mon père, prenez
des sentiments un peu plus humains, je vous prie,
et n'allez point pousser les choses dans les dernières
violences du pouvoir paternel.  Ne vous laissez
point entraîner aux premiers mouvements de votre
passion, et donnez-vous le temps de considérer ce
que vous voulez faire.  Prenez la peine de mieux
voir celui dont vous vous offensez : il est tout autre
que vos yeux ne le jugent ; et vous trouverez moins
étrange que je me sois donnée à lui, lorsque vous
saurez que sans lui vous ne m'auriez plus il y a
longtemps.  Oui, mon père, c'est celui qui me
sauva de ce grand péril que vous savez que je
courus dans l'eau, et à qui vous devez la vie de
cette même fille dont . . .

office, and draw up the warrant for him on my
accusation as a thief and a suborner.

VAL. These are names which cannot be applied to
me ; when people know who I am . . .

## SCENE IV

ÉLISE, MARIANE, FROSINE, HARPAGON, VALÈRE,
MAÎTRE JACQUES, THE MAGISTRATE, HIS CLERK.

HARP. Ah ! wretched girl ! unworthy daughter of
such a father as I am ! is it thus you put in practice the lessons I have given you? You fall in
love with an infamous thief, and give him your
word without my consent? But you shall both
find out your mistake. Four strong walls shall be
answerable to me for your conduct ; and a good
gallows shall give me satisfaction for your audacity.

VAL. Your anger will not be the judge in this affair ;
I shall at least have a hearing before I am condemned.

HARP. I was in error in speaking of a gallows, you
shall be broken alive on the wheel.

ÉL. (on her knees before her father.) Ah ! father, be a
little more human, I beseech you, and do not let
your paternal power push matters to such violent
extremes. Do not let yourself be carried away by
your first angry feelings, but give yourself time to
consider what you will do. Look upon him who
you think has injured you with kindlier eyes : he is
quite other than he seems in your eyes ; you will
find it less strange that I have given myself to him,
when you know that had it not been for him you
would have lost me long ago. Yes, father, it is he
who saved me from the great danger I was in when
I fell in the water ; he, to whom you owe the life
of that very daughter who . . .

HARP. Tout cela n'est rien ; et il valait bien mieux
  pour moi qu'il te laissât noyer que de faire ce qu'il
  a fait.
ÉL. Mon père, je vous conjure, par l'amour paternel,
  de me . . .
HARP. Non, non ; je ne veux rien entendre ; et il
  faut que la justice fasse son devoir.
M. J. Tu me payeras mes coups de bâton.
FROS. Voici un étrange embarras.


SCÈNE V

ANSELME, HARPAGON, ÉLISE, MARIANE, FROSINE,
  VALÈRE, MAÎTRE JACQUES, LE COMMISSAIRE,
  SON CLERC

ANS. Qu'est-ce, Seigneur Harpagon ? je vous vois
  tout ému.
HARP. Ah, Seigneur Anselme, vous me voyez le plus
  infortuné de tous les hommes ; et voici bien du
  trouble et du désordre au contrat que vous venez
  faire ! On m'assassine dans le bien, on m'assassine
  dans l'honneur ; et voilà un traître, un scélérat,
  qui a violé tous les droits les plus saints, qui s'est
  coulé chez moi sous le titre de domestique, pour
  me dérober mon argent et pour me suborner ma
  fille.

VAL. Qui songe à votre argent, dont vous me faites
  un galimatias ?
HARP. Oui, ils se sont donné, l'un et l'autre une
  promesse de mariage. Cet affront vous regarde,
  Seigneur Anselme, et c'est vous qui devez vous
  rendre partie contre lui, et faire toutes les poursuites de la justice, pour vous venger de son insolence.
ANS. Ce n'est pas mon dessein de me faire épouser
  par force, et de rien prétendre à un cœur qui se

Harp. All this is nothing ; it would have been far
    better for me if he had let you drown than that he
    should have done what he has done.

Él. Father, I beseech you, by your paternal love,
    to . . .

Harp. No, no, I will not listen to anything, justice
    must be done.

M. J. You must pay me for my cudgel-blows.

Fros. This is a fine look-out.


## Scene V

Anselme, Harpagon, Élise, Mariane, Frosine,
Valère, Maître Jacques, The Magistrate,
His Clerk

Ans. What is it, Seigneur Harpagon ?   You look
    thoroughly upset.

Harp. Ah, Seigneur Anselme, you behold in me the
    most unfortunate of men ; there is plenty of vexa-
    tion and distress connected with the contract you
    have come to sign !   I have been wounded mortally
    in my property, I have been wounded mortally in
    my honour ; and you see that wretch, that scoun-
    drel, he has violated the most holy rights, and
    wormed himself into my house under the rôle of a
    servant, to rob me of my money and seduce my
    daughter.

Val. What a cock and bull story !   Who is dreaming
    of your money ?

Harp. Yes, they have promised each other in mar-
    riage. This affront concerns you, Seigneur Anselme,
    you ought to take up arms against him with the
    utmost rigour of the law, and avenge yourself of
    his insolence.

Ans. I do not intend to marry by force, or lay claim
    to a heart which is already engaged ; but I am

serait donné ; mais pour vos intérêts, je suis prêt
à les embrasser ainsi que les miens propres.

HARP. Voilà Monsieur qui est un honnête commissaire, qui n'oubliera rien, à ce qu'il m'a dit, de la
fonction de son office. Chargez-le comme il faut,
Monsieur, et rendez les choses bien criminelles.

VAL. Je ne vois pas quel crime on me peut faire de
la passion que j'ai pour votre fille ; et le supplice
où vous croyez que je puisse être condamné
pour notre engagement, lorsqu'on saura ce que je
suis . . .

HARP. Je me moque de tous ces contes ; et le monde
aujourd'hui n'est plein que de ces larrons de noblesse, que de ces imposteurs, qui tirent avantage
de leur obscurité, et s'habillent insolemment du
premier nom illustre qu'ils s'avisent de prendre.

VAL. Sachez que j'ai le cœur trop bon pour me parer
de quelque chose qui ne soit point à moi, et que
tout Naples peut rendre témoignage de ma naissance.

ANS. Tout beau ! prenez garde à ce que vous allez
dire. Vous risquez ici plus que vous ne pensez ; et
vous parlez devant un homme à qui tout Naples est
connu, et qui peut aisément voir clair dans l'histoire que vous ferez.

VAL. (en mettant fièrement son chapeau.) Je ne suis point
homme à rien craindre, et si Naples vous est connu,
vous savez qui était Dom Thomas d'Alburcy.

ANS. Sans doute, je le sais ; et peu de gens l'ont
connu mieux que moi.

HARP. Je ne me soucie ni de Dom Thomas ni de
Dom Martin.

ANS. De grâce, laissez-le parler, nous verrons ce qu'il
en veut dire.

VAL. Je veux dire que c'est lui qui m'a donné le
jour.

ANS. Lui ?

VAL. Oui.

ANS. Allez ; vous vous moquez. Cherchez quelque

ready to forward your interests as though they were
my own.

HARP. This gentleman is an upright magistrate, and
he tells me he will not forget anything that per-
tains to the exercise of his office. Examine him
thoroughly, Monsieur, and put things in as black
a light as possible.

VAL. I do not see that my passion for your daughter
can be considered a crime ; and, when it is known
who I am, the punishment you think I ought to
bear on account of our engagement . . .

HARP. A fig for all these tales ; the world is full of
vagabonds and impostors who make out they are
nobles ; they take advantage of their obscurity,
and insolently assume the first illustrious name
that happens to come into their heads.

VAL. Please understand that I have too proud · a
nature to deck myself with anything that does not
belong to me, and that all Naples can bear testi-
mony to my birth.

ANS. Come, come ! take care what you are going to
say. You run a greater risk in this matter than
you think ; you are speaking before a man to whom
all Naples is known, who can easily test the truth
of any story you tell.

VAL. (haughtily putting on his hat.) I do not fear anything, and, if you know Naples, you know Dom
Thomas d'Alburcy.

ANS. Certainly, I know him ; few men better.

HARP. I do not care either for Dom Thomas or for
Dom Martin.

ANS. Pray let him speak, we shall soon see what he
wishes to say.

VAL. I wish to say that to him I owe my birth.

ANS. To him ?

VAL. Yes.

ANS. Come ; you are jesting. Find some other story

autre histoire, qui vous puisse mieux réussir, et ne
prétendez pas vous sauver sous cette imposture.

Val. Songez à mieux parler. Ce n'est point une
imposture ; et je n'avance rien qu'il ne me soit aisé
de justifier.

Ans. Quoi ? vous osez vous dire fils de Dom Thomas
d'Alburcy ?

Val. Oui, je l'ose ; et je suis prêt à soutenir cette
vérité contre qui que ce soit.

Ans. L'audace est merveilleuse. Apprenez, pour
vous confondre, qu'il y a seize ans pour le moins
que l'homme dont vous nous parlez périt sur mer
avec ses enfants et sa femme, en voulant dérober
leur vie aux cruelles persécutions qui ont accom-
pagné les désordres de Naples, et qui en firent
exiler plusieurs nobles familles.

Val. Oui ; mais apprenez, pour vous confondre, vous,
que son fils, âgé de sept ans, avec un domestique,
fut sauvé de ce naufrage par un vaisseau espagnol,
et que ce fils sauvé est celui qui vous parle ; apprenez que le capitaine de ce vaisseau, touché de ma
fortune, prit amitié pour moi ; qu'il me fit élever
comme son propre fils, et que les armes furent mon
emploi dès que je m'en trouvai capable ; que j'ai su
depuis peu que mon père n'était point mort, comme
je l'avais toujours cru ; que passant ici pour l'aller
chercher, une aventure, par le Ciel concertée, me
fit voir la charmante Élise ; que cette vue me rendit esclave de ses beautés ; et que la violence de
mon amour, et les sévérités de son père, me firent
prendre la résolution de m'introduire dans son
logis, et d'envoyer un autre à la quête de mes
parents.

Ans. Mais quels témoignages encore, autres que vos
paroles, nous peuvent assurer que ce ne soit point
une fable que vous ayez bâtie sur une vérité ?

Val. Le capitaine espagnol ; un cachet de rubis qui
était à mon père ; un bracelet d'agate que ma mère
m'avait mis au bras ; le vieux Pédro, ce domestique
qui se sauva avec moi du naufrage.

which will better serve your purpose, and do not
seek to save yourself by this imposture.

Val. Learn to talk somewhat differently. It is not
an imposture ; I do not assert anything but what
I can easily prove

Ans. What ? you dare to call yourself the son of
Dom Thomas d'Alburcy ?

Val. Yes, I dare ; and I am ready to maintain the
truth of what I say against any one.

Ans. Your audacity is marvellous. Learn, for your
confusion, that at least sixteen years ago, the man
of whom you speak perished on the sea with his
wife and children, whilst seeking to take them
away from the cruel persecutions which accompanied the disorders at Naples, wherein so many
noble families were exiled.

Val. Yes ; but learn, for your confusion, in your
turn, that his son, aged seven, and a servant, were
saved from this shipwreck by a Spanish vessel, and
that the son so saved is he who speaks to you ; learn,
that the captain of this vessel, touched by my misfortunes, took pity on me, brought me up as his
own son, and to the practice of arms as soon as
I was old enough ; I have learned but lately that
my father is not dead, as I had always believed ;
and, whilst passing through these parts to seek him,
a Heaven-directed accident brought the charming
Élise under my eyes, and rendered me a slave to
her beauty ; the violence of my passion, and the
harshness of her father, led me to introduce myself
into his house, and decided me to send another
person in quest of my parents.

Ans. But what other evidence than your words have
you, to satisfy us that this is not a fable you have
built up on a slight foundation of truth?

Val. The Spanish captain ; a ruby seal which be-
longed to my father ; an agate bracelet which my
mother put on my arm ; old Pedro, the servant
who was saved with me from the wreck.

Mar. Hélas ! à vos paroles je puis ici répondre, moi,
que vous n'imposez point ; et tout ce que vous dites
me fait connaître clairement que vous êtes mon
frère.

Val. Vous ma sœur ?

Mar. Oui. Mon cœur s'est ému dès le moment que
vous avez ouvert la bouche ; et notre mère, que
vous allez ravir, m'a mille fois entretenue des dis-
grâces de notre famille. Le Ciel ne nous fit point
aussi périr dans ce triste naufrage ; mais il ne nous
sauva la vie que par la perte de notre liberté ; et ce
furent des corsaires qui nous recueillirent, ma mère
et moi, sur un débris de notre vaisseau. Après dix
ans d'esclavage, une heureuse fortune nous rendit
notre liberté, et nous retournâmes dans Naples,
où nous trouvâmes tout notre bien vendu, sans y
pouvoir trouver des nouvelles de notre père. Nous
passâmes à Gênes, où ma mère alla ramasser quelques malheureux restes d'une succession qu'on avait
déchirée ; et de là, fuyant la barbare injustice de
ses parents, elle vint en ces lieux, où elle n'a presque
vécu que d'une vie languissante.

Ans. O Ciel ! quels sont les traits de ta puissance !
et que tu fais bien voir qu'il n'appartient qu'à toi
de faire des miracles ! Embrassez-moi, mes enfants,
et mêlez tous deux vos transports à ceux de votre
père.

Val. Vous êtes notre père ?

Mar. C'est vous que ma mère a tant pleuré ?

Ans. Oui, ma fille, oui, mon fils, je suis Dom Thomas
d'Alburcy, que le Ciel garantit des ondes avec tout
l'argent qu'il portait, et qui vous ayant tous crus
morts durant plus de seize ans, se préparait, après de
longs voyages, à chercher dans l'hymen d'une douce
et sage personne la consolation de quelque nouvelle
famille. Le peu de sûreté que j'ai vu pour ma vie
à retourner à Naples, m'a fait y renoncer pour toujours ; et ayant su trouver moyen d'y faire vendre
ce que j'avais, je me suis habitué ici, où, sous le

MAR. Ah! I can answer for your words in this matter,
you are not imposing; all you have said shows me
clearly you are my brother.

VAL. You are my sister?

MAR. Yes. My heart stirred the moment you opened
your mouth; for our mother, who will be overjoyed
to see you, has told me a thousand times of the
misfortunes of our family. Heaven decreed that
we also should not perish in that sad shipwreck;
but our lives were only saved by the loss of our
liberty. My mother and I were rescued from the
débris of our vessel by corsairs, and, after ten years
in slavery, a happy accident restored us to liberty.
We returned to Naples, where we found all our
property sold, and we were not able to hear any
news there of my father. We went to Genoa, where
my mother picked up some sorry fragments of an
inheritance that had been broken up; and from
thence, fleeing from the barbarous injustice of her
relations, she came here, where she has barely been
able to keep body and soul together.

ANS. O Heaven! how wonderful are thy deeds! how
well dost thou show that to thee only belongs the
power of working miracles! Embrace me, my
children, and mingle your joys with those of your
father.

VAL. You are our father?

MAR. For whom my mother has wept so many
tears?

ANS. Yes, my daughter, yes, my son, I am Dom
Thomas d'Alburcy, whom Heaven saved from the
waves with all the wealth he had with him; who
has mourned you all as dead for more than sixteen
years and who was prepared, after much wandering,
to seek in marriage, with a gentle and prudent girl,
the consolation of a new family. The little security
there was for my life when I returned to Naples
made me turn my back upon it for ever; and, finding means to sell all I possessed, I came to live

nom d'Anselme, j'ai voulu m'éloigner les chagrins
de cet autre nom qui m'a causé tant de traverses.

HARP. C'est là votre fils?

ANS. Oui.

HARP. Je vous prends à partie, pour me payer dix
mille écus qu'il m'a volés.

ANS. Lui, vous avoir volé?

HARP. Lui-même.

VAL. Qui vous dit cela?

HARP. Maître Jacques.

VAL. C'est toi qui le dis?

M. J. Vous voyez que je ne dis rien.

HARP. Oui : voilà Monsieur le Commissaire qui a
reçu sa déposition.

VAL. Pouvez-vous me croire capable d'une action si
lâche?

HARP. Capable ou non capable, je veux ravoir mon
argent.


## Scène VI

CLÉANTE, VALÈRE, MARIANE, ÉLISE, FROSINE, HAR-
PAGON, ANSELME, MAÎTRE JACQUES, LA FLÈCHE,
LE COMMISSAIRE, SON CLERC

CL. Ne vous tourmentez point, mon père, et n'accusez
personne. J'ai découvert des nouvelles de votre
affaire, et je viens ici pour vous dire que, si vous
voulez vous résoudre à me laisser épouser Mariane,
votre argent vous sera rendu.

HARP. Où est-il?

CL. Ne vous en mettez point en peine : il est en lieu
dont je réponds, et tout ne dépend que de moi.
C'est à vous de me dire à quoi vous vous déterminez;
et vous pouvez choisir, ou de me donner Mariane,
ou de perdre votre cassette.

HARP. N'en a-t-on rien ôté?

here, where, under the name of Anselme, I wished
to cast away from me the miseries of that other
name, under which I suffered so many misfortunes.

Harp. Is that your son?

Ans. Yes.

Harp. I hold you responsible for the payment to
me of ten thousand crowns of which he has
robbed me.

Ans. He has robbed you?

Harp. Himself.

Val. Who told you that?

Harp. Maître Jacques.

Val. You say this?

M. J. You see I do not say anything.

Harp. Yes: here is the Magistrate, who has received
his deposition.

Val. Can you believe me capable of so vile an action?

Harp. Capable or not capable, I want to see my
money again.

## Scene VI

CLÉANTE, VALÈRE, MARIANE, ÉLISE, FROSINE, HAR-
PAGON, ANSELME, MAÎTRE JACQUES, LA FLÈCHE,
THE MAGISTRATE, HIS CLERK

Cl. Do not worry yourself, father, or accuse any one.
I have heard news of your property, and I have come
here to tell you, that, if you will make up your
mind to let me marry Mariane, your money shall
be returned to you.

Harp. Where is it?

Cl. Do not trouble about that: it is in a place for
which I am responsible, and everything is in my
hands. It is for you to tell me your decision ; you
can choose whether you will give me Mariane, or
lose your casket.

Harp. Has nothing been taken out of it?

CL. Rien du tout. Voyez si c'est votre dessein de
souscrire à ce mariage, et de joindre votre consentement à celui de sa mère, qui lui laisse la liberté
de faire un choix entre nous deux.

MAR. Mais vous ne savez pas que ce n'est pas assez
que ce consentement, et que le Ciel, avec un frère
que vous voyez, vient de me rendre un père dont
vous avez à m'obtenir.

ANS. Le Ciel, mes enfants, ne me redonne point à
vous pour être contraire à vos vœux. Seigneur
Harpagon, vous jugez bien que le choix d'une jeune
personne tombera sur le fils plutôt que sur le père.
Allons, ne vous faites point dire ce qu'il n'est pas
nécessaire d'entendre, et consentez ainsi que moi à
ce double hyménée.

HARP. Il faut, pour me donner conseil, que je voie
ma cassette.

CL. Vous la verrez saine et entière.

HARP. Je n'ai point d'argent à donner en mariage à
mes enfants.

ANS. Hé bien! j'en ai pour eux; que cela ne vous
inquiète point.

HARP. Vous obligerez-vous à faire tous les frais de
ces deux mariages?

ANS. Oui, je m'y oblige: êtes-vous satisfait?

HARP. Oui, pourvu que pour les noces vous me fassiez
faire un habit.

ANS. D'accord. Allons jouir de l'allégresse que cet
heureux jour nous présente.

LE COM. Holà! Messieurs, holà! tout doucement, s'il
vous plaît: qui me payera mes écritures?

HARP. Nous n'avons que faire de vos écritures.

LE COM. Oui! mais je ne prétends pas, moi, les avoir
faites pour rien.

HARP. Pour votre payement, voilà un homme que je
vous donne à pendre.

M. J. Hélas! comment faut-il donc faire? On me
donne des coups de bâton pour dire vrai, et on me
veut pendre pour mentir.

CL. Nothing at all. Now is it your decision to agree to this marriage, and join your consent to her mother's, who leaves her at liberty to make choice between us two?

MAR. But you do not know that this consent is not sufficient, for Heaven has given me back the brother whom you see, and the father from whom you must ask me.

ANS. Heaven has not given you back to me, my children, to make me force you against your wishes. Seigneur Harpagon, you must be aware that the choice of a young girl will fall rather on the son than on the father. Come, do not make it necessary to say things which every one knows, but consent, with me, to this double marriage.

HARP. I must see my casket before I make up my mind.

CL. You shall see that it is safe and sound.

HARP. I have no money to give my children in marriage.

ANS. Ah, well! I have some for them; so do not let that disquiet you.

HARP. You will undertake to pay all the expenses of these two marriages?

ANS. Yes, I will undertake them: will that satisfy you?

HARP. Yes, provided you present me with a coat for the wedding.

ANS. Agreed. Come, let us enjoy the happiness this providential day has brought us.

MAG. Stay! Messieurs, stay, not so fast, if you please: who is going to pay me for my charge-sheets?

HARP. We have nothing to do with your charge-sheets.

MAG. Yes! but I do not profess to work for nothing.

HARP. You can hang that man, for your payment.

M. J. Alas! what is a fellow to do? I am beaten with a stick for speaking the truth, and sent to the gallows for lying.

Q

ANS. Seigneur Harpagon, il faut lui pardonner cette
imposture.

HARP. Vous payerez donc le Commissaire?

ANS. Soit.   Allons vite faire part de notre joie à
votre mère.

HARP. Et moi, voir ma chère cassette.

FIN DE L'AVARE.

Ans. Seigneur Harpagon, you must pardon him his
deceit.
Harp. You will pay the Magistrate, then?
Ans. Yes.  Come, let us go quickly and share our
joy with your mother.
Harp. And I will look at my beloved casket.

**END OF THE MISER.**

# MONSIEUR
# DE POURCEAUGNAC

*Monsieur de Pourceaugnac* was acted at Chambord, before the King, October 6, 1669, and represented for the first time in public in the Théâtre du Palais-Royal, Paris, November 15, 1669, Molière playing the title-rôle.

It was a great success in public, holding the boards without the interpolation of any other play until the end of the year.

The title-page of the original edition of 1670 is as follows: MONSIEVR | de | POVRCEAVGNAC, | *COMEDIE.* | ꜰᴀɪᴛᴇ ᴀ ᴄʜᴀᴍʙᴏʀᴅ, | pour le Diuertiſſe-ment du Roy. | *Par I. B. P. Moliere.* | A PARIS, | Chez Iᴇᴀɴ Rɪʙᴏᴠ, au Palais, vis-à-vis | la Porte de l'Egliſe de la Sainte Chapelle, | A l'Image S. Louis. | M.DC.LXX. | *AVEC PRIVILEGE DV ROY.*

# MONSIEUR
# DE POURCEAUGNAC

―――

A COMEDY

DRAMATIS PERSONÆ

MONSIEUR DE POURCEAUGNAC.
ORONTE.
JULIE, *Oronte's daughter.*
NÉRINE, *an adventuress (femme d'intrigue).*
LUCETTE, *supposed to be from Gascony (feinte Gasconne).*
ÉRASTE, *Julie's lover.*
SBRIGANI, *a Neapolitan adventurer.*
FIRST DOCTOR.
SECOND DOCTOR.
THE APOTHECARY.
A COUNTRYMAN.
A COUNTRYWOMAN.
FIRST MUSICIAN.
SECOND MUSICIAN.
FIRST LAWYER.
SECOND LAWYER.
FIRST SWISS.
SECOND SWISS.
A POLICE OFFICER *(Un Exempt).*
TWO POLICE CONSTABLES *(Deux Archers).*
SEVERAL MUSICIANS, INSTRUMENTAL PLAYERS AND
    DANCERS.

*The scene is in Paris.*

# MONSIEUR
# DE POURCEAUGNAC

---

## ACTE I

### Scène I

#### Julie, Éraste, Nérine

Jul. Mon Dieu! Éraste, gardons d'être surpris; je
tremble qu'on ne nous voye ensemble, et tout serait
perdu, après la défense que l'on m'a faite.

Ér. Je regarde de tous côtés, et je n'aperçois rien.

Jul. Aye aussi l'œil au guet, Nérine, et prends bien
garde qu'il ne vienne personne.

Nér. Reposez-vous sur moi, et dites hardiment ce
que vous avez à vous dire.

Jul. Avez-vous imaginé pour notre affaire quelque
chose de favorable? et croyez-vous, Éraste, pouvoir
venir à bout de détourner ce fâcheux mariage que
mon père s'est mis en tête?

Ér. Au moins y travaillons-nous fortement; et déjà
nous avons préparé un bon nombre de batteries pour
renverser ce dessein ridicule.

Nér. Par ma foi! voilà votre père.

Jul. Ah! séparons-nous vite.

Nér. Non, non, non, ne bougez: je m'étais trompée.

Jul. Mon Dieu! Nérine, que tu es sotte de nous
donner de ces frayeurs!

Ér. Oui, belle Julie, nous avons dressé pour cela

248

# MONSIEUR
# DE POURCEAUGNAC

## ACT I

### SCENE I

#### JULIE, ÉRASTE, NÉRINE

JUL. Good Heavens! Éraste, we must take care we
are not caught; I tremble lest we should be seen
together, for all would be lost after the injunction
that has been laid upon me.

ÉR. I am looking out all round; I cannot see anything.

JUL. You also keep a sharp look-out, Nérine, and
take care no one comes in.

NÉR. Depend upon me, and say fearlessly all you
have to say to each other.

JUL. Have you thought of anything that will help
us in this matter, Éraste? Do you hope to be able
to find a means to prevent this wretched marriage
my father has taken it into his head to make?

ÉR. We must at least try our utmost; we have
already set up a fair number of batteries to open
fire on his absurd position.

NÉR. As I live! here is your father.

JUL. Ah! let us separate, quickly.

NÉR. No, no, no, do not stir : I was mistaken.

JUL. Good gracious! Nérine, how idiotic you are to
give us these frights!

ÉR. Yes, beautiful Julie, we have a fair number of

quantité de machines, et nous ne feignons point de
mettre tout en usage, sur la permission que vous
m'avez donnée. Ne nous demandez point tous les
ressorts que nous ferons jouer : vous en aurez le
divertissement ; et, comme aux comédies, il est bon
de vous laisser le plaisir de la surprise, et de ne
vous avertir point de tout ce qu'on vous fera voir.
C'est assez de vous dire que nous avons en main
divers stratagèmes tous prêts à produire dans
l'occasion, et que l'ingénieuse Nérine et l'adroit
Sbrigani entreprennent l'affaire.

Nér. Assurément. Votre père se moque-t-il de vouloir vous anger de son avocat de Limoges, Monsieur
de Pourceaugnac, qu'il n'a vu de sa vie, et qui vient
par le coche vous enlever à notre barbe ? Faut-il
que trois ou quatre mille écus de plus, sur la parole
de votre oncle, lui fassent rejeter un amant qui vous
agrée ? et une personne comme vous est-elle faite
pour un Limosin ? S'il a envie de se marier, que
ne prend-il une Limosine et ne laisse-t-il en repos
les chrétiens ? Le seul nom de Monsieur de
Pourceaugnac m'a mis dans une colère effroyable.
J'enrage de Monsieur de Pourceaugnac. Quand
il n'y aurait que ce nom-là, Monsieur de Pourceaugnac, j'y brûlerai mes livres, ou je romprai ce
mariage, et vous ne serez point Madame de Pourceaugnac. Pourceaugnac ! cela se peut-il souffrir ?
Non : Pourceaugnac est une chose que je ne saurais
supporter ; et nous lui jouerons tant de pièces,
nous lui ferons tant de niches sur niches, que nous
renvoyerons à Limoges Monsieur de Pourceaugnac.

Ér. Voici notre subtil Napolitain, qui nous dira des
nouvelles.

schemes in train, and we shall not hesitate to put them all in use, now you have given me permission. Do not ask what are all the plots we have laid : they will entertain you in due course ; and, as in comedies, it is best to leave you the pleasure of surprise, and not to advise you of anything you are going to see. It is sufficient to tell you we have divers stratagems all ready to hand, to bring forth in due season, for the ingenious Nérine and the clever Sbrigani have undertaken the matter.

Nér. Certainly. Surely your father is jesting to wish to embarrass you with this lawyer from Limoges, Monsieur de Pourceaugnac, whom he has never seen in his life, and who is coming by coach to take you away before our very face ? Are three or four thousand crowns the more, for which one has only the word of your uncle, sufficient to cause him to reject a lover who is agreeable to you ? are you cut out for a person who comes from the wilds of Limoges ? If he wishes to marry, why does not he take one of the women of his own countryside, and leave Christians in peace ? The very name of Monsieur de Pourceaugnac puts me in a bad temper. Monsieur de Pourceaugnac drives me wild. If there were no other reason but this name, this Monsieur de Pourceaugnac, I would move heaven and earth to break off the marriage : you shall not be Madame de Pourceaugnac ; Pourceaugnac ! is it endurable ? No : I cannot tolerate Pourceaugnac ; we shall play so many tricks upon him, and chivvy him this way and that, till we send Monsieur de Pourceaugnac back to Limoges.

Ér. Here is our skilful Neapolitan, who will have some news to tell us.

## Scène II

SBRIGANI, JULIE, ÉRASTE, NÉRINE

SBR. Monsieur, votre homme arrive, je l'ai vu à trois
lieues d'ici, où a couché le coche ; et dans la cuisine
où il est descendu pour déjeuner, je l'ai étudié une
bonne grosse demie heure, et je le sais déjà par
cœur. Pour sa figure, je ne veux point vous en
parler : vous verrez de quel air la nature l'a des-
sinée, et si l'ajustement qui l'accompagne y répond
comme il faut. Mais pour son esprit, je vous avertis
par avance qu'il est des plus épais qui se fassent ;
que nous trouvons en lui une matière tout à fait
disposée pour ce que nous voulons, et qu'il est
homme enfin à donner dans tous les panneaux qu'on
lui présentera.

ÉR. Nous dis-tu vrai ?

SBR. Oui, si je me connais en gens.

NÉR. Madame, voilà un illustre ; votre affaire ne
pouvait être mise en de meilleures mains, et c'est
le héros de notre siècle pour les exploits dont il
s'agit : un homme qui, vingt fois en sa vie, pour
servir ses amis, a généreusement affronté les galères,
qui, au péril de ses bras, et de ses épaules, sait
mettre noblement à fin les aventures les plus diffi-
ciles ; et qui, tel que vous le voyez, est exilé de son
pays pour je ne sais combien d'actions honorables
qu'il a généreusement entreprises.

SBR. Je suis confus des louanges dont vous m'honorez,
et je pourrais vous en donner, avec plus de justice,
sur les merveilles de votre vie ; et principalement
sur la gloire que vous acquîtes, lorsque, avec tant
d'honnêteté, vous pipâtes au jeu, pour douze mille
écus, ce jeune seigneur étranger que l'on mena chez
vous ; lorsque vous fîtes galamment ce faux contrat
qui ruina toute une famille ; lorsque, avec tant de
grandeur d'âme, vous sûtes nier le dépôt qu'on vous
avait confié ; et que si généreusement on vous vit

## SCENE II

### SBRIGANI, JULIE, ÉRASTE, NÉRINE

SBR. Monsieur, your friend is coming, I have seen him three leagues from here, where the coach put up ; and, as he came into the kitchen for breakfast, I studied him a good half-hour, so that 1 already know him by heart. As to his figure, I will not say anything : you yourselves will see how Nature has designed him, and whether the frame suits the picture. But as to his mind, I warn you before-hand, that he is as dense as they are made ; we shall find in him just the material we need for our plans ; and, in short, he is the very man to fall into every trap laid for him.

ÉR. Are you telling us the truth ?

SBR. Yes, if I know aught of men.

NÉR. Madam, this gentleman is an able person ; your business could not be put in better hands, for he is the wonder of our age, judging by the exploits he has carried through ; a man who, a score of times in his life, has generously braved the galleys to serve his friends ; who, at the risk of his arms and shoulders, has conducted the most difficult adventures to a successful issue ; and who, such as you see him, is exiled from his country on account of I know not how many honourable actions which he has valiantly undertaken.

SBR. The praise you are so good as to bestow upon me confuses me, more justly could I praise you on the marvels of your life ; and principally on the glory which you acquired, when you honestly cheated of twelve thousand crowns at play the young foreign lord who was brought to your house ; when you gallantly made that false contract which ruined a whole family ; when, with such grandeur of soul, you stoutly denied the deposit which had been left in your charge ; and when you were seen

prêter votre témoignage à faire pendre ces deux
personnes qui ne l'avaient pas mérité.

NÉR. Ce sont petites bagatelles qui ne valent pas
qu'on en parle, et vos éloges me font rougir.

SBR. Je veux bien épargner votre modestie : laissons
cela ; et pour commencer notre affaire, allons vite
joindre notre provincial, tandis que, de votre côté,
vous nous tiendrez prêts au besoin les autres acteurs
de la comédie.

ÉR. Au moins, Madame, souvenez-vous de votre rôle ;
et pour mieux couvrir notre jeu, feignez, comme
on vous a dit, d'être la plus contente du monde des
résolutions de votre père.

JUL. S'il ne tient qu'à cela, les choses iront à merveille.

ÉR. Mais, belle Julie, si toutes nos machines venaient
à ne pas réussir ?

JUL. Je déclarerai à mon père mes véritables sentiments.

ÉR. Et si, contre vos sentiments, il s'obstinait à son
dessein ?

JUL. Je le menacerais de me jeter dans un convent.

ÉR. Mais si, malgré tout cela, il voulait vous forcer
à ce mariage ?

JUL. Que voulez-vous que je vous dise ?

ÉR. Ce que je veux que vous me disiez ?

JUL. Oui.

ÉR. Ce qu'on dit quand on aime bien.

JUL. Mais quoi ?

ÉR. Que rien ne pourra vous contraindre, et que,
malgré tous les efforts d'un père, vous me promettez
d'être à moi.

JUL. Mon Dieu ! Éraste, contentez-vous de ce que je
fais maintenant, et n'allez point tenter sur l'avenir
les résolutions de mon cœur ; ne fatiguez point mon
devoir par les propositions d'une fâcheuse extrémité,
dont peut-être n'aurons-nous pas besoin ; et s'il y
faut venir, souffrez au moins que j'y sois entraînée
par la suite des choses.

so generously to give evidence that caused two innocent persons to be hanged.

Nér. These are mere bagatelles not worth speaking of, your praises make me blush.

Sbr. I will spare your modesty, and say no more; now to business, I will go quickly and join our provincial friend, while you, on your side, will hold ready in hand the other actors of the comedy.

Ér. And you, Madam, you must remember your part; in order the better to cover our plans, you must do what you have been told, and seem to be quite satisfied with your father's decisions.

Jul. If it depends simply on that, matters will go well.

Ér. But, dear Julie, suppose all our attempts should fail?

Jul. I will tell my father my real feelings.

Ér. And if he persists in his design, in spite of your feelings?

Jul. I will threaten him that I will go into a convent.

Ér. But if, notwithstanding all this, he decides to force this marriage on you?

Jul. What do you wish me to say to you?

Ér. What do I wish you to say to me?

Jul. Yes.

Ér. What one says when one is deeply in love.

Jul. What is that?

Ér. That nothing shall compel you, and that, in spite of all a father's efforts, you promise to be mine.

Jul. Good Heavens! Éraste, be content with what I am doing now, and do not seek to sound the future as to my resolutions; do not worry my sense of duty with suggestions of so extreme and wretched a course, which, perhaps, we may not need to take; and, if things should so come about, at least let me be driven to take it by the course of events.

Ér. Eh bien . . .

Sbr. Ma foi, voici notre homme, songeons à nous.

Nér. Ah ! comme il est bâti !

## Scène III

Monsieur de Pourceaugnac (se tourne du côté d'où
il vient, comme parlant à des gens qui le suivent).
### Sbrigani

M. de P. Hé bien, quoi ? qu'est-ce ? qu'y a-t-il ?  Aù
diantre soit la sotte ville, et les sottes gens qui y
sont ! ne pouvoir faire un pas sans trouver des
nigauds qui vous regardent, et se mettent à rire !
Eh ! Messieurs les badauds, faites vos affaires, et
laissez passer les personnes sans leur rire au nez.
Je me donne au diable, si je ne baille un coup de
poing au premier que je verrai rire.

Sbr. Qu'est-ce que c'est, Messieurs ? que veut dire
cela ? à qui en avez-vous ?  Faut-il se moquer ainsi
des honnêtes étrangers qui arrivent ici ?

M. de P. Voilà un homme raisonnable, celui-là.

Sbr. Quel procédé est le vôtre ? et qu'avez-vous à
rire ?

M. de P. Fort bien.

Sbr. Monsieur a-t-il quelque chose de ridicule en
soi ?

M. de P. Oui.

Sbr. Est-il autrement que les autres ?

M. de P. Suis-je tortu, ou bossu ?

Sbr. Apprenez à connaître les gens.

M. de P. C'est bien dit.

Sbr. Monsieur est d'une mine à respecter.

M. de P. Cela est vrai.

Sbr. Personne de condition.

M. de P. Oui, gentilhomme limosin.

Sbr. Homme d'esprit.

Ér. Well, but . . .

Sbr. Upon my word, here is our man, now we must collect ourselves.

Ner. Ah ! what a boor he is.

## Scene III

Monsieur de Pourceaugnac (turning round to the side from which he entered, as though speaking to the people following him), Sbrigani

M. de P. Well, well, well ? what is it ? What is the matter ? Deuce take the idiotic town, and the idiotic people who are in it ! I cannot move a step without seeing boobies who stare at me and begin to laugh. Come ! Messieurs Gapers, attend to your business, and allow people to pass by without laughing in their faces. Devil take me if I do not clout the first I see laugh.

Sbr. What means this, Messieurs ? what is all this about ? what is the matter ? Is it seemly to jeer thus at decent strangers who may come to our parts ?

M. de P. This is a sensible man, anyway.

Sbr. Why are you behaving like this ? what is there to laugh at ?

M. de P. Very good.

Sbr. Is there anything ridiculous about this gentleman ?

M. de P. Come.

Sbr. Is he different from other people ?

M. de P. Are my limbs awry, or am I hunchbacked ?

Sbr. You must learn how to treat people.

M. de P. That is well said.

Sbr. This gentleman commands respect.

M. de P. That is true.

Sbr. He is a person of quality.

M. de P. Yes, a gentleman from Limoges.

Sbr. An intellectual man.

R

M. DE P. Qui a étudié en droit.

SBR. Il vous fait trop d'honneur de venir dans votre
ville.

M. DE P. Sans doute.

SBR. Monsieur n'est point une personne à faire rire.

M. DE P. Assurément.

SBR. Et quiconque rira de lui aura affaire à moi.

M. DE P. Monsieur, je vous suis infiniment obligé.

SBR. Je suis fâché, Monsieur, de voir recevoir de la
sorte une personne comme vous, et je vous demande
pardon pour la ville.

M. DE P. Je suis votre serviteur.

SBR. Je vous ai vu ce matin, Monsieur, avec le coche,
lorsque vous avez déjeuné ; et la grâce avec laquelle
vous mangiez votre pain m'a fait naître d'abord de
l'amitié pour vous ; et comme je sais que vous n'êtes
jamais venu en ce pays, et que vous y êtes tout neuf,
je suis bien aise de vous avoir trouvé, pour vous
offrir mon service à cette arrivée, et vous aider à
vous conduire parmi ce peuple, qui n'a pas parfois
pour les honnêtes gens toute la considération qu'il
faudrait.

M. DE P. C'est trop de grâce que vous me faites.

SBR. Je vous l'ai déjà dit : du moment que je vous ai
vu, je me suis senti pour vous de l'inclination.

M. DE P. Je vous suis obligé.

SBR. Votre physionomie m'a plu.

M. DE P. Ce m'est beaucoup d'honneur.

SBR. J'y ai vu quelque chose d'honnête.

M. DE P. Je suis votre serviteur.

SBR. Quelque chose d'aimable.

M. DE P. Ah, ah !

SBR. De gracieux.

M. DE P. Ah, ah !

SBR. De doux.

M. DE P. Ah, ah !

SBR. De majestueux.

M. DE P. Ah, ah !

M. de P. Who has studied law.

Sbr. He does you too much honour by coming to your town.

M. de P. Unquestionably.

Sbr. Monsieur is not a person to be laughed at.

M. de P. Assuredly.

Sbr. And whoever shall laugh at him will have to answer for it to me.

M. de P. Monsieur, I am infinitely obliged to you.

Sbr. I am sorry, Monsieur, to see a gentleman of your condition received in this way, and, in the name of the town, I ask your pardon.

M. de P. I am your servant.

Sbr. I saw you this morning, Monsieur, with the coach, when you were taking your breakfast; the grace with which you ate your bread immediately aroused in me a feeling of friendship towards you; and, as I know you have never been in these parts before, and that you are new to them, I am very glad to have encountered you, so that I might offer you my service upon your arrival, to help you in your dealing with this people : they do not always show that consideration towards worthy persons which is their due.

M. de P. You do me too great a service.

Sbr. I have already told you that, from the moment I saw you, I felt an inclination towards you.

M. de P. I am obliged to you.

Sbr. Your expression pleased me.

M. de P. This is too much honour.

Sbr. I recognised a straightforwardness in it.

M. de P. I am your servant.

Sbr. Somewhat of amiability.

M. de P. Ah, ah !

Sbr. Of graciousness.

M. de P. Ah, ah !

Sbr. Of gentleness.

M. de P. Ah, ah !

Sbr. Of majesty.

M. de P. Ah, ah !

SBR. De franc.

M. DE P. Ah, ah !

SBR. Et de cordial.

M. DE P. Ah, ah !

SBR. Je vous assure que je suis tout à vous.

M. DE P. Je vous ai beaucoup d'obligation.

SBR. C'est du fond du cœur que je parle.

M. DE P. Je le crois.

SBR. Si j'avais l'honneur d'être connu de vous, vous
sauriez que je suis un homme tout à fait sincère.

M. DE P. Je n'en doute point.

SBR. Ennemi de la fourberie.

M. DE P. J'en suis persuadé.

SBR. Et qui n'est pas capable de déguiser ses sentiments.

M. DE P. C'est ma pensée.

SBR. Vous regardez mon habit qui n'est pas fait
comme les autres ; mais je suis originaire de Naples,
à votre service, et j'ai voulu conserver un peu et la
manière de s'habiller, et la sincérité de mon pays.

M. DE P. C'est fort bien fait.   Pour moi, j'ai voulu
me mettre à la mode de la cour pour la campagne.

SBR. Ma foi ! cela vous va mieux qu'à tous nos
courtisans.

M. DE P. C'est ce que m'a dit mon tailleur : l'habit
est propre et riche, et il fera du bruit ici.

SBR. Sans doute.   N'irez-vous pas au Louvre ?

M. DE P. Il faudra bien aller faire ma cour.

SBR. Le Roi sera ravi de vous voir.

M. DE P. Je le crois.

SBR. Avez-vous arrêté un logis ?

M. DE P. Non ; j'allais en chercher un.

SBR. Je serai bien aise d'être avec vous pour cela, et
je connais tout ce pays-ci.

SBR. Of frankness.

M. DE P. Ah, ah!

SBR. And of cordiality.

M. DE P. Ah, ah!

SBR. I assure you I am entirely yours.

M. DE P. I am greatly obliged to you.

SBR. I speak from the bottom of my heart.

M. DE P. I believe it.

SBR. If I had the honour to be known to you, you would understand that I am entirely sincere in this.

M. DE P. I do not doubt it.

SBR. I am an enemy of all roguery.

M. DE P. I am persuaded of it.

SBR. And incapable of disguising my sentiments.

M. DE P. So I thought.

SBR. You will notice that my coat is not cut after the pattern of other people's; originally, I came from Naples, at your service, and I wished to retain somewhat of the manner of dress and of the sincerity of my country.

M. DE P. That is a very good idea. For my part, I desired to adopt a courtier's country costume.

SBR. Upon my word! it suits you better than any courtier I know.

M. DE P. That is what my tailor told me: the dress is rich and elegant, and it will cause some commotion here.

SBR. Undoubtedly. Will you not go to the Louvre?

M. DE P. I must present myself at court.

SBR. The King will be charmed to see you.

M. DE P. I quite believe it.

SBR. Have you engaged rooms?

M. DE P. No; I am going to seek them.

SBR. I shall be very glad to help you in that matter, I know all these parts.

## Scène IV

#### Éraste, Sbrigani, Monsieur de Pourceaugnac

Ér. Ah ! qu'est-ce ci ? que vois-je ?  Quelle heureuse
   rencontre !  Monsieur de Pourceaugnac !  Que je
   suis ravi de vous voir !  Comment ? il semble que
   vous ayez peine à me reconnaître !

M. de P. Monsieur, je suis votre serviteur.

Ér. Est-il possible que cinq ou six années m'aient
   ôté de votre mémoire ? et que vous ne reconnaissiez
   pas le meilleur ami de toute la famille des Pourceaugnacs ?

M. de P. Pardonnez-moi. (A Sbrigani.) Ma foi ! je ne
   sais qui il est.

Ér. Il n'y a pas un Pourceaugnac à Limoges que je
   ne connaisse, depuis le plus grand jusques au plus
   petit ; je ne fréquentais qu'eux dans le temps que
   j'y étais, et j'avais l'honneur de vous voir presque
   tous les jours.

M. de P. C'est moi qui l'ai reçu, Monsieur.

Ér. Vous ne vous remettez point mon visage ?

M. de P. Si fait. (A Sbrigani.) Je ne le connais
   point.

Ér. Vous ne vous ressouvenez pas que j'ai eu le
   bonheur de boire avec vous je ne sais combien de
   fois ?

M. de P. Excusez-moi. (A Sbrigani.) Je ne sais ce que
   c'est.

Ér. Comment appelez-vous ce traiteur de Limoges
   qui fait si bonne chère ?

M. de P. Petit-Jean ?

Ér. Le voilà.  Nous allions le plus souvent ensemble
   chez lui nous réjouir.  Comment est-ce que vous
   nommez à Limoges ce lieu où l'on se promène ?

M. de P. Le cimetière des Arènes ?

Ér. Justement : c'est où je passais de si douces heures
   à jouir de votre agréable conversation.  Vous ne
   vous remettez pas tout cela ?

## Scene IV

Éraste, Sbrigani, Monsieur de Pourceaugnac

Ér. Ah! what is this? what do I see? What a
fortunate meeting! Monsieur de Pourceaugnac!
How delighted I am to see you! What? you do
not recognise me!

M. de P. Monsieur, I am your servant.

Ér. Is it possible that five or six years have caused
me to fade from your memory? and that you do
not recognise the best friend of the whole family of
Pourceaugnacs?

M. de P. Pardon me. (To Sbrigani.) Upon my word!
I do not know who he is.

Ér. There is not a Pourceaugnac at Limoges I do not
know, from the greatest to the least; when I was
there I visited them only, and I had the honour to
see you nearly every day.

M. de P. It is I, Monsieur, who have the honour.

Sbr. You do not recall my face?

M. de P. Ah yes. (To Sbrigani.) I do not know him.

Ér. Do you not recollect that I had the honour to
drink with you I do not know how many times?

M. de P. Excuse me. (To Sbrigani.) I do not know
who he is.

Ér. What was that fellow's name at Limoges who
gave us such good cheer?

M. de P. Petit-Jean?

Ér. That is he. We usually went together to his
place to enjoy ourselves. What do you call that
place at Limoges where we used to walk?

M. de P. The cemetery of the Arènes?

Ér. Exactly: it was there I passed so many agreeable
hours, enjoying your pleasant conversation. Do
you not recall all this?

M. DE P. Excusez-moi, je me le remets. (A Sbrigani.) Diable emporte si je m'en souviens !

SBR. Il y a cent choses comme cela qui passent de la tête.

ÉR. Embrassez-moi donc, je vous prie, et resserrons les nœuds de notre ancienne amitié.

SBR. Voilà un homme qui vous aime fort.

ÉR. Dites-moi un peu des nouvelles de toute la parenté : comment se porte Monsieur votre . . . là . . . qui est si honnête homme ?

M. DE P. Mon frère le consul ?

ÉR. Oui.

M. DE P. Il se porte le mieux du monde.

ÉR. Certes j'en suis ravi. Et celui qui est de si bonne humeur ? là . . . Monsieur votre . . . ?

M. DE P. Mon cousin l'assesseur ?

ÉR. Justement.

M. DE P. Toujours gai et gaillard.

ÉR. Ma foi ! j'en ai beaucoup de joie. Et Monsieur votre oncle ? le . . . ?

M. DE P. Je n'ai point d'oncle.

ÉR. Vous aviez pourtant en ce temps-là . . .

M. DE P. Non, rien qu'une tante.

ÉR. C'est ce que je voulois dire, Madame votre tante : comment se porte-t-elle ?

M. DE P. Elle est morte depuis six mois.

ÉR. Hélas ! la pauvre femme ! elle était si bonne personne.

M. DE P. Nous avons aussi mon neveu le chanoine qui a pensé mourir de la petite vérole.

ÉR. Quel dommage ç'aurait été !

M. DE P. Le connaissez-vous aussi ?

ÉR. Vraiment si je le connais ! Un grand garçon bien fait.

M. DE P. Pas des plus grands.

ÉR. Non, mais de taille bien prise.

M. DE P. Eh ! oui.

ÉR. Qui est votre neveu . . .

M. DE P. Oui

M. DE P. Excuse me, it is just coming back to me.
(To Sbrigani.) Devil take me if I remember anything
about it !

SBR. There are a hundred things like that which go
out of one's head.

ÉR. Come, embrace me, I pray you, and let us re-
knit the bonds of our old friendship.

SBR. This man loves you well.

ÉR. Tell me some news of all your relations ; how is
Monsieur your . . . there . . . the one who is
such a good fellow ?

M. DE P. My brother the consul?

ÉR. Yes.

M. DE P. He is in excellent health.

ÉR. I am delighted to hear it.    And the one who was
so good tempered ? there . . . Monsieur your . . . ?

M. DE P. My cousin the assessor ?

ÉR. Exactly.

M. DE P. Just the same gay and lively fellow.

ÉR. Upon my word it does me good to hear it.    And
Monsieur your uncle ? the . . . ?

M. DE P. I have not an uncle.

ÉR. But you had one at that time . . .

M. DE P. No, only an aunt.

ÉR. That was what I meant to say, Madame your
aunt : how is she ?

M. DE P. She died six months ago.

ÉR. Alas ! poor woman ! she was such a good creature.

M. DE P. Then there is my nephew the canon, who
almost died of small-pox.

ÉR. What a terrible loss that would have been !

M. DE P. Do you also know him ?

ÉR. Certainly I know him !    A tall, well set-up
youth.

M. DE P. Not very tall.

ÉR. No, but well-built.

M. DE P. Ah ! yes.

ÉR. He is your nephew . . .

M. DE P. Yes.

ÉR. Fils de votre frère et de votre sœur . . .

M. DE P. Justement.

ÉR. Chanoine de l'église de . . . Comment l'appelez-
vous?

M. DE P. De Saint-Étienne.

ÉR. Le voilà, je ne connais autre.

M. DE P. Il dit toute la parenté.

SBR. Il vous connaît plus que vous ne croyez.

M. DE P. A ce que je vois, vous avez demeuré longtemps dans notre ville?

ÉR. Deux ans entiers.

M. DE P. Vous étiez donc là quand mon cousin l'élu
fit tenir son enfant à Monsieur notre gouverneur?

ÉR. Vraiment oui, j'y fus convié des premiers.

M. DE P. Cela fut galant.

ÉR. Très-galant.

M. DE P. C'était un repas bien troussé.

ÉR. Sans doute.

M. DE P. Vous vîtes donc aussi la querelle que j'eus
avec ce gentilhomme périgordin?

ÉR. Oui.

M. DE P. Parbleu! il trouva à qui parler.

ÉR. Ah, ah!

M. DE P. Il me donna un soufflet, mais je lui dis bien
son fait.

ÉR. Assurément.   Au reste, je ne prétends pas que
vous preniez d'autre logis que le mien.

M. DE P. Je n'ai garde de . . .

ÉR. Vous moquez-vous? Je ne souffrirai point du
tout que mon meilleur ami soit autre part que dans
ma maison.

M. DE P. Ce serait vous . . .

ÉR. Non: le diable m'emporte! vous logerez chez
moi.

SBR. Puisqu'il le veut obstinément, je vous conseille
d'accepter l'offre.

ÉR. Où sont vos hardes?

M. DE P. Je les ai laissées, avec mon valet, où je suis
descendu.

Ér. Son of your brother and your sister . . .

M. de P. Exactly.

Ér. Canon of the church of . . . What do you call it?

M. de P. St. Stephen.

Ér. That is he, I do not know any other.

M. de P. He has spoken of all my relations.

Sbr. He knows you better than you think.

M. de P. So far as I can see, you stayed a long time in our town?

Ér. Two whole years.

M. de P. You were there, then, when our governor was sponsor to my cousin the assessor's child?

Ér. Indeed yes, I was one of the first to be invited.

M. de P. That was a fine affair.

Ér. Very fine.

M. de P. The repast was well served.

Ér. There is no doubt about that.

M. de P. Then you were also witness of the quarrel I had with that gentleman from Périgord?

Ér. Yes.

M. de P. Upon my soul! he found out to whom he was talking.

Ér. Ah, ah!

M. de P. He slapped my face, but I told him straight what I thought of him.

Ér. Certainly. Well, I cannot think of your staying in any other house than mine.

M. de P. I could not dream . . .

Ér. Are you jesting? I shall not think of allowing my best friend to be elsewhere than in my house.

M. de P. It would inconvenience . . .

Ér. No: devil take me! you shall lodge with me.

Sbr. Since he obstinately wishes it, I advise you to accept the offer.

Ér. Where is your luggage?

M. de P. I left it, with my valet, where I got out.

ÉR. Envoyons-les querir par quelqu'un.

M. DE P. Non: je lui ai défendu de bouger, à moins
que j'y fusse moi-même, de peur de quelque fourberie.

SBR. C'est prudemment avisé.

M. DE P. Ce pays-ci est un peu sujet à caution.

ÉR. On voit les gens d'esprit en tout.

SBR. Je vais accompagner Monsieur, et le ramènerai
où vous voudrez.

ÉR. Oui, je serai bien aise de donner quelques ordres,
et vous n'avez qu'à revenir à cette maison-là.

SBR. Nous sommes à vous tout à l'heure.

ÉR. Je vous attends avec impatience.

M. DE P. Voilà une connaissance où je ne m'attendais
point.

SBR. Il a la mine d'être honnête homme.

ÉR. (seul.) Ma foi! Monsieur de Pourceaugnac, nous
vous en donnerons de toutes les façons; les choses
sont préparées, et je n'ai qu'à frapper.


## SCÈNE V

### L'APOTHICAIRE, ÉRASTE

ÉR. Je crois, Monsieur, que vous êtes le médecin à
qui l'on est venu parler de ma part.

L'A. Non, Monsieur, ce n'est pas moi qui suis le
médecin; à moi n'appartient pas cet honneur, et
je ne suis qu'apothicaire, apothicaire indigne, pour
vous servir.

ÉR. Et Monsieur le médecin est-il à la maison?

L'A. Oui, il est là embarrassé à expédier quelques
malades, et je vais lui dire que vous êtes ici.

ÉR. Non, ne bougez: j'attendrai qu'il ait fait; c'est
pour lui mettre entre les mains certain parent que
nous avons, dont on lui a parlé, et qui se trouve
attaqué de quelque folie, que nous serions bien
aises qu'il pût guérir avant que de le marier.

L'A. Je sais ce que c'est, je sais ce que c'est, et j'étais

Ér. We will send some one to fetch it.

M. DE P. No : I forbade him to stir, until I myself returned, for fear of some roguery.

Sbr. You were well advised.

M. DE P. It is necessary to be cautious in these parts.

Ér. You think of everything.

Sbr. I will accompany Monsieur, and bring him back where you wish.

Ér. Yes, I must give a few orders, and you have but to come back to this house.

Sbr. We shall be with you immediately.

Ér. I will await you with impatience.

M. DE P. This is an acquaintance I did not expect.

Sbr. He looks as though he were an honest man.

Ér. (alone.) Upon my word, Monsieur de Pourceaugnac, we shall go for you on all sides ; matters are ready, I have but to strike.

## Scene V

### The Apothecary, Éraste

Ér. I believe, Monsieur, you are the doctor to whom I sent.

The A. No, Monsieur, I am not the doctor; that honour does not appertain to me, I am only an apothecary, an unworthy apothecary, at your service.

Ér. Is the doctor at home?

The A. Yes, he is busy dispatching some patients, I will go and tell him you are here.

Ér. No, do not stir; I will wait until he has done ; I want to put a certain relation of ours in his hands, of whom I have spoken, he is a little mad, and we should be very glad if he could be cured before he is married.

The A. I know all about it, I know all about it, I was

avec lui quand on lui a parlé de cette affaire.   Ma
foi, ma foi ! vous ne pouviez pas vous adresser à
un médecin plus habile : c'est un homme qui sait
la médecine à fond, comme je sais ma croix de par
Dieu, et qui, quand on devrait crever, ne démor-
drait pas d'un *iota* des règles des anciens.   Oui, il
suit toujours le grand chemin, le grand chemin, et
ne va point chercher midi à quatorze heures ; et
pour tout l'or du monde, il ne voudrait pas avoir
guéri une personne avec d'autres remèdes que ceux
que la Faculté permet.

ÉR.   Il fait fort bien : un malade ne doit point vouloir
guérir que la Faculté n'y consente.

L'A.   Ce n'est pas parce que nous sommes grands
amis, que j'en parle ; mais il y a plaisir, il y a plaisir
d'être son malade ; et j'aimerais mieux mourir de
ses remèdes que de guérir de ceux d'un autre ; car,
quoi qui puisse arriver, on est assuré que les choses
sont toujours dans l'ordre ; et quand on meurt
sous sa conduite, vos héritiers n'ont rien à vous
reprocher.

ÉR.   C'est une grande consolation pour un défunt.

L'A.   Assurément : on est bien aise au moins d'être
mort méthodiquement.   Au reste, il n'est pas de
ces médecins qui marchandent les maladies : c'est
un homme expéditif, expéditif, qui aime à dépêcher
ses malades ; et quand on a à mourir, cela se fait avec
lui le plus vite du monde.

ÉR.   En effet, il n'est rien tel que de sortir promptement d'affaire.

L'A.   Cela est vrai : à quoi bon tant barguigner et
tant tourner autour du pot ? Il faut savoir vitement
le court ou le long d'une maladie.

ÉR.   Vous avez raison.

L'A.   Voilà déjà trois de mes enfants dont il m'a fait
l'honneur de conduire la maladie, qui sont morts en
moins de quatre jours, et qui, entre les mains d'un
autre, auraient langui plus de trois mois.

ÉR.   Il est bon d'avoir des amis comme cela.

with him when the matter was mentioned to him.
Well, well! you may take my word for it, you could
not have approached a more skilful doctor: he knows
medicine down to the ground, as I know my A B C,
and, even when it means his patients dying, he will
not abate one *iota* of the rules of the ancients.  Yes,
he takes the mid-stream, always, the mid-stream,
and does not trouble himself to investigate back-
waters; not for all the gold in the world, would he
cure any one with other remedies than those pre-
scribed by the Faculty.

ÉR.  He does well: a patient ought not to wish to be
cured unless the Faculty consents.

THE A.  It is not because we are great friends that I
speak thus; but it is a pleasure, yes, it is a pleasure
to be his patient; I would rather die under his
remedies than be cured by those of another doctor;
for, whatever may happen, one is assured that
things are always in order; and, when the patient
dies under his treatment, the heirs have nothing,
then, with which they can reproach you.

ÉR.  That is a great consolation for the remains.

THE A.  Assuredly: at any rate it is satisfactory to
die methodically.  Moreover, he is not of those
doctors who bargain with diseases: he is an expeditious man, yes, an expeditious man, who likes
to dispatch his patients; and when one has to die,
he executes his business with the utmost celerity.

ÉR.  Indeed there is nothing like getting through
one's work rapidly.

THE A.  True: what is the good of so much haggling
and so much beating about the bush?  One ought
to know the long and short of a disease quickly.

ÉR.  You are right.

THE A.  He has done me the honour to treat the ill-
nesses of three of my children, so far, and they died
in four days; now, in the hands of any one else,
they would have lingered on for three months and
more.

ÉR.  It is good to have friends like that.

L'A. Sans doute. Il ne me reste plus que deux
enfants, dont il prend soin comme des siens ; il les
traite et gouverne à sa fantaisie, sans que je me
mêle de rien ; et le plus souvent, quand je reviens
de la ville, je suis tout étonné que je les trouve
saignés ou purgés par son ordre.

Ér. Voilà des soins fort obligeants.

L'A. Le voici, le voici, le voici qui vient.

## Scène VI

### Premier Médecin, Un Paysan, Une Paysanne, Éraste, L'Apothicaire

Le Pa. Monsieur, il n'en peut plus, et il dit qu'il sent
dans la tête les plus grandes douleurs du monde.

Prem. M. Le malade est un sot, d'autant plus que,
dans la maladie dont il est attaqué, ce n'est pas la
tête, selon Galien, mais la rate, qui lui doit faire
mal.

Le Pa. Quoi que c'en soit, Monsieur, il a toujours
avec cela son cours de ventre depuis six mois.

Prem. M. Bon, c'est signe que le dedans se dégage.
Je l'irai visiter dans deux ou trois jours ; mais s'il
mourait avant ce temps-là, ne manquez pas de m'en
donner avis, car il n'est pas de la civilité qu'un
médecin visite un mort.

La Pa. Mon père, Monsieur, est toujours malade de
plus en plus.

Prem. M. Ce n'est pas ma faute : je lui donne des
remèdes ; que ne guérit-il ? Combien a-t-il été
saigné de fois ?

La Pa. Quinze, Monsieur, depuis vingt jours.

Prem. M. Quinze fois saigné ?

La Pa. Oui.

Prem. M. Et il ne guérit point ?

La Pa. Non, Monsieur.

Prem. M. C'est signe que la maladie n'est pas dans le

The A. Unquestionably. I have now only two children, of whom he takes care as of his own; he treats them and doctors them according to his fancy, without my bothering to interfere at all; and generally, when I come back from the town, I am agreeably surprised to find they have been bled or purged by his order.

Ér. That is indeed taking care.

The A. Here he is, here he is, this is he.


SCENE VI

FIRST DOCTOR, A COUNTRYMAN, A COUNTRYWOMAN, ÉRASTE, THE APOTHECARY

The Cm. Monsieur, he cannot bear it any longer, he says he feels the most horrible pains in his head.

1st D. The patient is a fool, inasmuch as, in the complaint by which he is attacked, according to Galen, it is not in the head but in the spleen where he should suffer.

The Cm. However that may be, Monsieur, he has been lax in his bowels with it for six months.

1st D. Good, it is a sign that he is being cleared out inside. I will go and see him in two or three days' time; but if he should die before then, do not fail to let me know, for it is not etiquette for a doctor to visit a corpse.

The Cw. Monsieur, my father gets worse and worse.

1st D. That is not my fault: I have given him remedies; why does he not get better? How many times has he been bled?

The Cw. Fifteen times, Monsieur, in twenty days.

1st D. Bled fifteen times?

The Cw. Yes.

1st D. And he does not get better?

The Cw. No, Monsieur.

1st D. Then it is a sign that the disease is not in the

s

**sang.** Nous le ferons purger autant de fois, pour voir si elle n'est pas dans les humeurs ; et si rien ne nous réussit, nous l'envoyerons aux bains.

**L'A.** Voilà le fin cela, voilà le fin de la médecine.

**Ér.** C'est moi, Monsieur, qui vous ai envoyé parler ces jours passés pour un parent un peu troublé d'esprit, que je veux vous donner chez vous, afin de le guérir avec plus de commodité, et qu'il soit vu de moins de monde.

**Prem. M.** Oui, Monsieur, j'ai déjà disposé tout, et promets d'en avoir tous les soins imaginables.

**Ér.** Le voici.

**Prem. M.** La conjoncture est tout à fait heureuse, et j'ai ici un ancien de mes amis avec lequel je serai bien aise de consulter sa maladie.

### Scène VII

**Ér.** Une petite affaire m'est survenue, qui m'oblige à vous quitter : mais voilà une personne entre les mains de qui je vous laisse, qui aura soin pour moi de vous traiter du mieux qu'il lui sera possible.

**Prem. M.** Le devoir de ma profession m'y oblige, et c'est assez que vous me chargiez de ce soin.

**M. de P.** C'est son maître d'hôtel, et il faut que ce soit un homme de qualité.

**Prem. M.** Oui, je vous assure que je traiterai Monsieur méthodiquement, et dans toutes les régularités de notre art.

**M. de P.** Mon Dieu ! il ne me faut point tant de cérémonies ; et je ne viens pas ici pour incommoder.

**Prem. M.** Un tel emploi ne me donne que de la joie.

blood.  We will purge him as many times, to see if ·
it is not in the humours ; and if nothing comes of
that, we will send him to the baths.

The A.  That is the quintessence, yes, that is the
quintessence of the science of medicine.

Ér.  Monsieur, I sent you a few days ago a message
concerning a relation who is not quite right in his
mind : I wish to send him to you, so that he may
be cured with the greatest ease and not fall under
observation.

1st D.  Yes, Monsieur, I have already prepared everything : I promise to show him every imaginable
care.

Ér.  Here he is.

1st D.  This meeting is very fortunate, for I have here
an old friend of mine, whom I should be very glad
to consult concerning his malady.

## Scene VII

MONSIEUR DE POURCEAUGNAC, ÉRASTE, FIRST DOCTOR,
THE APOTHECARY

Ér.  I have a little affair I must look after and I must
leave you for the present : but this gentleman, in
whose hands I leave you, will do everything he can
to treat you well for my sake.

1st D.  The duty of my profession enjoins me to it ; it
is enough that you place this charge upon me.

M. de P.  He is his steward ; he seems a person of
some importance.

1st D.  Yes, I assure you I will treat this gentleman
methodically, and according to all the rules of our
art.

M. de P.  Good heavens !  I do not need so many
ceremonies ; I did not come here to inconvenience
you.

1st D.  Such an occupation gives me nothing but
pleasure.

Ér. Voilà toujours six pistoles d'avance, en attendant
ce que j'ai promis.

M. de P. Non, s'il vous plaît, je n'entends pas que
vous fassiez de dépense, et que vous envoyiez rien
acheter pour moi.

Ér. Mon Dieu! laissez faire.  Ce n'est pas pour ce
que vous pensez.

M. de P. Je vous demande de ne me traiter qu'en
ami.

Ér. C'est ce que je veux faire. (Bas au médecin.) Je
vous recommande surtout de ne le point laisser
sortir de vos mains ; car parfois il veut s'échapper.

Prem. M. Ne vous mettez pas en peine.

Ér. (à Monsieur de Pourceaugnac.) Je vous prie de m'excuser de l'incivilité que je commets.

M. de P. Vous vous moquez, et c'est trop de grâce
que vous me faites.


## Scène VIII

### Premier Médecin, Second Médecin, Monsieur de Pourceaugnac, L'Apothicaire

Prem. M. Ce m'est beaucoup d'honneur, Monsieur,
d'être choisi pour vous rendre service.

M. de P. Je suis votre serviteur.

Prem. M. Voici un habile homme, mon confrère,
avec lequel je vais consulter la manière dont nous
vous traiterons.

M. de P. Il ne faut point tant de façons, vous dis-je,
et je suis homme à me contenter de l'ordinaire.

Prem. M. Allons, des siéges.

M. de P. Voilà, pour un jeune homme, des domes-
tiques bien lugubres!

Prem. M. Allons, Monsieur : prenez votre place,
Monsieur.

(Lorsqu'ils sont assis, les deux Médecins lui prennent
chacun une main, pour lui tâter le pouls.)

Ér. Here are six pistoles in advance, on account of
what I promised you.

M. de P. No, pardon me, I cannot permit you to be
at any expense, you must not send out to buy anything for me.

Ér. Indeed, you must allow me. It is not for what
you think.

M. de P. I entreat you to consider me in the light of
a friend.

Ér. That is just what I intend to do. (Aside, to the
doctor.) Above all, I recommend you not to let him
go out of your hands; for sometimes he wishes to
escape.

1st D. Do not trouble yourself.

Ér. (to Monsieur de Pourceaugnac.) I pray you to excuse
my apparent incivility.

M. de P. Do not mention it, you do me too much
honour.


## Scène VIII

### First Doctor, Second Doctor, Monsieur de Pour-
ceaugnac, The Apothecary

1st D. You do me too great an honour, Monsieur, in
choosing me to attend you.

M. de P. I am your servant.

1st D. This is my colleague, a clever man, with whom
I wish to consult concerning the manner of treating
you.

M. de P. I repeat, there is no need of so much
ceremony, I am quite content with ordinary fare.

1st D. Come, bring some chairs.

M. de P. Well, these are dismal-looking attendants
for a young man !

1st D. Come, Monsieur : pray sit down, Monsieur.

(When they are seated, each of the two Doctors takes
him by the hand to feel his pulse.)

M. DE P. (présentant ses mains.) Votre très-humble valet.
(Voyant qu'ils lui tâtent le pouls.)  Que veut dire cela?

PREM. M.  Mangez-vous bien, Monsieur?
M. DE P.  Oui, et bois encore mieux.
PREM. M.  Tant pis : cette grande appétition du froid
et de l'humide est une indication de la chaleur et
sécheresse qui est au dedans.  Dormez-vous fort?
M. DE P.  Oui, quand j'ai bien soupé.
PREM. M.  Faites-vous des songes?
M. DE P.  Quelquefois.
PREM. M.  De quelle nature sont-ils?
M. DE P.  De la nature des songes.  Quelle diable de
conversation est-ce là?
PREM. M.  Vos déjections, comment sont-elles?
M. DE P.  Ma foi ! je ne comprends rien à toutes ces
questions, et je veux plutôt boire un coup.

PREM. M.  Un peu de patience, nous allons raisonner
sur votre affaire devant vous, et nous le ferons en
français, pour être plus intelligibles.
M. DE P.  Quel grand raisonnement faut-il pour manger
un morceau?
PREM. M.  Comme ainsi soit qu'on ne puisse guérir
une maladie qu'on ne la connaisse parfaitement, et
qu'on ne la puisse parfaitement connaître sans en
bien établir l'idée particulière, et la véritable espèce,
par ses signes diagnostiques et prognostiques, vous
me permettrez, Monsieur notre ancien, d'entrer en
considération de la maladie dont il s'agit, avant que
de toucher à la thérapeutique, et aux remèdes qu'il
nous conviendra faire pour la parfaite curation
d'icelle.  Je dis donc, Monsieur, avec votre permission, que notre malade ici présent est mal-
heureusement attaqué, affecté, possédé, travaillé de
cette sorte de folie que nous nommons fort bien
mélancolie hypocondriaque, espèce de folie très-
fâcheuse, et qui ne demande pas moins qu'un Escu-
lape comme vous, consommé dans notre art, vous,
dis-je, qui avez blanchi, comme on dit, sous le

M. DE P. (holding out his hands.) Your very humble
servant. (Seeing that they are feeling his pulse.) What
can this mean?

1ST D. Do you eat well, Monsieur?

M. DE P. Yes, and drink still better.

1ST D. So much the worse: this great craving for
what is cold and damp is an indication of the heat
and dryness inside. Do you sleep soundly?

M. DE P. Yes, when I have supped well.

1ST D. Are you troubled by dreams?

M. DE P. Sometimes.

1ST D. Of what nature are they?

M. DE P. Of the nature of dreams. What the devil
does this conversation mean?

1ST D. How are your bowels moved?

M. DE P. Upon my word! I do not understand the
meaning of these questions: I would rather have a
glass of something to drink.

1ST D. Have a little patience, we are going to debate
upon your condition before you, and we will talk
in French, in order to be the better understood.

M. DE P. Where is there need of so much talk about
eating a trifle?

1ST D. Since it is a fact that we cannot cure a disease
unless we know it perfectly, and since we cannot
know it perfectly without first setting up its par-
ticular theory, and its true species, by diagnostic
and prognostic signs, you will permit me, my old
colleague, to enter upon the consideration of the
malady in question, before we begin upon the
therapeutics, or discuss the remedies which we must
take into account in order to effect a perfect cure
of the said disease. With your permission, therefore, Monsieur, I have to say that our patient here
present is unhappily attacked, affected, possessed,
troubled with that kind of madness which we very
truly name hypochondriacal melancholy, a kind of
madness very trying, and one which requires no
less than an Esculapius such as you are, consummate
in our art, you, I say, who have grown old, as the

harnois, et auquel il en a tant passé par les mains
de toutes les façons.　Je l'appelle mélancolie hypocondriaque, pour la distinguer des deux autres ; car
le célèbre Galien établit doctement à son ordinaire
trois espèces de cette maladie que nous nommons
mélancolie, ainsi appelée non-seulement par les
Latins, mais encore par les Grecs, ce qui est bien à
remarquer pour notre affaire : la première, qui vient
du propre vice du cerveau ; la seconde, qui vient de
tout le sang, fait et rendu atrabiliaire ; la troisième,
appelée hypocondriaque, qui est la nôtre, laquelle
procède du vice de quelque partie du bas-ventre et
de la région inférieure, mais particulièrement de la
rate, dont la chaleur et l'inflammation porte au
cerveau de notre malade beaucoup de fuligines
épaisses et crasses, dont la vapeur noire et maligne
cause dépravation aux fonctions de la faculté prin-
cesse, et fait la maladie dont, par notre raisonnement, il est manifestement atteint et convaincu.
Qu'ainsi ne soit, pour diagnostique incontestable
de ce que je dis, vous n'avez qu'à considérer ce
grand sérieux que vous voyez ; cette tristesse accompagnée de crainte et de défiance, signes patho-
gnomoniques et individuels de cette maladie, si bien
marquée chez le divin vieillard Hippocrate ; cette
physionomie, ces yeux rouges et hagards, cette
grande barbe, cette habitude du corps, menue, grêle,
noire et velue, lesquels signes le dénotent très-
affecté de cette maladie, procédante du vice des
hypocondres : laquelle maladie, par laps de temps
naturalisée, envieillie, habituée, et ayant pris droit
de bourgeoisie chez lui, pourroit bien dégénérer ou
en manie, ou en phthisie, ou en apoplexie, ou même
en fine frénésie et fureur.　Tout ceci supposé, puisqu'une maladie bien connue est à demi guérie, car
*ignoti nulla est curatio morbi,* il ne vous sera pas
difficile de convenir des remèdes que nous devons
faire à Monsieur.　Premièrement, pour remédier à
cette pléthore obturante, et à cette cacochymie
luxuriante par tout le corps, je suis d'avis qu'il

saying is, in harness, and through whose hands so
many of divers sorts have passed.   I call it hypochondriacal melancholy, to distinguish it from two
others; for the celebrated Galen, as was his rule,
learnedly established three species of the malady,
which we call melancholy, called thus not only by
the Latins, but even by the Greeks, and it is as well
to take a note of this as appertaining to our case:
the first, which arises from a disease of the brain
itself; the second, which arises solely from the
blood, made and become atrabilious; the third,
called hypochondriacal, which is ours, proceeds
from some defect in the lower part of the abdomen
and of the inferior region, but particularly of the
spleen, the heat and inflammation of which drives
to the brain of our patient a great quantity of
fuliginous, thick and foul matter, the black and
malignant vapour of which causes depravation of
the functions of the leading faculty and causes the
disease by which, according to our argument, he is
manifestly accused and convicted.   And in order to
prove this, as an incontestable diagnosis of what I
have said, you have but to consider the profound
seriousness you see before you; that sadness and
its accompanying fear and mistrust, pathognomonic
and characteristic signs of this malady, so well
described by the divine old Hippocrates; that
physiognomy, these red and haggard eyes, this great
beard, this condition of the body, thin, emaciated,
black and hairy, which signs indicate that he is far
gone in the malady that springs from a disease of
the hypochondria: which malady, having, by lapse
of time, become naturalised, ingrained, chronic, and
become, as it were, a citizen in him, might easily
degenerate either into mania, or into consumption,
or into apoplexy, or even into downright phrenzy
and madness.   All this granted, and since a disease
well diagnosed is half cured, for *ignoti nulla est
curatio morbi*, it will not be difficult for you to
decide what remedies we ought to prescribe for this

soit phlébotomisé libéralement, c'est-à-dire que les
saignées soient fréquentes et plantureuses : en
premier lieu de la basilique, puis de la céphalique ;
et même, si le mal est opiniâtre, de lui ouvrir la
veine du front, et que l'ouverture soit large, afin
que le gros sang puisse sortir ; et en même temps,
de le purger, désopiler, et évacuer par purgatifs
propres et convenables, c'est-à-dire par cholagogues,
mélanogogues, et cætera ; et comme la véritable
source de tout le mal est ou une humeur crasse et
féculente, ou une vapeur noire et grossière qui
obscurcit, infecte et salit les esprits animaux, il est
à propos ensuite qu'il prenne un bain d'eau pure et
nette, avec force petit-lait clair, pour purifier par
l'eau la féculence de l'humeur crasse, et éclaircir
par le lait clair la noirceur de cette vapeur ; mais,
avant toute chose, je trouve qu'il est bon de le
réjouir par agréables conversations, chants et instruments de musique, à quoi il n'y a pas d'inconvénient
de joindre des danseurs, afin que leurs mouvements,
disposition et agilité puissent exciter et réveiller la
paresse de ses esprits engourdis, qui occasionne
l'épaisseur de son sang, d'où procède la maladie.
Voilà les remèdes que j'imagine, auxquels pourront être ajoutés beaucoup d'autres meilleurs par
Monsieur notre maître et ancien, suivant l'ex-
périence, jugement, lumière et suffisance qu'il s'est
acquise dans notre art. *Dixi.*

SEC. M. A Dieu ne plaise, Monsieur, qu'il me tombe
en pensée d'ajouter rien à ce que vous venez de
dire ! Vous avez si bien discouru sur tous les
signes, les symptômes et les causes de la maladie de
Monsieur ; le raisonnement que vous en avez fait
est si docte et si beau, qu'il est impossible qu'il ne
soit pas fou, et mélancolique hypocondriaque ; et
quand il ne le serait pas, il faudrait qu'il le devînt,

gentleman.  Firstly, in order to cure this obdurate
plethora, and this luxuriant cacochymy throughout
the body, I am of opinion that he should be liberally
phlebotomised, that is to say that he should be
frequently and copiously bled : in the first place by
the basilic and then by the cephalic vein ; and even,
if the disease be obstinate, the vein in the forehead
should be opened, and the opening made large, in
order that the thick blood may come out; and, at
the same time, he should be purged, de-obstructed,
and evacuated by suitable and proper purgatives,
that is to say, by cholagogues, melanagogues, *et
cætera*; and as the veritable source of all the evil is
either a thick and feculent humour or a black and
gross vapour which obscures, infects and contami-
nates the animal spirits, it is necessary that this
treatment should be followed by a bath of pure and
clean water, with plenty of whey, in order that the
water may purify the feculence of the gross humour
and that the whey may clarify the blackness of this
vapour; but, before aught else, I think he ought
to be cheered by pleasant conversation, songs and
instruments of music, to which it would not be
amiss to add some dancers, in order that their
movements, disposition and agility may excite and
reawaken the sluggishness of his numbed spirits,
which occasions the thickness of his blood, the
origin of his disease.  Those are the remedies which
I have in mind, to which many other better ones
may be added by our master and old colleague,
arising from the experience, judgment, light, and
sufficiency which he has acquired in our art.  *Dixi.*
2ND D. Heaven forbid, Monsieur, that I should so much
as dream of adding anything to what you have just
said !  You have so admirably passed in review the
signs, the symptoms, and the causes of this gentleman's illness ; the argument you have delivered is
so learned and perfect, that it is impossible for him
not to be mad and hypochondriacally melancholic ;
and even were he not, it would be needful that he

pour la beauté des choses que vous avez dites, et la
justesse du raisonnement que vous avez fait. Oui,
Monsieur, vous avez dépeint fort graphiquement,
*graphice depinxisti*, tout ce qui appartient à cette
maladie : il ne se peut rien de plus doctement,
sagement, ingénieusement conçu, pensé, imaginé,
que ce que vous avez prononcé au sujet de ce mal,
soit pour la diagnose, ou la prognose, ou la thérapie ;
et il ne me reste rien ici, que de féliciter Monsieur
d'être tombé entre vos mains, et de lui dire qu'il est
trop heureux d'être fou, pour éprouver l'efficace et
la douceur des remèdes que vous avez si judicieuse-
ment proposés. Je les approuve tous, *manibus et
pedibus descendo in tuam sententiam.* Tout ce que
j'y voudrais, c'est de faire les saignées et les purgations en nombre impair : *numero deus impari
gaudet* ; de prendre le lait clair avant le bain ; de
lui composer un fronteau où il entre du sel : le sel
est symbole de la sagesse ; de faire blanchir les
murailles de sa chambre, pour dissiper les ténèbres
de ses esprits : *album est disgregativum visus* ; et de
lui donner tout à l'heure un petit lavement, pour
servir de prélude et d'introduction à ces judicieux
remèdes, dont, s'il a à guérir, il doit recevoir du
soulagement. Fasse le Ciel que ces remèdes,
Monsieur, qui sont les vôtres, réussissent au malade
selon notre intention !

M. DE P. Messieurs, il y a une heure que je vous
écoute. Est-ce que nous jouons ici une comédie ?
PREM. M. Non, Monsieur, nous ne jouons point.
M. DE P. Qu'est-ce que tout ceci ? et que voulez-vous
dire avec votre galimatias et vos sottises ?
PREM. M. Bon, dire des injures. Voilà un diagnos-
tique qui nous manquait pour la confirmation de
son mal, et ceci pourrait bien tourner en manie.
M. DE P. Avec qui m'a-t-on mis ici ?
(Il crache deux ou trois fois.)
PREM. M. Autre diagnostique : la sputation fréquente.
M. DE P. Laissons cela, et sortons d'ici.

should become so, because of the admirable things
you have said, and the justice of your argument.
Yes, Monsieur, you have pointed very graphically,
*graphice depinxisti*, everything which appertains to
this malady : nothing could have been more learnedly, wisely, ingeniously conceived, thought, imagined,
than what you have pronounced on the subject of
this patient, whether by way of diagnosis, prognosis,
or therapeutic ; there remains for me nothing to
do here, but to felicitate the gentleman on having
fallen into your hands, and to tell him he is very
lucky to be mad, in order to prove the efficacy
and the gentleness of the remedies you have so
judiciously proposed.   I approve them all, *manibus
et pedibus descendo in tuam sententiam*.   All I would
wish to add, would be to make the bleedings and
the purgations an unequal number : *numero deus
impari gaudet*; to take the whey before the bath ;
to apply a salted bandage to his forehead : salt is
the symbol of wisdom ; to whitewash the walls of
his chamber, in order to dissipate the darkness of
his spirits : *album est disgregativum visus*; and to
give him immediately a small dose of physic, in
order to serve as a prelude and introduction to
these judicious remedies, from which, if he is to
be cured, he must receive relief.   Pray Heaven,
Monsieur, that these your remedies may have that
effect upon the patient we desire for him !

M. DE P.  Messieurs, I have listened to you for a
whole hour.   Are we taking part in a comedy here?

1ST D.  No, Monsieur, we are not playing.

M. DE P.  What is all this? what do you mean by all
your nonsense and tomfoolery?

1ST D.  Good, he uses insulting language.   That is a
diagnosis we wanted to confirm his sickness ; this
might well turn to mania.

M. DE P.  In whose hands have I been left here ?
(He spits two or three times.)

1ST D.  Another diagnosis : frequent expectoration.

M. DE P.  Let us drop this and go out.

PREM. M. Autre encore : l'inquiétude de changer de place.

M. DE P. Qu'est-ce donc que toute cette affaire ? et que me voulez-vous ?

PREM. M. Vous guérir, selon l'ordre qui nous a été donné.

M. DE P. Me guérir ?

PREM. M. Oui.

M. DE P. Parbleu ! je ne suis pas malade.

PREM. M. Mauvais signe, lorsqu'un malade ne sent pas son mal.

M. DE P. Je vous dis que je me porte bien.

PREM. M. Nous savons mieux que vous comment vous vous portez, et nous sommes médecins, qui voyons clair dans votre constitution.

M. DE P. Si vous êtes médecins, je n'ai que faire de vous ; et je me moque de la médecine.

PREM. M. Hon, hon : voici un homme plus fou que nous ne pensons.

M. DE P. Mon père et ma mère n'ont jamais voulu de remèdes, et ils sont morts tous deux sans l'assistance des médecins.

PREM. M. Je ne m'étonne pas s'ils ont engendré un fils qui est insensé. Allons, procédons à la curation, et par la douceur exhilarante de l'harmonie, adoucissons, lénifions, et accoisons l'aigreur de ses esprits, que je vois prêts à s'enflammer.

## SCÈNE IX

### MONSIEUR DE POURCEAUGNAC

Que diable est-ce là ? Les gens de ce pays-ci sont-ils insensés ? Je n'ai jamais rien vu de tel, et je n'y comprends rien du tout.

1st D. Still another : unrest and desire of change.

M. DE P. Come, what is all this business? what do you want with me?

1st D. To cure you, according to the rules we have laid down.

M. DE P. To cure me?

1st D. Yes.

M. DE P. Good gracious ! I am not ill.

1st D. A bad sign, when a patient does not feel he is ill.

M. DE P. I tell you I am very well.

1st D. We know better than you how you are, and we are doctors, we can see clearly into your constitution.

M. DE P. If you are doctors, I do not want to have anything to do with you ; I jeer at medicine.

1st D. Ah, ah : this man is more mad than we thought.

M. DE P. My father and my mother would never take their remedies and they both died without doctors' assistance.

1st D. I am not astonished they gave birth to a son who is insane.  Come, let us go on with the cure, and, by the enlivening gentleness of harmony, let us soften, appease, and soothe the bitterness of his spirits, which I see are ready to burst out.

## Scene IX

### Monsieur de Pourceaugnac

What the devil is this?  Are the people in these parts mad?  I have never seen their like.  I cannot understand what they are about.

## Scène X

DEUX MUSICIENS italiens en médecins grotesques, suivis de
HUIT MATASSINS, chantent ces paroles soutenues
de la symphonie d'un mélange d'instruments.

LES DEUX MUSICIENS.
*Bon dì, bon dì, bon dì :*
*Non vi lasciate uccidere*
*Dal dolor malinconico.*
*Noi vi faremo ridere*
*Col nostro canto harmonico,*
*Sol' per guarirvi*
*Siamo venuti qui.*
*Bon dì, bon dì, bon dì.*

PREM. MUSICIEN.
*Altro non è la pazzia*
*Che malinconia.*
*Il malato*
*Non è disperato,*
*Se vol pigliar un poco d'allegria :*
*Altro non è la pazzia*
*Che malinconia.*

SEC. MUSICIEN.
*Sù, cantate, ballate, ridete ;*
*E se far meglio volete,*
*Quando sentite il deliro vicino,*
*Pigliate del vino,*
*E qualche volta un po' po' di tabac.*
*Alegramente, Monsu Pourceaugnac !*

## Scène XI

L'APOTHICAIRE, MONSIEUR DE POURCEAUGNAC

L'A. Monsieur, voici un petit remède, un petit remède,
qu'il vous faut prendre, s'il vous plaît, s'il vous
plaît.

## Scene X

Two Italian Musicians dressed as grotesque doctors, followed by Eight Mummers, singing the following words to a symphony accompanied by musical instruments.

THE TWO MUSICIANS.
*Good day, good day, good day:*
*Do not let yourself be killed*
*By melancholic grief.*
*Our harmonious song's for you,*
*We have to make you laugh.*
*We are only here to cure.*
*Good day, good day, good day.*

1ST MUSICIAN.
*Madness is nought*
*But melancholy.*
*The patient*
*Need not despair,*
*If he take on a gay air:*
*Madness is nought*
*But melancholy.*

2ND MUSICIAN.
*Come, sing and dance and laugh;*
*And, if you would do better,*
*When the fit is on you,*
*Take a little liquor,*
*And then perhaps a little, little snuff.*
*Come, Monsieur Pourceaugnac, be gay, be gay!*

## Scene XI

THE APOTHECARY, MONSIEUR DE POURCEAUGNAC

THE A. Monsieur, this is a little remedy, a little remedy, which you must take, if you please, if you please.

T

**M. DE P.** Comment? Je n'ai que faire de cela.

**L'A.** Il a été ordonné, Monsieur, il a été ordonné.

**M. DE P.** Ah! que de bruit!

**L'A.** Prenez-le, Monsieur, prenez-le : il ne vous fera
point de mal, il ne vous fera point de mal.

**M. DE P.** Ah!

**L'A.** C'est un petit clystère, un petit clystère, benin,
benin; il est benin, benin; là, prenez, prenez,
prenez, Monsieur : c'est pour déterger, pour déterger, déterger . . .

(LES deux Musiciens, accompagnés des Matassins et des
instruments, dansent à l'entour de M. de Pourceaugnac, et s'arrêtant devant lui, chantent :)

*Piglia-lo sù,*
*Signor Monsu,*
*Piglia-lo, piglia-lo, piglia-lo sù,*
*Che non ti farà male,*
*Piglia-lo sù questo servitiale ;*
*Piglia-lo sù,*
*Signor Monsu,*
*Piglia-lo, piglia-lo, piglia-lo sù.*

**M. DE P.** (fuyant.) Allez-vous-en au diable.

(L'Apothicaire, les deux Musiciens, et les Matassins
le suivent, tous une seringue à la main.)

FIN DU PREMIER ACTE.

# ACTE II

## SCÈNE I

### SBRIGANI, PREMIER MÉDECIN

**PREM. M.** Il a forcé tous les obstacles que j'avais mis,
et s'est dérobé aux remèdes que je commençais de
lui faire.

M. de P. What? I have no need of this.

The A. It has been ordered, Monsieur, it has been ordered.

M. de P. Ah! what a row!

The A. Take it, Monsieur, take it: it will not do you any harm, it will not do you any harm.

M. de P. Ah!

The A. It is a little injection, a little injection, gentle, gentle; it is gentle, gentle; there, take, take, take, Monsieur : it is to purge, to purge, purge . . .

(The two Musicians, accompanied by the Mummers and instruments, dance round M. de Pourceaugnac, and, stopping before him, sing :)

> *Take it quickly,*
> *Seigneur Monsieur,*
> *Take it, take it, take it quickly,*
> *It will not do you any harm,*
> *Take this little physic quickly ;*
> *Take it quickly,*
> *Seigneur Monsieur,*
> *Take it, take it, take it quickly.*

M. de P. (flying.) Go to the devil.

(The Apothecary, the two Musicians, and the Mummers follow him, each carrying a syringe.)

END OF THE FIRST ACT.

# ACT II

## Scene I

### Sbrigani, First Doctor

1st D. He has overcome all the obstacles I prepared, and has turned aside from the remedies I began to apply to him.

**Sbr.** C'est être bien ennemi de soi-même, que de fuir des remèdes aussi salutaires que les vôtres.

**Prem. M.** Marque d'un cerveau démonté, et d'une raison dépravée, que de ne vouloir pas guérir.

**Sbr.** Vous l'auriez guéri haut la main.

**Prem. M.** Sans doute, quand il y aurait eu complication de douze maladies.

**Sbr.** Cependant voilà cinquante pistoles bien acquises qu'il vous fait perdre.

**Prem. M.** Moi? je n'entends point les perdre, et prétends le guérir en dépit qu'il en ait. Il est lié et engagé à mes remèdes, et je veux le faire saisir où je le trouverai, comme déserteur de la médecine, et infracteur de mes ordonnances.

**Sbr.** Vous avez raison : vos remèdes étaient un coup sûr, et c'est de l'argent qu'il vous vole.

**Prem. M.** Où puis-je en avoir des nouvelles?

**Sbr.** Chez le bon homme Oronte assurément, dont il vient épouser la fille, et qui, ne sachant rien de l'infirmité de son gendre futur, voudra peut-être se hâter de conclure le mariage.

**Prem. M.** Je vais lui parler tout à l'heure.

**Sbr.** Vous ne ferez point mal.

**Prem. M.** Il est hypothéqué à mes consultations, et un malade ne se moquera pas d'un médecin.

**Sbr.** C'est fort bien dit à vous ; et, si vous m'en croyez, vous ne souffrirez point qu'il se marie, que vous ne l'ayez pansé tout votre soûl.

**Prem. M.** Laissez-moi faire.

**Sbr.** Je vais, de mon côté, dresser une autre batterie, et le beau-père est aussi dupe que le gendre.

### Scène II

#### Oronte, Premier Médecin

**Prem. M.** Vous avez, Monsieur, un certain Monsieur de Pourceaugnac qui doit épouser votre fille.

SBR. To fly such salutary remedies as yours is indeed
to be his own enemy.

1st D. To wish not to be cured is the work of a
demented brain, and of a depraved will.

SBR. You would have cured him easily enough.

1st D. Without a doubt, even if there had been a
complication of a dozen maladies.

SBR. Nevertheless, he has made you lose fifty good
pistoles.

1st D. I? I do not intend to lose them, I intend to
cure him in spite of himself. He is signed and
sealed to take my remedies, and I will have him
arrested wherever I find him, as a deserter from
medicine, and a breaker of my laws.

SBR. You are right: your remedies were sure, and
he has robbed you of money.

1st D. Where can I hear of him?

SBR. Assuredly at the house of good Oronte, whose
daughter he is going to marry, and who, not knowing anything of the infirmity of his future son-
in-law, will perhaps make haste to conclude the
marriage.

1st D. I will go and speak to him immediately.

SBR. You would not do any harm.

1st D. He is ear-marked to my consultations, and a
patient shall not make game of his doctor.

SBR. That is well said; and, if you take my advice,
you will not allow him to be married, until you
have doctored him to your heart's content.

1st D. Leave that to me.

SBR. Now I will go and prepare another battery, and
the father-in-law shall be duped like the son-in-law.


## SCENE II

### ORONTE, FIRST DOCTOR

1st D. Monsieur, I understand a certain Monsieur de
Pourceaugnac is going to marry your daughter?

Or. Oui, je l'attends de Limoges, et il devrait être
arrivé.

Prem. M. Aussi l'est-il, et il s'en est fui de chez moi,
après y avoir été mis ; mais je vous défends, de la
part de la médecine, de procéder au mariage que
vous avez conclu, que je ne l'aie dûment préparé
pour cela, et mis en état de procréer des enfants
bien conditionnés et de corps et d'esprit.

Or. Comment donc?

Prem. M. Votre prétendu gendre a été constitué mon
malade : sa maladie qu'on m'a donné à guérir est
un meuble qui m'appartient, et que je compte entre
mes effets ; et je vous déclare que je ne prétends
point qu'il se marie, qu'au préalable il n'ait satisfait
à la médecine, et subi les remèdes que je lui ai
ordonnés.

Or. Il a quelque mal?

Prem. M. Oui.

Or. Et quel mal, s'il vous plaît?

Prem. M. Ne vous en mettez pas en peine.

Or. Est-ce quelque mal . . .?

Prem. M. Les médecins sont obligés au secret : il
suffit que je vous ordonne, à vous et à votre fille,
de ne point célébrer, sans mon consentement, vos
noces avec lui, sur peine d'encourir la disgrâce de
la Faculté, et d'être accablés de toutes les maladies
qu'il nous plaira.

Or. Je n'ai garde, si cela est, de faire le mariage.

Prem. M. On me l'a mis entre les mains, et il est
obligé d'être mon malade.

Or. À la bonne heure.

Prem. M. Il a beau fuir, je le ferai condamner par
arrêt à se faire guérir par moi.

Or. J'y consens.

Prem. M. Oui, il faut qu'il crève, ou que je le
guérisse.

Or. Je le veux bien.

Prem. M. Et si je ne le trouve, je m'en prendrai à
vous, et je vous guérirai au lieu de lui.

Or. Yes, I am expecting him from Limoges, he ought to have arrived.

1st D. So he has, and he has fled from my house, after having been placed there; but, in the name of medicine, I forbid you to go on with the marriage you have arranged, until I have duly prepared him for that end, and put him in a condition to procreate children sound in mind and limb.

Or. What do you mean?

1st D. Your intended son-in-law has been constituted my patient: his malady, which I am called upon to cure, is a chattel that belongs to me, and I count it among my effects; I declare to you I will not allow him to marry, until he shall first have satisfied the laws of medicine and submitted to the remedies I have ordered him.

Or. Is he ill?

1st D. Yes.

Or. What is the complaint, pray.

1st D. Do not trouble about that.

Or. Is it some disease which . . .

1st D. Doctors are bound to secrecy: it is enough that I order you, you and your daughter, not to celebrate these nuptials with him, without my consent, on pain of incurring the wrath of the Faculty, and of being overwhelmed with every disease we please.

Or. If that is the case, I am in no mind for the marriage.

1st D. He has been placed in my hands and he is compelled to be my patient.

Or. Certainly.

1st D. He may run away, but all the same I shall have him legally condemned to be cured by me.

Or. I agree.

1st D. Yes, he must die or be cured by me.

Or. I am perfectly willing.

1st D. And if I do not find him, I shall look to you in the matter and cure you instead of him.

OR. Je me porte bien.
PREM. M. Il n'importe, il me faut un malade, et je
  prendrai qui je pourrai.
OR. Prenez qui vous voudrez ; mais ce ne sera pas
  moi. Voyez un peu la belle raison.

## SCÈNE III

SBRIGANI, en marchand flamand, ORONTE

SBR. Montsir, avec le vostre permissione, je suisse un
  trancher marchand Flamane, qui voudrait bienne
  vous temandair un petit nouvel.
OR. Quoi, Monsieur ?
SBR. Mettez le vostre chapeau sur le teste, Montsir,
  si ve plaist.
OR. Dites-moi, Monsieur, ce que vous voulez.
SBR. Moi le dire rien, Montsir, si vous le mettre pas
  le chapeau sur le teste.
OR. Soit.   Qu'y a-t-il, Monsieur ?
SBR. Fous connoistre point en sti file un certe Montsir
  Oronte ?
OR. Oui, je le connais.
SBR. Et quel homme est-ile, Montsir, si ve plaist ?

OR. C'est un homme comme les autres.
SBR. Je vous temande, Montsir, s'il est un homme
  riche qui a du bienne ?
OR. Oui.
SBR. Mais riche beaucoup grandement, Montsir ?
OR. Oui.
SBR. J'en suis aise beaucoup, Montsir.
OR. Mais pourquoi cela ?
SBR. L'est, Montsir, pour un petit raisonne de consé-
  quence pour nous.
OR. Mais encore, pourquoi ?
SBR. L'est, Montsir, que sti Montsir Oronte donne
  son fille en mariage à un certe Montsir de Pour-
  cegnac.

Or. I am very well.

1st D. That does not matter, I must have a patient, and I shall take whom I can get.

Or. Take whom you please; but it will not be me. This is a fine way of reasoning.


## Scene III

SBRIGANI, as a Flemish merchant, ORONTE

Sbr. Sir, by your leave, I am a foreign Flemish merchant, and I want to ask some news of you.

Or. What is it, Monsieur?

Sbr. Please put on your hat, Monsieur.

Or. Tell me, Monsieur, what you want.

Sbr. I will not say anything, Monsieur, if you do not put on your hat.

Or. So be it. Now, what is it, Monsieur?

Sbr. Do you know a certain Monsieur Oronte in this town?

Or. Yes, I know him.

Sbr. And what sort of a man is he, Monsieur, if you please?

Or. Pretty much like other men.

Sbr. Is he a rich man, Monsieur; has he any property?

Or. Yes.

Sbr. But really very rich, Monsieur?

Or. Yes.

Sbr. I am very glad of it, Monsieur.

Or. Why so?

Sbr. It is a matter of some little consequence to us, Monsieur.

Or. Why? tell me.

Sbr. Because this Monsieur Oronte has given his daughter in marriage to a certain Monsieur de Pourcegnac.

OR. Hé bien?

SBR. Et sti Montsir de Pourcegnac, Montsir, l'est un
homme que doivre beaucoup grandement à dix ou
douze marchanne Flamane qui estre venu ici.

OR. Ce Monsieur de Pourceaugnac doit beaucoup à
dix ou douze marchands?

SBR. Oui, Montsir; et depuis huite mois, nous avoir
obtenir un petit sentence contre lui, et lui à remettre
à payer tou ce créanciers de sti mariage que sti
Montsir Oronte donne pour son fille.

OR. Hon, hon, il a remis là à payer ses créanciers?

SBR. Oui, Montsir, et avec un grant dévotion nous
tous attendre sti mariage.

OR. L'avis n'est pas mauvais.   Je vous donne le
bonjour.

SBR. Je remercie, Montsir, de la faveur grande.

OR. Votre très humble valet.

SBR. Je le suis, Montsir, obliger plus que beaucoup
du bon nouvel que Montsir m'avoir donné.

Cela ne va pas mal.   Quittons notre ajustement
de Flamand, pour songer à d'autres machines; et
tâchons de semer tant de soupçons et de division
entre le beaupère et le gendre, que cela rompe le
mariage prétendu.   Tous deux également sont propres à gober les hameçons qu'on leur veut tendre;
et, entre nous autres fourbes de la première classe,
nous ne faisons que nous jouer, lorsque nous trouvons
un gibier aussi facile que celui-là.


SCÈNE IV

MONSIEUR DE POURCEAUGNAC, SBRIGANI

M. DE P. *Piglia-lo sù, piglia-lo sù, Signor Monsu*: que
diable est-ce là?   Ah!

SBR. Qu'est-ce, Monsieur, qu'avez-vous?

Or. Well, what of that?

Sbr. And this Monsieur de Pourcegnac, Monsieur, owes a great deal to ten or a dozen Flemish merchants who have come here.

Or. This Monsieur de Pourceaugnac owes much to ten or a dozen merchants?

Sbr. Yes, Monsieur; eight months ago, we obtained a little judgment against him, and he has been putting off paying all these creditors until this marriage in which Monsieur Oronte gives him his daughter.

Or. Oh, oh, he has put off paying his creditors till then?

Sbr. Yes, Monsieur, we all await this marriage with great devotion.

Or. This is not a bad warning. I wish you good day.

Sbr. I thank you, Monsieur, for your great favour.

Or. Your very humble servant.

Sbr. I am obliged, Monsieur, more than ever for the good news that Monsieur has given me.

Things are not going badly. I will put off my Flemish dress now, and think of other methods; I must try to sow so much suspicion and division between the father-in-law and the son-in-law, as will break off the intended marriage. Both are equally ready to swallow the baits held out to them; when we scoundrels of the first class find a booby as easy to deceive as he is, it is play-work.


## Scene IV

### Monsieur de Pourceaugnac, Sbrigani

M. de P. *Piglia-lo sù, piglia-lo sù, Signor Monsu*: what the devil is this? Ah!

Sbr. What is it, Monsieur, what is the matter with you?

M. DE P. Tout ce que je vois me semble lavement.

SBR. Comment?

M. DE P. Vous ne savez pas ce qui m'est arrivé dans
ce logis à la porte duquel vous m'avez conduit?

SBR. Non vraiment : qu'est-ce que c'est?

M. DE P. Je pensais y être régalé comme il faut.

SBR. Hé bien?

M. DE P. Je vous laisse entre les mains de Monsieur.
Des médecins habillés de noir. Dans une chaise.
Tâter le pouls. Comme ainsi soit. Il est fou.
Deux gros joufflus. Grands chapeaux. *Bon dì, bon
dì.* Six Pantalons. Ta, ra, ta, ta ; Ta, ra, ta, ta.
*Alegramente, Monsu Pourceaugnac.* Apothicaire.
Lavement. Prenez, Monsieur, prenez, prenez. Il
est benin, benin, benin. C'est pour déterger, pour
déterger, déterger. *Piglia-lo sù, Signor Monsu,
piglia-lo, piglia-lo, piglia-lo sù.* Jamais je n'ai été si
soûl de sottises.

SBR. Qu'est-ce que tout cela veut dire?

M. DE P. Cela veut dire que cet homme-là, avec ses
grandes embrassades, est un fourbe qui m'a mis
dans une maison pour se moquer de moi, et me faire
une pièce.

SBR. Cela est-il possible?

M. DE P. Sans doute. Ils étaient une douzaine de
possédés après mes chausses ; et j'ai eu toutes les
peines du monde à m'échapper de leurs pattes.

SBR. Voyez un peu, les mines sont bien trompeuses !
je l'aurais cru le plus affectionné de vos amis. Voilà
un de mes étonnements, comme il est possible qu'il
y ait des fourbes comme cela dans le monde.

M. DE P. Ne sens-je point le lavement? Voyez, je
vous prie.

SBR. Eh ! il y a quelque petite chose qui approche
de cela.

M. DE P. J'ai l'odorat et l'imagination tout rempli
de cela, et il me semble toujours que je vois une
douzaine de lavements qui me couchent en joue.

SBR. Voilà une méchanceté bien grande ! et les
hommes sont bien traîtres et scélérats !

M. de P. Everything I see looks like an injection.

Sbr. How is that?

M. de P. Do you not know what happened to me in that house to the door of which you led me?

Sbr. No, indeed : what was it?

M. de P. I thought I was going to be well treated.

Sbr. Well?

M. de P. I leave you in Monsieur's hands. Doctors clothed in black. In a chair. To feel the pulse. Like this. He is mad. Two great louts. Big hats. *Bon dì, bon dì.* Six pantaloons. Ta, ra, ta, ta; Ta, ra, ta, ta. *Alegramente, Monsu Pourceaugnac.* Apothecary. Injection. Take it, Monsieur, take it, take it. It is gentle, gentle, gentle. It is to purge, to purge, purge. *Piglia-lo sù, Signor Monsu, piglia-lo, piglia-lo, piglia-lo sù.* I have never before been stuffed with such rubbish as this.

Sbr. What does it all mean?

M. de P. It means that this man, with his profuse embraces, is a scoundrel who has put me in a house to mock me, and play me a trick.

Sbr. Is it possible?

M. de P. Undoubtedly. There were a dozen lunatics at my heels; I had the greatest difficulty in the world to escape out of their claws.

Sbr. Just think of that, faces are so deceptive! I would have believed him to be your most affectionate friend. It astonishes me how it is possible for there to be such scoundrels in the world.

M. de P. Do I not smell of an injection? Just try, please.

Sbr. Eh! there is something rather like it.

M. de P. My nose and my mind are full of it, I fancy I can see a dozen injections being continually squirted at me.

Sbr. What a rascally piece of wickedness! Men are indeed rogues and villains.

M. DE P. Enseignez-moi, de grâce, le logis de Monsieur Oronte : je suis bien aise d'y aller tout à l'heure.

SBR. Ah, ah ! vous êtes donc de complexion amoureuse, et vous avez ouï parler que ce Monsieur Oronte a une fille . . . ?

M. DE P. Oui, je viens l'épouser.

SBR. L'é . . . l'épouser ?

M. DE P. Oui.

SBR. En mariage ?

M. DE P. De quelle façon donc ?

SBR. Ah ! c'est une autre chose, et je vous demande pardon.

M. DE P. Qu'est-ce que cela veut dire ?

SBR. Rien.

M. DE P. Mais encore ?

SBR. Rien, vous dis-je : j'ai un peu parlé trop vite.

M. DE P. Je vous prie de me dire ce qu'il y a là-dessous.

SBR. Non, cela n'est pas nécessaire.

M. DE P. De grâce.

SBR. Point : je vous prie de m'en dispenser.

M. DE P. Est-ce que vous n'êtes pas de mes amis ?

SBR. Si fait ; on ne peut pas l'être davantage.

M. DE P. Vous devez donc ne me rien cacher.

SBR. C'est une chose où il y va de l'intérêt du prochain.

M. DE P. Afin de vous obliger à m'ouvrir votre cœur, voilà une petite bague que je vous prie de garder pour l'amour de moi.

SBR. Laissez-moi consulter un peu si je le puis faire en conscience. C'est un homme qui cherche son bien, qui tâche de pourvoir sa fille le plus avantageusement qu'il est possible, et il ne faut nuire à personne. Ce sont des choses qui sont connues à la vérité, mais j'irai les découvrir à un homme qui les ignore, et il est défendu de scandaliser son prochain. Cela est vrai. Mais, d'autre part, voilà un étranger qu'on veut surprendre, et qui, de bonne foi, vient se marier avec une fille qu'il ne connaît

M. DE P. Pray tell me where Monsieur Oronte lives :
I should be glad to go there immediately.

SBR. Ah, ah! you are in a loving frame of mind, and
you have heard tell that this Monsieur Oronte has
a daughter . . . ?
M. DE P. Yes, I have come to marry her.
SBR. To mar . . . to marry her?
M. DE P. Yes.
SBR. In marriage?
M. DE P. In what other way?
SBR. Ah ! this is another matter, I beg your pardon.

M. DE P. What do you mean?
SBR. Nothing.
M. DE P. Come, now?
SBR. Nothing, I tell you : I spoke a little too quickly.
M. DE P. I ask you to tell me what there is under
all this.
SBR. No, it is not necessary.
M. DE P. I beseech you.
SBR. No : I pray you to excuse me.
M. DE P. Are you not my friend?
SBR. Yes, indeed ; no one could be a greater.
M. DE P. You ought not, then, to hide anything from me.
SBR. It is a matter in which our neighbour's interest
is concerned.
M. DE P. In order to induce you to open your heart
to me, here is a little ring, which I beg you will
keep for love of me.
SBR. Let me think a moment if I can conscientiously
do so. Here is a man who seeks his own good,
who tries to provide for his daughter as advan-
tageously as possible, and one should not do harm
to any one. It is true these things are well known,
but I am going to tell them to a man who is ignorant
of them, and one should not speak scandal of one's
neighbour. That is true. But, on the other hand,
here is a stranger whom they wish to take in, and
who, in all good faith, has come to marry a girl he

pas et qu'il n'a jamais vue ; un gentilhomme plein
de franchise, pour qui je me sens de l'inclination,
qui me fait l'honneur de me tenir pour son ami,
prend confiance en moi, et me donne une bague à
garder pour l'amour de lui.   Oui, je trouve que je
puis vous dire les choses sans blesser ma conscience ;
mais tâchons de vous les dire le plus doucement
qu'il nous sera possible, et d'épargner les gens le
plus que nous pourrons.   De vous dire que cette
fille-là mène une vie déshonnête, cela serait un peu
trop fort ; cherchons, pour nous expliquer, quelques
termes plus doux.   Le mot de galante aussi n'est
pas assez ; celui de coquette achevée me semble
propre à ce que nous voulons, et je m'en puis servir
pour vous dire honnêtement ce qu'elle est.

M. de P. L'on me veut donc prendre pour dupe ?

Sbr. Peut-être dans le fond n'y a-t-il pas tant de mal
que tout le monde croit.   Et puis il y a des gens,
après tout, qui se mettent au-dessus de ces sortes
de choses, et qui ne croient pas que leur honneur
dépende . . .

M. de P. Je suis votre serviteur, je ne me veux point
mettre sur la tête un chapeau comme celui-là, et
l'on aime à aller le front levé dans la famille des
Pourceaugnacs.

Sbr. Voilà le père.

M. de P. Ce vieillard-là ?

Sbr. Oui : je me retire.


## Scène V

### Oronte, Monsieur de Pourceaugnac

M. de P. Bonjour, Monsieur, bonjour.

Or. Serviteur, Monsieur, serviteur.

M. de P. Vous êtes Monsieur Oronte, n'est-ce pas

Or. Oui.

M. de P. Et moi, Monsieur de Pourceaugnac.

Or. A la bonne heure.

does not know, whom he has never seen; a
frank, open gentleman, for whom I feel an inclination.  He does me the honour to consider me as
his friend, shows confidence in me and gives me
a ring to keep for love of him.  Yes, I find I can
tell you how things stand without wounding my
conscience; but I must try to tell it you as gently
as possible, and to spare people as much as I can.
To tell you that this girl leads a dishonourable life
would be a little too strong; let me seek some
milder terms in which to explain myself.  The
word gallant is not sufficient; that of out and out
coquette seems to me a suitable one to use, and I
will make it serve to tell you honestly what she is.

M. DE P.  They seek, then, to make me a dupe?
SBR.  Perhaps, at the heart of things, there is not so
much evil as the world thinks.  And then, after all,
there are men, who consider themselves above this
kind of thing, and who do not believe that their
honour depends . . .
M. DE P.  I am your servant, I do not wish that cap
to fit my head, the Pourceaugnacs prefer to hold
their heads erect.

SBR.  Here is the father.
M. DE P.  That old man?
SBR.  Yes : I will retire.

## Scene V

ORONTE, MONSIEUR DE POURCEAUGNAC

M. DE P.  Good day, Monsieur, good day.
OR.  Your servant, Monsieur, your servant.
M. DE P.  You are Monsieur Oronte, are you not?
OR.  Yes.
M. DE P.  And I, Monsieur de Pourceaugnac.
OR.  So.

U

M. DE P. Croyez-vous, Monsieur Oronte, que les
Limosins soient des sots?
OR. Croyez-vous, Monsieur de Pourceaugnac, que les
Parisiens soient des bêtes?
M. DE P. Vous imaginez-vous, Monsieur Oronte, qu'un
homme comme moi soit si affamé de femme?
OR. Vous imaginez-vous, Monsieur de Pourceaugnac,
qu'une fille comme la mienne soit si affamée de
mari?

SCÈNE VI

JULIE, ORONTE, MONSIEUR DE POURCEAUGNAC

JUL. On vient de me dire, mon père, que Monsieur
de Pourceaugnac est arrivé.   Ah! le voilà sans
doute, et mon cœur me le dit.   Qu'il est bien fait!
qu'il a bon air! et que je suis contente d'avoir un
tel époux! Souffrez que je l'embrasse, et que je
lui témoigne . . .
OR. Doucement, ma fille, doucement.
M. DE P. Tudieu, quelle galante! Comme elle prend
feu d'abord!
OR. Je voudrais bien savoir, Monsieur de Pourceaugnac, par quelle raison vous venez . . .
JUL. Que je suis aise de vous voir! et que je brûle
d'impatience . . .
OR. Ah, ma fille! Ôtez-vous de là, vous dis-je.
M. DE P. (Julie s'approche de M. de Pourceaugnac, le regarde
d'un air languissant, et lui veut prendre la main.) Ho,
ho, quelle égrillarde!
OR. Je voudrais bien, dis-je, savoir par quelle raison,
s'il vous plaît, vous avez la hardiesse de . . .

M. DE P. Vertu de ma vie!
OR. Encore? Qu'est-ce à dire cela?
JUL. Ne voulez-vous pas que je caresse l'époux que
vous m'avez choisi?
OR. Non : rentrez là dedans.

M. DE P. Do you think, Monsieur Oronte, that the
Limosins are fools?

OR. Do you think, Monsieur de Pourceaugnac, that
the Parisians are idiots?

M. DE P. Do you imagine, Monsieur Oronte, that a
man of my condition is hungry for a wife?

OR. Do you imagine, Monsieur de Pourceaugnac,
that a daughter like mine is hungry for a husband?


## SCENE VI

### JULIE, ORONTE, MONSIEUR DE POURCEAUGNAC

JUL. They tell me, father, that Monsieur de Pourceaugnac has arrived. Ah! there he is, without
doubt, my heart tells me so. How well is he built!
what a fine manner he has! how happy I should be
to have such a husband! Let me embrace him to
show him how . . .

OR. Gently, daughter, gently.

M. DE P. Tut, tut, what a forward minx! She takes
fire at once!

OR. I should much like to know, Monsieur de Pourceaugnac, by what reason you come . . .

JUL. Oh I am glad to see you! I burn with impatience . . .

OR. Ah, daughter! Go away from here, I tell you.

M. DE P. (Julie approaches M. de Pourceaugnac, looks at
him with a languishing air, and wishes to take his hand.)
Ho, ho, what a lively wench!

OR. I repeat, I should much like to know, if you
please, on what grounds you have the audacity
to . . .

M. DE P. Upon my soul!

OR. Again? What does this mean?

JUL. Would you not have me caress the husband you
have chosen for me?

OR. No: go within.

JUL. Laissez-moi le regarder.

OR. Rentrez, vous dis-je.

JUL. Je veux demeurer là, s'il vous plaît.

OR. Je ne veux pas, moi ; et si tu ne rentres tout à l'heure, je . . .

JUL. Hé bien ! je rentre.

OR. Ma fille est une sotte qui ne sait pas les ch'oses.

M. DE P. Comme nous lui plaisons !

OR. Tu ne veux pas te retirer ?

JUL. Quand est-ce donc que vous me marierez avec Monsieur ?

OR. Jamais ; et tu n'es pas pour lui.

JUL. Je le veux avoir, moi, puisque vous me l'avez promis.

OR. Si je te l'ai promis, je te le dépromets.

M. DE P. Elle voudrait bien me tenir.

JUL. Vous avez beau faire, nous serons mariés ensemble en dépit de tout le monde.

OR. Je vous en empêcherai bien tous deux, je vous assure.   Voyez un peu quel *vertigo* lui prend.

M. DE P. Mon Dieu, notre beau-père prétendu, ne vous fatiguez point tant : on n'a pas envie de vous enlever votre fille, et vos grimaces n'attraperont rien.

OR. Toutes les vôtres n'auront pas grand effet.

M. DE P. Vous êtes-vous mis dans la tête que Léonard de Pourceaugnac soit un homme à acheter chat en poche ? et qu'il n'ait pas là dedans quelque morceau de judiciaire pour se conduire, pour se faire informer de l'histoire du monde, et voir, en se mariant, si son honneur a bien toutes ses sûretés ?

OR. Je ne sais pas ce que cela veut dire ; mais vous êtes-vous mis dans la tête qu'un homme de soixante et trois ans ait si peu de cervelle, et considère si peu sa fille, que de la marier avec un homme qui a ce que vous savez, et qui a été mis chez un médecin pour être pansé ?

M. DE P. C'est une pièce que l'on m'a faite, et je n'ai aucun mal.

MONSIEUR DE POURCEAUGNAC

(Acte III, Scène III)

Jul. Let me look at him.

Or. Go in, I tell you.

Jul. I want to stay here, if you please.

Or. I do not please; if you do not go in immediately, I . . .

Jul. Ah well ! I will go.

Or. My daughter is a fool, she does not understand things.

M. de P. How pleased she is with me !

Or. You will not go in?

Jul. When are you going to marry me to this gentleman?

Or. Never; you are not for him.

Jul. I wish to have him, since you promised him to me.

Or. If I promised him to you, I withdraw my promise.

M. de P. She would dearly like to have me.

Jul. You can do what you like, we shall marry each other in spite of everybody.

Or. I will take care to hinder you both, I assure you. What has possessed her?

M. de P. My good prospective father-in-law, do not put yourself out so much : no one wishes to carry off your daughter, your grimaces will not deceive any one.

Or. None of yours will have much effect.

M. de P. You have it in your head that Leonard de Pourceaugnac will buy a pig in a poke? that he has not sufficient common sense to manage his own affairs, to inform himself of what goes on, and to see that, in marrying, his honour is well secured?

Or. I do not know what you mean; but have you it in your head that a man of sixty-three has so little in the way of brains, and considers his daughter of so slight account, as to marry her with a man who has you know what, and who was placed with a doctor to be cured?

M. de P. That is a trick that was played me, I have nothing the matter with me.

OR. Le médecin me l'a dit lui-même.

M. DE P. Le médecin en a menti: je suis gentilhomme, et je le veux voir l'épée à la main.

OR. Je sais ce que j'en dois croire, et vous ne m'abu-
serez pas là-dessus, non plus que sur les dettes que
vous avez assignées sur le mariage de ma fille.

M. DE P. Quelles dettes?

OR. La feinte ici est inutile, et j'ai vu le marchand
flamand qui, avec les autres créanciers, a obtenu,
depuis huit mois, sentence contre vous.

M. DE P. Quel marchand flamand? quels créanciers?
qu'elle sentence obtenue contre moi?

OR. Vous savez bien ce que je veux dire.

### SCÈNE VII

#### LUCETTE, ORONTE, MONSIEUR DE POURCEAUGNAC

LUC. Ah! tu es assy, et à la fy yeu te trobi aprés abé
fait tant de passés.   Podes-tu, scélérat, podes-tu
sousteni ma bisto?

M. DE P. Qu'est-ce que veut cette femme-là?

LUC. Que te boli, infame!   Tu fas semblan de nou
me pas counouysse, et nou rougisses pas, impudent
que tu sios, tu ne rougisses pas de me beyre?   Nou
sabi pas, Moussur, saquos bous dont m'an dit que
bouillo espousa la fillo; may yeu bous declari que
yeu soun sa fenno, et que y a set ans, Moussur,
qu'en passan à Pezenas el auguet l'adresse dambé
sas mignardisos, commo sap tapla fayre, de me
gaigna lou cor, et m'obligel praquel mouyen à ly
douna la ma per l'espousa.

OR. Oh! oh!

M. DE P. Que diable est-ce ci?

LUC. Lou trayté me quitel trés ans aprés, sul preteste
de qualques affayrés que l'apelabon dins soun païs,
et despey noun ly resçauput quaso de noubelo; may
dins lou tens qui soungeabi lou mens, m'an dounat

Or. The doctor told me so himself.

M. de P. The doctor lied : I am a gentleman, and I will meet him, sword in hand.

Or. I know what I ought to believe, and you will not disabuse me on this subject any more than concerning the debts you have assigned to be paid on your marriage with my daughter.

M. de P. What debts?

Or. The pretence is useless, now, for I have seen the Flemish merchant who, with other creditors, obtained judgment against you eight months ago.

M. de P. What Flemish merchant? what creditors? what judgment obtained against me?

Or. You know well what I say.


## Scene VII

### Lucette, Oronte, Monsieur de Pourceaugnac

Luc. Ah ! yer 'ere, are you, I 've found you at larst, after seekin' for you long enough.  Can you look me in the face, you wretch?

M. de P. What does this woman want?

Luc. What do I want, you villain !  You make out you don't know me, and you can't raise a blush, you impudent scoundrel, you can't raise a blush when you look at me?  I don't know you, Mister, but I 'ear 'e wants to marry yer daughter ; and I tell you straight I 'm 'is wife, 'cos seven years ago, Mister, when 'e was goin' through Pezenas, 'e was clever enough, with them artful dodges 'e knows so well 'ow to use, to bamboozle me, and that was 'ow 'e made me marry 'im.

Or. Oh ! oh !

M. de P. What the devil is this?

Luc. The villain left me three years after, makin' out 'e 'ad some business wanted doin' where 'e come from, and since then I 've never 'eard tell o' nothin' ; but when I was thinkin' nothin' about it I 'eard 'e 'd

abist, que begnio dins aquesto bilo, per se remarida
danbé un autro jouena fillo, que sous parens ly an
proucurado, sensse saupré res de sou prumié
mariatge.  Yeu ay tout quitat en diligensso, et me
souy rendudo dins aqueste loc lou pu leu qu'ay
pouscut, per m'oupousa en aquel criminel mariatge,
et confondre as ely de tout le mounde lou plus
méchant des hommes.

M. DE P.  Voilà une étrange effrontée !

LUC.  Impudent, n'as pas honte de m'injuria, alloc
d'estre confus day reproches secrets que ta cons-
siensso te deu fayre ?

M. DE P.  Moi, je suis votre mari ?

LUC.  Infame, gausos-tu dire lou contrari ?  He tu
sabes be, per ma penno, que n'es que trop bertat ;
et plaguesso al Cel qu'aco nou fougesso pas, et que
m'auquessos layssado dins l'estat d'innoussenço et
dins la tranquillitat oun moun amo bibio daban que
tous charmes et tas trounpariés nou m'en benguesson
malhurousomen fayre sourty ! yeu nou serio pas
reduito à fayré lou tristé perssounatgé qu'yeu fave
presentomen, à beyre un marit cruel mespresa
touto l'ardou que yeu ay per el, et me laissa sensse
cap de pietat abandounado à las mourtéles doulous
que yeu ressenty de sas perfidos acciûs.

OR.  Je ne saurais m'empêcher de pleurer.  Allez,
vous êtes un méchant homme.

M. DE P.  Je ne connais rien à tout ceci.


### SCÈNE VIII

NÉRINE, en Picarde, LUCETTE, ORONTE, MONSIEUR
DE POURCEAUGNAC


NÉR.  Ah ! je n'en pis plus, je sis toute essoflée !  Ah !
finfaron, tu m'as bien fait courir, tu ne m'écaperas
mie.  Justice, justice ! je boute empeschement au
mariage.  Chés mon mery, Monsieur, et je veux
faire pindre che bon pindar-là.

come to this town to marry another young girl,
whose parents 'ad promised 'er to 'im without
knowin' anythin' about 'is first marriage. I left
everythin' straight, and I've come 'ere as quick as
I could to put a stop to this 'ere weddin', and show
'im up afore everybody's eyes, the wicked sinner.

M. DE P. What impertinence!

LUC. You impudent rascal, aren't you ashamed to
insult me instead o' blushin' at what yer own conscience can say to you?

M. DE P. I, I your husband?

LUC. You infamous scoundrel, dare you say you
ain't? Ah! you know well enough, worse luck
to me, that it's too true; would to Gawd it wasn't,
and that you'd left me honest and straight as I was
afore yer miserable goings on and yer wheedlin's
got the better of me! I shouldn't now be dragged
in the gutter as I am, and to see a cruel 'usband
jeer at the love I 'ad for 'im, and leave me without
a scrap of pity in the miserable condition I'm in,
all because of the shameful way 'e's treated me.

OR. It is enough to make one weep. Go, you are
a wicked man.

M. DE P. I know nothing about all this.

## Scene VIII

NÉRINE, as though from Picardy, LUCETTE, ORONTE,
MONSIEUR DE POURCEAUGNAC

NÉR. Ah! Ah'm at th' end o' my tether, I'm fair
winded! Ah! you rascal, you've led me a fine
pace; you shan't escape me. Justice, justice!
Ah forbid the banns. Yon's my husband, Mister,
and I mean to have a bit o' rope put round his neck.

M. DE P. Encore!

OR. Quel diable d'homme est-ce ci?

LUC. Et que boulés-bous dire, ambe bostre empacho-
men, et bostro pendarié? Quaquel homo es bostre
marit?

NÉR. Oui, Medeme, et je sis sa femme.

LUC. Aquo es faus, aquos yeu que soun sa fenno; et
se deû estre pendut, aquo sera yeu que lou faray
penda.

NÉR. Je n'entains mie che baragoin-là.

LUC. Yeu bous disy que yeu soun sa fenno.

NÉR. Sa femme?

LUC. Oy.

NÉR. Je vous dis que chest my, encore in coup, qui
le sis.

LUC. Et yeu bous sousteni yeu, qu'aquos yeu.

NÉR. Il y a quetre ans qu'il m'a éposée.

LUC. Et yeu set ans y a que m'a preso per fenno.

NÉR. J'ay des gairents de tout ce que je dy.

LUC. Tout mon païs lo sap.

NÉR. No ville en est témoin.

LUC. Tout Pezenas a bist nostre mariatge.

NÉR. Tout Chin-Quentin a assisté à no noce.

LUC. Nou y a res de tan beritable.

NÉR. Il gn'y a rien de plus chertain.

LUC. Gausos-tu dire lou contrari, valisquos?

NÉR. Est-che que tu me démaintiras, méchaint homme?

M. DE P. Il est aussi vrai l'un que l'autre.

LUC. Quaign' inpudensso! Et coussy, miserable, nou
te soubenes plus de la pauro Françon, et del paure
Jeanet, que soun lous fruits de nostre mariatge?

NÉR. Bayez un peu l'insolence. Quoy? tu ne te
souviens mie de chette pauvre ainfain, no petite
Madelaine, que tu m'as laichée pour gaige de ta foy?

M. DE P. Voilà deux impudentes carognes!

LUC. Beny, Françon, beny, Jeanet, beny, toustou,
beny, toustoune, beny fayre beyre à un payre
dénaturat la duretat qu'el a per nautres.

NÉR. Venez, Madelaine, me n'ainfain venez-ves-en
ichy faire honte à vo père de l'impudainche qu'il a.

M. de P. Another !

Or. What the devil of a fellow is this ?

Luc. Wot d'yer mean with yer forbiddin' and yer 'angin'?   D'yer mean to say that man's yer 'usband ?

Nér. Yes, Missus, and ah'm his wife.

Luc. It's false, I'm 'is wife ; if 'e's goin' to be 'anged, it's my look out to 'ave 'im 'anged.

Nér. I don't know what you're talkin' abaht.

Luc. I tell yer I'm 'is wife.

Nér. His wife?

Luc. Yaas.

Nér. Ah tell you ovver agen, ah'm 'is.

Luc. And I tell yer I am.

Nér. He married me fower years sin'.

Luc. And I've been 'is wife fur seven.

Nér. Ah can bring chapter and verse for what ah say.

Luc. They know all about it where I come from.

Nér. Our town can sweer to't.

Luc. All Pezenas saw our marriage.

Nér. All Chin-Quentin helped us to get wed.

Luc. It's the blessed troof.

Nér. It's as true as t' Gospel.

Luc. 'Ow dare you deny it, you wicked sinner?

Nér. Do you mean to tell me a lie, you villain ?

M. de P. One is as true as the other.

Luc. What impidence !  Come, my fine fellow, wot about little Francon and poor Jeanet, they're yer kids as well as mine?

Nér. Not so much o' your sauce !  What abaht our poor little Madelaine, you 'ad a 'and in that?

M. de P. What impudent sluts they both are !

Luc. Come, Francon, come, Jeanet, cum' 'ere, little 'uns, come 'ere and make yer 'ard-'earted father ashamed of 'is want of feelin' for us all.

Nér. Cum, Madelaine, my child, cum yer ways and mak' yer daddy ashamed of his goings on.

JEANET, FANCHON, MADELAINE. Ah ! mon papa, mon papa, mon papa !

M. DE P. Diantre soit des petits fils de putains !

LUC. Coussy, trayte, tu nou sios pas dins la darnière confusiu, de ressaupre à tal tous enfants, et de ferma l'aureillo à la tendresso paternello ? Tu nou m'escaperas pas, infame ; yeu te boli seguy per tout, et te reproucha ton crime jusquos à tant que me sio beniado, et que t'ayo fayt penia : couqui, te boli fayré penia.

NÉR. Ne rougis-tu mie de dire ches mots-là, et d'estre insainsible anx cairesses de chette pauvre ainfain ? Tu ne te sauveras mie de mes pattes ; et en dépit de tes dains, je feray bien voir que je sis ta femme, et je te feray pindre.

LES ENFANTS, tous ensemble. Mon papa, mon papa, mon papa !

M. DE P. Au secours ! au secours ! Où fuirai-je ? Je n'en puis plus.

OR. Allez, vous ferez bien de le faire punir, et il mérite d'être pendu.

## SCÈNE IX

### SBRIGANI

Je conduis de l'œil toutes choses, et tout ceci ne va pas mal. Nous fatiguerons tant notre provincial, qu'il faudra, ma foi ! qu'il déguerpisse.

## SCÈNE X

### MONSIEUR DE POURCEAUGNAC, SBRIGANI

M. DE P. Ah ! je suis assommé. Quelle peine. Quelle maudite ville ! Assassiné de tous côtes !

Jeanet, Fanchon, Madelaine. Ah! dada, dada, dada!

M. de P. The devil take these strumpets' brats!

Luc. What, you traitor, ain't you ready to bury your 'ead in the ground to 'ave yer kids brought before you like this, and you as deaf as though you wasn't their father? You shan't escape me, you infamous scoundrel; I'll dog your steps and throw yer crime in yer teeth till I get my revenge and see you hanged: you wretch, you shall swing for this.

Nér. How can you say the things what you have said without blushing, and stand dumb afore your poor child that wants to cuddle you. You shan't escape my clutches; I shall let people see right enough I'm your wife in spite of your teeth, and you shall swing for this.

The Children, all together, Dada, dada, dada!

M. de P. Help! help! Where shall I fly? I cannot stand any more of this.

Or. Well, you are right to have him punished; he deserves to be hung.

## Scene IX

### Sbrigani

I am conducting the band to some tune: everything runs smoothly so far. We shall wear out our friend from the country to such an extent that, upon my word! he will have to skedaddle.

## Scene X

### Monsieur de Pourceaugnac, Sbrigani.

M. de P. Ah! I am lost. What a business! What a cursed town! Assaulted on all sides!

SBR. Qu'est-ce, Monsieur? Est-il encore arrivé quelque chose ?

M. DE P. Oui. Il pleut en ce pays des femmes et des lavements.

SBR. Comment donc ?

M. DE P. Deux carognes de baragouineuses me sont venu accuser de les avoir épousé toutes deux, et me menacent de la justice.

SBR. Voilà une méchante affaire, et la justice en ce pays-ci, est rigoureuse en diable contre cette sorte de crime.

M. DE P. Oui ; mais quand il y aurait information, ajournement, décret, et jugement obtenu par surprise, défaut et contumace, j'ai la voie de conflit de jurisdiction, pour temporiser, et venir aux moyens de nullité qui seront dans les procédures.

SBR. Voilà en parler dans tous les termes, et l'on voit bien, Monsieur, que vous êtes du métier.

M. DE P. Moi, point du tout : je suis gentilhomme.

SBR. Il faut bien, pour parler ainsi, que vous ayez étudié la pratique.

M. DE P. Point: ce n'est que le sens commun qui me fait juger que je serai toujours reçu à mes faits justificatifs, et qu'on ne me saurait condamner sur une simple accusation, sans un récolement et confrontation avec mes parties.

SBR. En voilà du plus fin encore.

M. DE P. Ces mots-là me viennent sans que je les sache.

SBR. Il me semble que le sens commun d'un gentilhomme peut bien aller à concevoir ce qui est du droit et de l'ordre de la justice, mais non pas à savoir les vrais termes de la chicane.

M. DE P. Ce sont quelques mots qui j'ai retenus en lisant les romans.

SBR. Ah ! fort bien.

M. DE P. Pour vous montrer que je n'entends rien du tout à la chicane, je vous prie de me mener chez quelque avocat pour consulter mon affaire.

Sbr. What is it, Monsieur? Has anything happened?

M. de P. Yes. It rains wives and injections in this country.

Sbr. How is that?

M. de P. Two loud-mouthed sluts have just accused me of having married them both, and have threatened me with the law.

Sbr. This is a sorry business. The law against that crime is terribly severe in these parts.

M. de P. Yes; but even if there should be information, citation, decree and judgment obtained by surprise, default and contumacy, I can gain time by pleading conflict of jurisdiction, and so find means to quash the proceedings.

Sbr. I see you use the proper terms in speaking of it. It is very evident, Monsieur, that you are learned in the law.

M. de P. I, not at all : I am a gentleman.

Sbr. To speak thus you must indeed have studied the methods of law.

M. de P. Not at all : it is only common sense which makes me feel sure I shall always be allowed to adduce justifying facts, that I cannot be condemned upon a simple accusation without witnesses and without my being confronted with my accusers.

Sbr. This sounds finer than ever.

M. de P. These words came from me unconsciously.

Sbr. It seems to me that the common sense of a gentleman may indeed divine what is just and lawful, but not be familiar with the exact legal terms.

M. de P. They are a few words that have stuck in my mind from reading novels.

Sbr. Ah ! so, so.

M. de P. To show you that I do not understand anything at all about the profession, I beg of you to take me to a lawyer to have a consultation upon the matter.

Sbr. Je le veux, et vais vous conduire chez deux
hommes fort habiles ; mais j'ai auparavant à vous
avertir de n'être point surpris de leur manière de
parler : ils ont contracté du barreau certaine habitude de déclamation qui fait que l'on dirait qu'ils
chantent ; et vous prendrez pour musique tout ce
qu'ils vous diront.

M. DE P. Qu'importe comme ils parlent, pourvu qu'ils
me disent ce que je veux savoir ?


### Scène XI

#### Sbrigani, Monsieur de Pourceaugnac

Deux Avocats musiciens, dont l'un parle fort lentement,
et l'autre fort vite, accompagnés de Deux Procureurs
et de Deux Sergents.

L'avocat traînant ses paroles.
>    *La polygamie est un cas,*
>        *Est un cas pendable.*

L'avocat bredouilleur.
>            *Votre fait*
>        *Est clair et net ;*
>        *Et tout le droit*
>        *Sur cet endroit*
>        *Conclut tout droit.*

>    *Si vous consultez nos auteurs,*
>    *Législateurs et glossateurs,*
>    *Justinian, Papinian,*
>    *Ulpian et Tribonian,*
>    *Fernand, Rebuffe, Jean Imole,*
>    *Paul, Castre, Julian, Barthole,*
>    *Jason, Alciat, et Cujas,*
>        *Ce grand homme si capable,*
>    *La polygamie est un cas,*
>        *Est un cas pendable.*

Sbr. Very well, I will take you to two very clever
men ; but I warn you beforehand not to be surprised at their manner of speaking.  They have
contracted from the bar a certain habit of declama-
tion, which makes one think they are singing ; you
might take all they say to be music.

M. de P.  What does it matter how they speak, provided they tell me what I wish to know?


## Scene XI

### Sbrigani, Monsieur de Pourceaugnac

Two Singing Barristers, of whom one speaks very slowly,
and the other very quickly, accompanied by two
Attorneys and two Sergeants.

The Barrister who drawls his words.
*Polygamy is a business,*
*Yes, a truly hanging business.*

The Barrister who gabbles.
*Your case*
*Is perfectly clear ;*
*All the acts*
*On these facts*
*Say distinctly so.*

*If you consult our authors,*
*Legislators, commentators,*
*Justinian, Papinian,*
*Ulpian and Tribonian,*
*Fernand, Rebuffe, Jean Imole,*
*Paul, Castre, Julian, Barthole,*
*Jason, Alciat, and Cujas,*
*(And this latter's no great ass)*
*Polygamy is a business,*
*Yes, a truly hanging business.*

x

*Tous les peuples policés*
*Et bien sensés :*
*Les Français, Anglais, Hollandais,*
*Danois, Suédois, Polonais,*
*Portugais, Espagnols, Flamands,*
*Italiens, Allemands,*
*Sur ce fait tiennent loi semblable,*
*Et l'affaire est sans embarras :*
*La polygamie est un cas,*
*Est un cas pendable.*

(Monsieur de Pourceaugnac les bat.
Deux Procureurs et deux Sergents dansent une entrée,
qui finit l'acte.)

**FIN DU SECOND ACTE.**

## ACTE III

### SCÈNE I

#### ÉRASTE, SBRIGANI

SBR. Oui, les choses s'acheminent où nous voulons ;
et comme ses lumières sont fort petites, et son sens
le plus borné du monde, je lui ai fait prendre une
frayeur si grande de la sévérité de la justice de ce
pays, et des apprêts qu'on faisait déjà pour sa mort,
qu'il veut prendre la fuite ; et pour se dérober avec
plus de facilité aux gens que je lui ai dit qu'on avait
mis pour l'arrêter aux portes de la ville, il s'est
résolu à se déguiser, et le déguisement qu'il a pris
est l'habit d'une femme.

ÉR. Je voudrais bien le voir en cet équipage.
SBR. Songez de votre part à achever la comédie ; et

*All civilised folk,*
*And sensible folk:*
*French, English, Low Dutch,*
*Danes, Swedish, and Poles,*
*In Portugal too,*
*And Italy, Spain, and Flemings as well,*
*And also High Dutch,*
*Hold similar views,*
*Without any doubt:*
*Polygamy is a business,*
*Yes, a truly hanging business.*

(Monsieur de Pourceaugnac beats them.
Two Attorneys and two Sergeants dance an entry, which
finishes the Act.)

**END OF THE SECOND ACT.**

# ACT III

## Scene I

### ÉRASTE, SBRIGANI

SBR. Yes, matters are going on just as we wished
them; his intellect is not of the brightest, and his
understanding as narrow as possible, therefore I
have terrified him to such an extent concerning the
severity of the law in these parts, and the prepara-
tions which are already on foot for his death, that
he is ready to take flight; in order to escape with
greater ease through the town gates, where, I have
told him, people are placed to arrest him, he has
resolved to change his clothes, and to disguise himself as a woman.

ÉR. I should much like to see him in that costume.

SBR. Now you must do your part to bring the comedy

tandis que je jouerai mes scènes avec lui, allez-vous-
en . . . Vous entendez bien ?

Ér. Oui.
Sbr. Et lorsque je l'aurai mis où je veux . . .

Ér. Fort bien.
Sbr. Et quand le père aura été averti par moi . . .
Ér. Cela va le mieux du monde.
Sbr. Voici notre Demoiselle : allez vite, qu'il ne nous
voie ensemble.


SCÈNE II

Monsieur de Pourceaugnac en femme, Sbrigani

Sbr. Pour moi, je ne crois pas qu'en cet état on puisse
jamais vous connaître, et vous avez la mine, comme
cela, d'une femme de condition.
M. de P. Voilà qui m'étonne, qu'en ce pays-ci les
formes de la justice ne soient point observées.

Sbr. Oui, je vous l'ai déjà dit, ils commencent ici par
faire pendre un homme, et puis ils lui font son
procès.
M. de P. Voilà une justice bien injuste.
Sbr. Elle est sévère comme tous les diables, particulièrement sur ces sortes de crimes.
M. de P. Mais quand on est innocent?
Sbr. N'importe, ils ne s'enquêtent point de cela ; et
puis ils ont en cette ville une haine effroyable pour
les gens de votre pays, et ils ne sont point plus
ravis que de voir pendre un Limosin.

M. de P. Qu'est-ce que les Limosins leur ont fait?
Sbr. Ce sont des brutaux, ennemis de la gentillesse
et du mérite des autres villes. Pour moi, je vous
avoue que je suis pour vous dans une peur épou-

to a successful issue ; and, whilst I am playing my
scenes with him, go you . . . You quite understand ?

Ér. Yes.

Sbr. And when I shall have put him where I intend . . .

Ér. Very good.

Sbr. And when I shall have warned the father . . .

Ér. That will do beautifully.

Sbr. Here is our young lady : go quickly, they must
not see us together.


## Scene II

Monsieur de Pourceaugnac, dressed as a woman,
Sbrigani

Sbr. Well, I do not believe any one would know you
in those clothes, they give you the look of a lady of
quality.

M. de P. What astonishes me is this, that in this
country the ordinary rules of justice are not in
force.

Sbr. Yes, I have already told you so ; they begin
here by hanging a man, and then they try him.

M. de P. That is very unjust justice.

Sbr. It is devilish hard, especially on crimes such as
these.

M. de P. But if one is innocent?

Sbr. That is of no importance, they do not look
into that ; besides, the people of this town have an
intense hatred towards folks from your country,
they are never so delighted as when they see a
Limosin hanged.

M. de P. What have Limosins done to them ?

Sbr. The people here are brutes, enemies of all that
is well-bred and worthy in other towns. I must
indeed admit that I am in a great state of mind

vantable ; et je ne me consolerais de ma vie si vous
veniez à être pendu.

M. DE P. Ce n'est pas tant la peur de la mort qui me
fait fuir, que de ce qu'il est fâcheux à un gentilhomme d'être pendu, et qu'une preuve comme
celle-là ferait tort à nos titres de noblesse.

SBR. Vous avez raison, on vous contesterait après cela
le titre d'écuyer.  Au reste, étudiez-vous, quand je
vous mènerai par la main, à bien marcher comme
une femme, et prendre le langage et toutes les
manières d'une personne de qualité.

M. DE P. Laissez-moi faire, j'ai vu les personnes du
bel air ; tout ce qu'il y a, c'est que j'ai un peu de
barbe.

SBR. Votre barbe n'est rien, et il y a des femmes qui
en ont autant que vous.  Çà, voyons un peu comme
vous ferez.  Bon.

M. DE P. Allons donc, mon carrosse : où est-ce qu'est
mon carrosse ?  Mon Dieu ! qu'on est misérable
d'avoir des gens comme cela !  Est-ce qu'on me fera
attendre toute la journée sur le pavé, et qu'on ne
me fera point venir mon carrosse ?

SBR. Fort bien.

M. DE P. Holà ! ho ! cocher, petit laquais ! Ah !
petit fripon, que de coups de fouet je vous ferai
donner tantôt !  Petit laquais, petit laquais !  Où
est-ce donc qu'est ce petit laquais ?  Ce petit laquais
ne se trouvera-t-il point ?  Ne me fera-t-on point
venir ce petit laquais ?  Est-ce que je n'ai point un
petit laquais dans le monde ?

SBR. Voilà qui va à merveille ; mais je remarque une
chose, cette coiffe est un peu trop déliée ; j'en vais
quérir une un peu plus épaisse, pour vous mieux
cacher le visage, en cas de quelque rencontre.

M. DE P. Que deviendrai-je cependant?

SBR. Attendez-moi là.  Je suis à vous dans un
moment ; vous n'avez qu'à vous promener.

about you; I should never console myself were you
to be hanged.

M. DE P. It is not so much the fear of death that
makes me run away, as the loss of caste a gentleman
suffers in being hanged : an affair like that would
slur our title to nobility.

SBR. You are right; after that they would contest
your right to the title of esquire.  Well, take care,
when I lead you by the hand, that you walk exactly
like a woman, and assume the speech and all the
manners of a person of quality.

M. DE P. Leave that to me, I have seen well-bred
people ; the worst of it is, I have somewhat of a
beard.

SBR. Your beard is nothing, there are women who
have as much as you.  Come, just let me see how
you go about.  Good.

M. DE P. Now then, my carriage : where is my
carriage?  Good Heavens ! how wretched it is to
be among such people !  Will they keep me waiting
all day long on the pavement, will no one bring
my carriage?

SBR. Excellent.

M. DE P. Hullo ! there ! coachman, footboy !  Ah !
you young rascal, you shall have the lash very
soon !  Footboy, footboy !  Where is that footboy?
Cannot that footboy be found?  Will that footboy
never come?  Is not that footboy anywhere about?


SBR. That does capitally; but I notice one thing,
this hood is a little too thin ; I must go and find
one a little thicker, to hide your face better, in
case you meet any one.

M. DE P. What shall I do in the meantime?

SBR. Wait for me there.  I shall be with you in a
moment; you have but to walk up and down.

## Scène III

### Deux Suisses, Monsieur de Pourceaugnac

PREM. Su. Allons, dépeschons, camerade, ly faut allair
tous deux nous à la Crève pour regarter un peu
chousticier sti Monsiu de Porcegnac, qui l'a esté
contané par ortonnance à l'estre pendu par son cou.

Sec. Su. Ly faut nous loër un fenestre pour foir sti
choustice.

PREM. Su. Ly disent que l'on fait tesjà planter un
grand potence tout neuve pour ly accrocher sti
Porcegnac.

Sec. Su. Ly sira, ma foy! un grand plaisir, d'y
regarter pendre sti Limosin.

PREM. Su. Oui, de ly foir gambiller les pieds en haut
tevant tout le monde.

Sec. Su. Ly est un plaisant drole, oui ; ly disent que
c'estre marié troy foye.

PREM. Su. Sti diable ly vouloir troy femmes à ly tout
seul : ly est bien assez t'une.

Sec. Su. Ah ! pon chour, Mameselle.

PREM. Su. Que faire fous là tout seul?

M. DE P. J'attends mes gens, Messieurs.

Sec. Su. Ly est belle, par mon foy !

M. DE P. Doucement, Messieurs.

PREM. Su. Fous, Mameselle, fouloir finir réchouir
fous à la Crève? Nous faire foir à fous un petit
pendement pien choly.

M. DE P. Je vous rends grâce.

Sec. Su. L'est un gentilhoume Limosin, qui sera pendu
chantiment à un grand potence.

M. DE P. Je n'ai pas de curiosité.

PREM. Su. Ly est là un petit teton qui l'est drole.

M. DE P. Tout beau.

PREM. Su. Mon foy ! moy couchair pien avec fous.

M. DE P. Ah ! c'en est trop, et ces sortes d'ordures-là
ne se disent point à une femme de ma condition.

Sec. Su. Laisse, toy ; l'est moy qui le veut couchair
avec elle.

## Scene III

Two Swiss, Monsieur de Pourceaugnac

1st Sw. Come, make haste, comrade, we must both go to the Crève to see this Monsiu de Porcegnac executed, he has been condemned to be hung by the neck till he is dead.

2nd Sw. We must hire a window to see the hanging.

1st Sw. They say there's a fine new gallows erected already to hang this Porcegnac on.

2nd Sw. My! won't it be proper to see a Limosin hung.

1st Sw. Yes, to see his heels squirming before all the world.

2nd Sw. He's a nice rascal, yes; they say he's been married three times.

1st Sw. What the devil did he want with three wives for himself? isn't one enough?

2nd Sw. Ah! good day, Mameselle.

1st Sw. What are you doing here by yourself?

M. de P. I am waiting for my servants, Messieurs.

2nd Sw. Upon my word! she's a fine 'un.

M. de P. Gently, Messieurs.

1st Sw. We are going to the Crève, Mameselle, to see a jolly little hanging, won't you join us?

M. de P. You will excuse me.

2nd Sw. It is a Limosin gentleman, who is going to swing finely on a tall gallows.

M. de P. I have no curiosity that way.

1st Sw. You have a very taking breast.

M. de P. Gently.

1st Sw. Upon my word! I will sleep with you.

M. de P. Ah! This is too much, this kind of insult should not be offered to a lady of my condition.

2nd Sw. You leave her alone; I am going to sleep with her.

Prem. Su. Moy ne vouloir pas laisser.

Sec. Su. Moy ïy vouloir, moy.

(Ils le tirent avec violence.)

Prem. Su. Moy ne faire rien.

Sec. Su. Toy l'avoir menty.

Prem. Su. Toy l'avoir menty toy-mesme.

M. de P. Au secours ! A la force !


Scène IV

Un Exempt, Deux Archers, Premier et Second
Suisses, Monsieur de Pourceaugnac

L'E. Qu'est-ce ? quelle violence est-ce là ? et que
voulez-vous faire à Madame ? Allons, que l'on sorte
de là, si vous ne voulez que je vous mette en prison.

Prem. Su. Party, pon, toy ne l'avoir point.

Sec. Su. Party, pon aussi, toy ne l'avoir point encore.

M. de P. Je vous suis bien obligée, Monsieur, de
m'avoir délivrée de ces insolents.

L'E. Ouais ! voilà un visage qui ressemble bien à
celui que l'on m'a dépeint.

M. de P. Ce n'est pas moi, je vous assure.

L'E. Ah, ah ! qu'est-ce que je veux dire ?

M. de P. Je ne sais pas.

L'E. Pourquoi donc dites-vous cela ?

M. de P. Pour rien.

L'E. Voilà un discours qui marque quelque chose, et
je vous arrête prisonnier.

M. de P. Eh ! Monsieur, de grâce.

L'E. Non, non : à votre mine, et à vos discours, il
faut que vous soyez ce Monsieur de Pourceaugnac
que nous cherchons, qui se soit déguisé de la sorte;
et vous viendrez en prison tout à l'heure.

M. de P. Hélas !

1st Sw. I shall not leave her alone.
2nd Sw. Yes, you will.
                    (They pull him about violently.)
1st Sw. I am not doing anything.
2nd Sw. You lie.
1st Sw. You lie yourself.
M. de P. Help! Police!


## Scene IV

A Police Officer, Two Constables, First and Second
Swiss, Monsieur de Pourceaugnac

P. O. What is the matter? what violence is this?
what are you doing to this lady? Come, get out of
this, if you do not want me to lock you up.
1st Sw. Come, go away, you shall not have her.
2nd Sw. Go away too, say I, you shall not have her
either.
M. de P. I am much obliged to you, Monsieur, for
having delivered me from these insolent scoundrels.
P. O. I say! That face looks much like the one
described to me.
M. de P. It is not I, I assure you.
P. O. Oh, oh! what does that mean?
M. de P. I do not know.
P. O. Why, then, did you say it?
M. de P. I had no reason.
P. O. Those words indicate something, I arrest you.

M. de P. Ah! Monsieur, I beseech you.
P. O. No, no: by your manners and by your language,
you must be this Monsieur de Pourceaugnac we are
seeking, who has disguised himself in this way.
You must come to prison at once.
M. de P. Alas!

## Scène V

#### L'Exempt, Archers, Sbrigani, Monsieur de Pourceaugnac

SBR. Ah Ciel ! que veut dire cela ?

M. DE P. Ils m'ont reconnu.

L'E. Oui, oui, c'est de quoi je suis ravi.

SBR. Eh ! Monsieur, pour l'amour de moi : vous savez
que nous sommes amis il y a longtemps ; je vous
conjure de ne le point mener en prison.

L'E. Non ; il m'est impossible.

SBR. Vous êtes homme d'accommodement : n'y a-t-il
pas moyen d'ajuster cela avec quelques pistoles ?

L'E. (à ses archers.) Retirez-vous un peu.

SBR. Il faut lui donner de l'argent pour vous laisser
aller. Faites vite.

M. DE P. Ah maudite ville !

SBR. Tenez, Monsieur.

L'E. Combien y a-t-il ?

SBR. Un, deux, trois, quatre, cinq, six, sept, huit,
neuf, dix.

L'E. Non, mon ordre est trop exprès.

SBR. Mon Dieu ! attendez. Dépêchez, donnez-lui-en
encore autant.

M. DE P. Mais . . .

SBR. Dépêchez-vous, vous dis-je, et ne perdez point de
temps : vous auriez un grand plaisir, quand vous
seriez pendu.

M. DE P. Ah !

SBR. Tenez, Monsieur.

L'E. Il faut donc que je m'enfuie avec lui, car il n'y
aurait point ici de sûreté pour moi. Laissez-le-moi
conduire, et ne bougez d'ici.

SBR. Je vous prie donc d'en avoir un grand soin.

L'E. Je vous promets de ne le point quitter, que je
ne l'aie mis en lieu de sûreté.

M. DE P. Adieu. Voilà le seul honnête homme que
j'ai trouvé en cette ville.

## Scene V

THE POLICE OFFICER, CONSTABLES, SBRIGANI,
MONSIEUR DE POURCEAUGNAC

SBR. Ah Heavens! what can this mean?

M. DE P. They have recognised me.

P. O. Yes, yes, I am in fine feather.

SBR. Ah! Monsieur, as you love me: you know we
are old friends; I beseech you not to take him to
prison.

P. O. No; it is impossible.

SBR. You will not be deaf to reason: cannot the
matter be adjusted by means of a few pistoles?

P. O. (to his Constables.) Go back a little.

SBR. You must give him some money to let you go.
Do it quickly.

M. DE P. Ah cursed town!

SBR. There, Monsieur.

P. O. How much is it?

SBR. One, two, three, four, five, six, seven, eight,
nine, ten.

P. O. No, my orders are too definite.

SBR. Good Heavens! wait. Be quick, give him as
much again.

M. DE P. But . . .

SBR. Make haste, I tell you, and do not lose time: it
would give you much pleasure to be hanged.

M. DE P. Ah!

SBR. There, Monsieur.

P. O. I shall have to fly with him, there will be no
safety for me here. Let me take him away and do
not stir from here.

SBR. I beseech you to take great care of him.

P. O. I promise you not to leave him till I have put
him in a safe place.

M. DE P. Adieu. That is the only honest man I
have found in this town.

Sbr. Ne perdez point de temps; je vous aime tant,
que je voudrais que vous fussiez déjà bien loin.
Que le Ciel te conduise! Par ma foi! voilà une
grande dupe. Mais voici . . .

### Scène VI

#### Oronte, Sbrigani

Sbr. Ah! quelle étrange aventure! Quelle fâcheuse
nouvelle pour un père! Pauvre Oronte, que je te
plains! Que diras-tu? et de quelle façon pourras-
tu supporter cette douleur mortelle?
Or. Qu'est-ce? Quel malheur me présages-tu?
Sbr. Ah! Monsieur, ce perfide de Limosin, ce traître
de Monsieur de Pourceaugnac vous enlève votre
fille.
Or. Il m'enlève ma fille!
Sbr. Oui: elle en est devenue si folle, qu'elle vous
quitte pour le suivre; et l'on dit qu'il a un caractère
pour se faire aimer de toutes les femmes.
Or. Allons vite à la justice. Des archers après eux!

### Scène VII

#### Éraste, Julie, Sbrigani, Oronte

Ér. Allons, vous viendrez malgré vous, et je veux
vous remettre entre les mains de votre père. Tenez,
Monsieur, voilà votre fille que j'ai tirée de force
d'entre les mains de l'homme avec qui elle s'enfuyait;
non pas pour l'amour d'elle, mais pour votre seule
considération; car, après l'action qu'elle a faite,
je dois la mépriser, et me guérir absolument de
l'amour que j'avais pour elle.
Or. Ah! infâme que tu es!
Ér. Comment? me traiter de la sorte, après toutes
les marques d'amitié que je vous ai données! Je ne

Sbr. Do not lose any time. I love you so much that
I wish you were already far enough. May Heaven
conduct you! Law! what a dupe. Now here
comes , , ,

## Scene VI

### Oronte, Sbrigani

Sbr. Ah! what a terrible thing has happened! What
wretched news for a father! Poor Oronte, how
I pity you! What will you say? How can you
endure this poignant stroke?
Or. What is it? What misfortune is coming now?
Sbr. Ah! Monsieur, that perfidious wretch from
Limosin, that traitor of a Monsieur de Pourceaugnac
has eloped with your daughter.
Or. He has eloped with my daughter!
Sbr. Yes: she is mad enough to quit you in order to
follow him; they say he has a talisman that makes
all women love him.
Or. Come quickly to the police-office. We must set
constables after them!

## Scene VII

### Éraste, Julie, Sbrigani, Oronte

Ér. Come on, you shall come in spite of yourself,
I will see you safely in your father's hands again.
Here, Monsieur, here is your daughter; I dragged
her by force out of the hands of the man with
whom she ran off, not because I am in love with
her, but simply out of respect for you; for, after
what she has done I ought to despise her, and cure
myself absolutely of the love I had for her.
Or. Ah! you infamous jade!
Ér. So? you treat me like this, after all the marks
of friendship I have given you! I do not blame

vous blâme point de vous être soumise aux volontés
de Monsieur votre père : il est sage et judicieux
dans les choses qu'il fait, et je ne me plains point
de lui de m'avoir rejeté pour un autre. S'il a
manqué à la parole qu'il m'avait donnée, il a ses
raisons pour cela. On lui a fait croire que cet autre
est plus riche que moi de quatre ou cinq mille écus;
et quatre ou cinq mille écus est un denier considérable, et qui vaut bien la peine qu'un homme manque
à sa parole; mais oublier en un moment toute l'ardeur
que je vous ai montrée, vous laisser d'abord enflammer d'amour pour un nouveau venu, et le suivre
honteusement sans le consentement de Monsieur
votre père, après les crimes qu'on lui impute, c'est
une chose condamnée de tout le monde, et dont mon
cœur ne peut vous faire d'assez sanglants reproches.

JUL. Hé bien! oui, j'ai conçu de l'amour pour lui, et
je l'ai voulu suivre, puisque mon père me l'avait
choisi pour époux. Quoi que vous me disiez, c'est
un fort honnête homme ; et tous les crimes dont on
l'accuse sont faussetés épouvantables.

OR. Taisez-vous! vous êtes une impertinente, et je
sais mieux que vous ce qui en est.

JUL. Ce sont sans doute des pièces qu'on lui fait, et
c'est peut-être lui qui a trouvé cet artifice pour vous
en dégoûter.

ÉR. Moi, je serais capable de cela !

JUL. Oui, vous.

OR. Taisez-vous! vous dis-je. Vous êtes une sotte.

ÉR. Non, non, ne vous imaginez pas que j'aie aucune
envie de détourner ce mariage, et que ce soit ma
passion qui m'ait forcé à courir après vous. Je
vous l'ai déjà dit, ce n'est que la seule considération
que j'ai pour Monsieur votre père, et je n'ai pu
souffrir qu'un honnête homme comme lui fût exposé
à la honte de tous les bruits qui pourraient suivre
une action comme la vôtre.

OR. Je vous suis, Seigneur Éraste, infiniment obligé.

ÉR. Adieu, Monsieur. J'avais toutes les ardeurs du
monde d'entrer dans votre alliance ; j'ai fait tout

you for having submitted to the will of your father.
he is wise and judicious in what he does, and I do
not complain of his having rejected me for another.
If he broke the word he gave me, he had his reasons
for doing so. People had made him believe that
this other person is richer than I am by four or
five thousand crowns; and four or five thousand
crowns is a considerable sum, well worth a man
breaking his word for; but to forget all at once
the ardour I have felt for you, to let yourself be
instantly entranced by the love of a fresh face, and
to follow him shamelessly without the consent of
your father, after the crimes that are imputed to
him, is to be condemned by every one. I cannot
reproach you sufficiently or with adequate bitterness.

Jul. Well, well! yes, I loved him and wished to
follow him, because my father had chosen him for
my husband. Whatever you may say to me, he is
an entirely honourable man; all the accusations
levelled at him are simply downright falsehoods.

Or. Hold your tongue! you impertinent baggage, I
know better than you what he is.

Jul. No doubt they are tricks which have been played
him; perhaps some one has designed this artifice to
cause you to dislike him.

Ér. I, I capable of this!

Jul. Yes, you.

Or. Hold your tongue! I tell you. You are a fool.

Ér. No, no, do not imagine I have any wish to
prevent this marriage, and that it is my passion
which has made me run after you. I have already
told you it was simply out of the respect I bear
your father, I could not bear to see an honourable
man, such as he is, exposed to the shame of the
scandal your action would have aroused.

Or. I am infinitely obliged to you, Seigneur Éraste.

Ér. Adieu, Monsieur. I had the keenest desire
possible to become allied to you; I have done all

Y

ce que j'ai pu pour obtenir un tel honneur ; mais
j'ai été malheureux, et vous ne m'avez pas jugé
digne de cette grâce. Cela n'empêchera pas que je
ne conserve pour vous les sentiments d'estime et de
vénération où votre personne m'oblige ; et si je n'ai
pu être votre gendre, au moins serai-je éternellement votre serviteur.

OR. Arrêtez, Seigneur Éraste. Votre procédé me
touche l'âme, et je vous donne ma fille en mariage.

JUL. Je ne veux point d'autre mari que Monsieur de
Pourceaugnac.

OR. Et je veux, moi, tout à l'heure, que tu prennes
le Seigneur Éraste. Çà, la main.

JUL. Non, je n'en ferai rien.

OR. Je te donnerai sur les oreilles.

ÉR. Non, non, Monsieur ; ne lui faites point de
violence, je vous en prie.

OR. C'est à elle à m'obéir, et je sais me montrer le
maître.

ÉR. Ne voyez-vous pas l'amour qu'elle a pour cet
homme-là ? et voulez-vous que je possède un corps
dont un autre possédera le cœur ?

OR. C'est un sortilége qu'il lui a donné, et vous
verrez qu'elle changera de sentiment avant qu'il
soit peu. Donnez-moi votre main. Allons.

JUL. Je ne . . .

OR. Ah que de bruit ! Çà, votre main, vous dis-je.
Ah, ah, ah !

ÉR. Ne croyez pas que ce soit pour l'amour de vous
que je vous donne la main : ce n'est que Monsieur
votre père dont je suis amoureux, et c'est lui que
j'épouse.

OR. Je vous suis beaucoup obligé, et j'augmente de
dix mille écus le mariage de ma fille. Allons, qu'on
fasse venir le Notaire pour dresser le contrat.

ÉR. En attendant qu'il vienne, nous pouvons jouir
du divertissement de la saison, et faire entrer les
masques que le bruit des noces de Monsieur de
Pourceaugnac a attirés ici de tous les endroits de
la ville.

I could to obtain such an honour ; but I have been
unfortunate, and you have not deemed me worthy
of this favour.   It will not prevent my retaining
for you those sentiments of esteem and veneration
to which your character obliges me ; and if I cannot
be your son-in-law, at least I shall eternally be your
servant.

OR. Stay, Seigneur Éraste.  Your conduct touches me
to the heart, I give you my daughter in marriage.

JUL. I do not wish any other husband than Monsieur
de Pourceaugnac.

OR. And I wish you immediately to take Seigneur
Éraste.  Come, your hand.

JUL. No, I shall not do anything of the kind.

OR. I will box your ears.

ÉR. No, no, Monsieur ; do not use violence, I pray
you.

OR. She must obey me, I know how to show I am
master.

ÉR. Do you not see the love she has for that man ?
Would you have me possess her body whilst another
possesses her heart ?

OR. He has bewitched her, you will see she will
soon change her mind.   Come.   Give me your
hand.

JUL. I will not . . .

OR. Ah what nonsense !  Come, your hand, I tell
you.  Ah, ah, ah !

ÉR. Do not think I give you my hand because I love
you : it is your father only whom I love, I marry
him.

OR. I am deeply obliged to you, and I add ten
thousand crowns to my daughter's dowry.   Come,
let the notary be sent for to draw up the contract.

ÉR. While we are waiting for him, let us enjoy the
pleasures of the time and have in the masks which
the report of Monsieur de Pourceaugnac's wedding
attracted here from all quarters of the town.

## SCÈNE VIII

PLUSIEURS MASQUES de toutes les manières, dont les uns
occupent plusieurs balcons, et les autres sont dans la place,
qui, par plusieurs chansons et diverses danses et jeux, cherchent à se donner des plaisirs innocents.

UNE ÉGYPTIENNE.

*Sortez, sortez de ces lieux,*
*Soucis, Chagrins et Tristesse ;*
*Venez, venez, Ris et Jeux,*
*Plaisirs, Amour, et Tendresse.*
*Ne songeons qu'à nous réjouir :*
*La grande affaire est le plaisir.*

CHŒUR DES MUSICIENS.

*Ne songeons qu'à nous réjouir :*
*La grande affaire est le plaisir.*

L'ÉGYPTIENNE.

*A me suivre tous ici*
*Votre ardeur est non commune,*
*Et vous êtes en souci*
*De votre bonne fortune.*
*Soyez toujours amoureux :*
*C'est le moyen d'être heureux.*

UN ÉGYPTIEN.

*Aimons jusques au trépas,*
*La raison nous y convie :*
*Hélas ! si l'on n'aimait pas,*
*Que serait-ce de la vie ?*
*Ah ! perdons plutôt le jour*
*Que de perdre notre amour.*

TOUS DEUX en dialogue :

L'ÉGYPTIEN. *Les biens,*
L'ÉGYPTIENNE.              *La gloire,*
L'ÉGYPTIEN.                          *Les grandeurs,*
L'ÉGYPTIENNE.

*Les sceptres qui font tant d'envie,*

## Scene VIII

Several Masks of all kinds, some in the balconies and others in the street, disport themselves with divers songs, dances, games and other innocent delights.

A Gipsy Woman.

> Begone, begone, far hence away,
> Sorrow, disquiet, carking care;
> But hither come, ye pleasures gay,
> Hither, ye laughing loves, repair.
> Let's think of nothing else but joy:
> For pleasure is our grand employ.

Chorus of Singers.

> Let's think of nothing else but joy:
> For pleasure is our grand employ.

The Gipsy Woman.

> All here to follow me
> Uncommon ardour fires,
> Hopeful that destiny
> May favour your desires.
> Love for ever, and confess,
> That's the road to happiness.

A Gipsy.

> Let us love till we die,
> Does reason cry:
> For, alas! what is living, if love is away?
> If love we can't have,
> Let us haste to the grave;
> Come, death, close our eyes, and adieu to the day.

> > Both as a dialogue:

The Gipsy. *Riches,*
The Gipsy Woman.    *Glory,*
The Gipsy.                *Rank,*
The Gipsy Woman.                *And power,*
> Which among mortals make such a rout,

**L'ÉGYPTIEN.**
*Tout n'est rien, si l'amour n'y mêle ses ardeurs.*

**L'ÉGYPTIENNE.**
*Il n'est point, sans l'amour, de plaisir dans la vie.*

**TOUS DEUX ensemble.**
*Soyons toujours amoureux :*
*C'est le moyen d'être heureux.*

**LE PETIT CHŒUR chante après ces deux derniers vers :**
*Sus, sus, chantons tous ensemble,*
*Dansons, sautons, jouons-nous.*

**UN MUSICIEN seul.**
*Lorsque pour rire on s'assemble,*
*Les plus sages, ce me semble,*
*Sont ceux qui sont les plus fous.*

**TOUS ensemble.**
*Ne songeons qu'à nous réjouir :*
*La grande affaire est le plaisir.*

FIN DE MONSIEUR DE POURCEAUGNAC.

THE GIPSY.
> *All signify nothing if love is left out.*

THE GIPSY WOMAN.
> *For life without love has not one happy hour.*

BOTH together.
> *Let's love for ever, and confess,*
> *That's the road to happiness.*

THE SELECT CHORUS sings after these two last verses :
> *Let's sing and dance,*
> *And sport and prance,*
> *And frolic and be jolly.*

A SINGER alone.
> *For whene'er we*
> *To laugh agree,*
> *The wisest have most folly.*

ALL together.
> *Let's think of nothing else but joy :*
> *For pleasure is our grand employ.*

END OF MONSIEUR DE POURCEAUGNAC.

# NOTES

## THE MISER

Page 91, *Brindavoine*=Oatstalk, *La Merluche*=Stockfish.

Page 114, *pistoles.* The reader may like to be reminded that

        12 deniers=1 sou.
        20 sous=1 franc or livre.
        11 livres=1 louis or pistole.

Page 134, *de Gombaud et de Macée.* A favourite subject for decorative hangings.

Page 134, *trou-madame.* 'Un jeu où on laisse couler des boules dans des trous ou rigoles marquées diversement pour la perte ou pour le gain.' (Furetière.)

Page 136, *Panurge.* Rabelais, *Pantagruel,* iii. 2.

Page 149, *orges mondés.* 'Les dames prennent de l'orge mondé pour se conserver le teint frais et s'engraisser.' (Furetière.)

Page 154, *ma fluxion.* Molière's cough, the cough that killed him, served him well when he acted the part of Harpagon.

Page 176, *lunettes.* There is a play here upon lunettes, spectacles, or telescopes.

Page 232, *Dom Thomas . . . Dom Martin.* Martin=the English colloquial Neddy for a donkey.

## MONSIEUR DE POURCEAUGNAC

Page 247, *Pourceaugnac*=a young pig.

Page 259, *votre pain.* The people of Limoges had the reputation of being great bread eaters.

Page 264, *le consul.* The title given to a municipal officer in the south of France.

Page 320, *un cas pendable.* Actually punishable by death in Molière's day.

The overture to the comedy is as follows:—

L'Ouverture se fait par Éraste, qui conduit un grand concert de voix et d'instruments, pour une sérénade, dont les paroles, chantées par trois voix en manière de dialogue, sont faites sur le sujet de la comédie, et expriment les sentiments de deux amants, qui, étants bien ensemble, sont traversés par le caprice des parents.

PREMIÈRE VOIX.
Répands, charmante nuit, répands sur tous les yeux
De tes pavots la douce violence,
Et ne laisse veiller en ces aimables lieux
Que les cœurs que l'Amour soumet à sa puissance.
Tes ombres et ton silence,
Plus beau que le plus beau jour,
Offrent de doux moments à soupirer d'amour.

DEUXIÈME VOIX.
Que soupirer d'amour
Est une douce chose,
Quand rien à nos vœux ne s'oppose !
A d'aimables penchants notre cœur nous dispose,
Mais on a des tyrans à qui l'on doit le jour.
Que soupirer d'amour
Est une douce chose,
Quand rien à nos vœux ne s'oppose !

TROISIÈME VOIX.
Tout ce qu'à nos vœux on oppose
Contre un parfait amour ne gagne jamais rien,
Et pour vaincre toute chose,
Il ne faut que s'aimer bien.

LES TROIS VOIX *ensemble.*
Aimons-nous donc d'une ardeur éternelle :
Les rigueurs des parents, la contrainte cruelle,
L'absence, les travaux, la fortune rebelle,
Ne font que redoubler une amitié fidèle.
Aimons-nous donc d'une ardeur éternelle :
Quand deux cœurs s'aiment bien,
Tout le reste n'est rien.

La sérénade est suivie d'une danse de deux Pages, pendant laquelle quatre Curieux de spectacles, ayant pris querelle ensemble, mettent l'épée à la main.   Après un assez agréable combat, ils sont séparés par deux Suisses, qui, les ayant mis d'accord, dansent avec eux, au son de tous les instruments.

For the translation of Act III. Scene VIII. I have adopted the anonymous version published at Berwick in 1771.

Printed by T. and A. CONSTABLE, Printers to His Majesty
at the Edinburgh University Press